Leonardo Boff
Achtsamkeit

LEONARDO BOFF

ACHTSAMKEIT

Von der Notwendigkeit, unsere Haltung zu ändern

Aus dem Portugiesischen übersetzt
von Bruno Kern

CLAUDIUS

Titel der Originalausgabe:
O cuidado necesário. Na vida, na saude, na educação, na ecologia,
na ética e na espiritualidade. Editora Vozes, Petrópolis, Rio de Janeiro 2012
© Leonardo Boff, Petrópolis

MIX
Papier aus verantwor-
tungsvollen Quellen
FSC
www.fsc.org
FSC® C106847

Print kompensiert
Id-Nr. 1225231
www.bvdm-online.de

Bibliografische Informationen Der Deutschen Nationalbibliothek
Die Deutsche Nationalbibliothek verzeichnet diese Publikation in der
Deutschen Nationalbibliografie; detaillierte bibliografische Daten
sind im Internet über http://dnb.d-nb.de abrufbar.

© Claudius Verlag München 2013
Birkerstraße 22, 80636 München
www.claudius.de

Umschlaggestaltung: Mario Moths, Marl
Titelbild: © plainpicture/amamaimages
Druck: fgb, freiburger graphische betriebe

ISBN 978-3-532-62432-6

Inhalt

Zur Einführung

Es gehört heute zum guten Ton, von Nachhaltigkeit zu sprechen. Häufig wird das Wort als Gütesiegel verstanden und soll anzeigen, dass ein Unternehmen bei seiner Produktion auf die Umwelt Rücksicht nimmt.

Hinter diesem Begriff verbergen sich Wahrheiten, aber auch zahlreiche Fallen. Im Allgemeinen wird eher das Adjektiv „nachhaltig" und nicht das Substantiv „Nachhaltigkeit" verwendet. Wird Nachhaltigkeit irgendeiner Sache nur als Adjektiv hinzugefügt, ihr also nur zugeschrieben, wird dadurch das Wesen der Sache selbst nicht verändert. Beispielsweise lässt sich die Giftgefahr, die von einer Fabrik ausgeht, reduzieren, indem man bessere Filter in die Abgasschlote einbaut. Doch die Art, wie sich dieses Unternehmen in die Natur einfügt, aus der es die Rohstoffe für die Produktion entnimmt, ändert sich auf diese Weise nicht. Sie bleibt nach wie vor zerstörerisch. Die Profite müssen sichergestellt werden und der Wettbewerb darf nicht an Fahrt verlieren. Nachhaltigkeit ist hier also nur ein Adjektiv und nicht Substantiv, das heißt, es wird etwas angepasst und nicht grundlegend verändert.

Nachhaltigkeit als Substantiv erfordert eine substanzielle Veränderung im Verhältnis zum System Natur, zum System Leben und zum System Erde. Die erste Veränderung beginnt mit einer *anderen Sichtweise* der Wirklichkeit: *Die Erde ist lebendig und wir sind der Teil von ihr, der über Intelligenz und Bewusstsein verfügt. Wir befinden uns nicht außerhalb von ihr oder über ihr.* Wir sind Teil des Netzes von Beziehungen, das alle im Guten wie im Schlechten mit einbezieht.

Wer die Luft verpestet, macht dadurch alle übrigen Lebewesen krank und fügt ihnen Schaden zu. Wer hingegen die Uferbewaldung eines Flusses in seinem Land wiederherstellt, erhält die Bewässerung, verbessert seine Lebensqualität sowie die der Vögel und der Insekten, die die Bäume und die Blumen im Garten bestäuben.

Nachhaltigkeit als Substantiv wird dann Wirklichkeit, wenn

wir Verantwortung für die Erhaltung der Lebenskraft und Unversehrtheit der Ökosysteme übernehmen und zu Hütern unseres gemeinsamen Hauses werden. Durch die übermäßige Ausbeutung der Güter und Kapazitäten der Erde stoßen wir an deren Grenzen. Sie kann nicht einmal 30 Prozent dessen wiederherstellen, was ihr entnommen und geraubt wird. Die Erde wird immer ärmer an Wäldern, Gewässern, fruchtbaren Böden, sauberer Luft und Artenvielfalt. Und was am schwersten wiegt: Sie wird immer ärmer an Menschen, die einander Solidarität, Mitleid, Respekt, Achtsamkeit und Liebe erweisen. Wann wird das endlich aufhören?

Substanzielle Nachhaltigkeit wird an dem Tag verwirklicht, an dem wir die Erde, unsere Große Mutter, grundlegend anders bewohnen, anders produzieren, die Güter anders verteilen und konsumieren und mit den Abfällen anders umgehen. Unsere gegenwärtige Lebensweise ist dem Tod geweiht und nicht imstande, die Probleme zu lösen, die sie selbst hervorgebracht hat. Ja schlimmer noch: Sie tötet uns und bedroht das gesamte System des Lebens.

Wir müssen eine neue Weise finden, in der Welt zu sein und uns mit den anderen, der Natur, der Erde und der letzten Wirklichkeit ins Verhältnis zu setzen. Wir müssen lernen, mit weniger mehr zu sein und unsere Bedürfnisse im Geist der Solidarität mit den Millionen Menschen, die Hunger leiden, und im Einklang mit der Zukunft unserer Kinder und Enkel zu befriedigen. Entweder wir ändern uns oder wir gehen unvorhersehbaren ökologischen und menschlichen Tragödien entgegen.

Die Erde kann ohne uns existieren, so wie sie es bereits vorher Milliarden Jahre lang getan hat. Doch wir können nicht ohne die Erde existieren. Wenn die Mächtigen dieser Welt, die die Finanzen und das Schicksal der Völker kontrollieren, zusammenkommen, dann jedoch niemals, um etwa über die Zukunft des menschlichen Lebens und die Erhaltung der Erde zu diskutieren. Sie kommen vielmehr zusammen, um über Geld und darüber zu reden, wie das Finanzsystem und das System der Spekulation gerettet und wie die Zinsen und die Profite der Banken sichergestellt werden können. Wenn sie über die globale Erwärmung und den Klimawandel sprechen, dann geschieht das fast immer unter dem Gesichtspunkt: Wie viele Einbußen habe ich durch diese Phänomene? Oder auch: Wie kann ich durch den Ankauf und Verkauf von

CO_2-Lizenzen Gewinn machen? Kaufe ich Verschmutzungsrechte von anderen Ländern, um mit der Verschmutzung fortfahren zu können? Die Nachhaltigkeit, von der in diesem Zusammenhang oft gesprochen wird, ist weder Adjektiv noch Substantiv. Sie ist schlicht eine leere Phrase.

Täuschen wir uns nicht: Die große Mehrheit der Unternehmen übernimmt nur so weit Verantwortung für die Gesellschaft und die Umwelt, wie die Gewinne nicht gefährdet werden und der Wettbewerb nicht eingeschränkt wird. Sie stehen nicht für eine grundsätzliche Richtungsänderung, für ein anderes Verhältnis zur Natur, für ethische und spirituelle Werte. Nachhaltigkeit als Substantiv kommt bei ihnen nicht vor.

Im Grunde ist die Idee der „Entwicklung" selbst überholt. Ihr Maßstab sind ökonomische Kriterien und allenfalls bedenkt sie hier und da einige Fragen der menschlichen Entwicklung mit. Nicht wenige stimmen darin überein, dass es nicht darum geht, ein alternatives Entwicklungsmodell zu entwerfen, sondern Alternativen zum Gedanken der Entwicklung generell zu finden. Diese Alternativen müssen einen Paradigmenwechsel durchlaufen, wenn wir überleben und unseren Zivilisationsentwurf retten wollen. Andernfalls müssen wir mit dem Schlimmsten rechnen.

Meine Bemerkungen über die Nachhaltigkeit gelten auch für die notwendige *Achtsamkeit*. Die Erde ist lebendig und regt sich. Erdbeben, Tsunamis, Stürme, die Abtragung von Küsten, Dürren und Überflutungen gehören zu ihrer Natur. Wären wir achtsam mit ihr umgegangen, niemals hätten wir Atomkraftwerke an Küsten oder in der Nähe von Nahtstellen tektonischer Platten gebaut, die Erdbeben und Tsunamis erzeugen können. Wenn wir achtsam mit der Erde umgegangen wären und auf die Botschaften der Natur gehört hätten, dann hätten wir niemals Häuser an den schlammigen Hängen der großen Städte wie Rio de Janeiro errichtet, die bei starken Regenfällen von abrutschenden Schlammböden weggerissen werden.

Nicht die Natur trägt die Schuld. Sie ist, was sie ist, und folgt ihren eigenen Rhythmen. Es ist unsere Schuld, wenn wir es versäumen, ein achtsames Wissen dafür zu entwickeln, wo wir unsere Häuser und Straßen bauen und wo wir unsere Industrieanlagen betreiben. Wären wir achtsam gewesen, dann hätten wir große Katastrophen vermieden und viele Menschenleben verschont.

Um diese großen Zusammenhänge geht es mir in diesem Buch. Es ist eine Erweiterung und Vertiefung meines früheren Buches *Logik des Herzens*.[1] Besonders wichtig ist mir folgende Einsicht: Ohne wesenhafte Achtsamkeit werden wir in keinem Bereich jemals zu einer substanziellen Nachhaltigkeit gelangen.

Achtsamkeit und Nachhaltigkeit gehen Hand in Hand und unterstützen sich gegenseitig. Ohne Achtsamkeit ist eine Nachhaltigkeit, die langfristig Bestand hat, kaum zu erreichen. Diese beiden tragenden Säulen stützen die notwendige Veränderung unseres Daseins auf der Erde wesentlich.

Nachhaltigkeit und Achtsamkeit werden sich nicht fest verankern können, wenn sie nicht mit einer *spirituellen Revolution* einhergehen. Gegen die Skeptiker und die Vertreter einer bloßen Weltlichkeit müssen wir an der Überzeugung festhalten, dass Spiritualität nicht das Monopol der Religionen ist. Um spirituell zu leben, müssen wir nicht unbedingt einem religiösen Bekenntnis zugehören oder in eine Kirche beten gehen.

Spirituell leben heißt, die tiefste Dimension in uns freizulegen, die uns empfänglich macht für die Solidarität, die Kooperation, das Mitgefühl, die universale Geschwisterlichkeit, die Gerechtigkeit allen gegenüber, die Ehrfurcht und die bedingungslose Liebe.

Wir sind verloren in der Welt und ohne Wurzeln und wissen nicht, zu wem wir gehören und wohin wir unterwegs sind. Aus dieser Einsamkeit holt uns die Spiritualität heraus. Die Spiritualität verbindet uns immer wieder von Neuem mit allen Dingen, sie erschließt uns die Erfahrung der Zugehörigkeit zum großen Ganzen, sie bestärkt uns in der Hoffnung, dass der Sinn stärker ist als das Absurde und dass das Licht mehr Recht auf seiner Seite hat als die Finsternis.

Die Spiritualität lässt uns entdecken, dass die Dinge nicht irgendwie verstreut da sind, sondern dass es ein geheimnisvolles Band gibt, das sie eint und vereint, das sie aneinander bindet und rückbindet und auf diese Weise dafür sorgt, dass der Kosmos über das Chaos dominiert und dass aus dem Chaos stets neue Ordnungen hervorgehen können.

Schließlich ermöglicht es uns die Spiritualität, in die Gemein-

---

1 Boff, L.: Die Logik des Herzens. Wege zu neuer Achtsamkeit, Düsseldorf 1999.

schaft mit jener liebenden Ursprungsquelle einzutreten, aus der alle Seinsformen hervorgehen, mit ihr in Dialog zu treten, vor ihr zu weinen angesichts der Tragödien der Welt und uns zu freuen und ihr zu danken für die Großartigkeit der Schöpfung, die Schönheit des Lebens und das Glück der Liebe. Kein einziger Paradigmenwechsel in der Geschichte hat sich ohne einen Durchbruch einer neuen Erfahrung des Seins und einer neuen Art, Gott zu erleben und zu benennen, vollzogen. Und auch diesmal wird es nicht anders sein. Ohne die Aura der Spiritualität haben keine Ethik, keine Nachhaltigkeit und keine Achtsamkeit dauerhaft Bestand.

In diesem Buch betone ich diese Rolle der Spiritualität besonders stark, jedoch nicht, weil ich ursprünglich Theologe bin, sondern weil ich mir als Mensch in mir selbst, bei den anderen und bei der Betrachtung des Laufs der Geschichte der Dringlichkeit und der Notwendigkeit bewusst werde, dass wir achtsam mit allem umgehen müssen, mit dem Leben und mit der Erde, aber vor allem mit unserer Spiritualität. Ohne dieses klare Wasser keimt der Same niemals auf und die schönste Blume verwelkt.

Eine Fabel aus dem Altertum erzählt davon, dass das Wesen des Menschen in der Achtsamkeit bzw. Sorge bestehe. Eine Gottheit achtet auf jeden Einzelnen von uns. Mehr und mehr sind wir Söhne und Töchter jener unendlichen Achtsamkeit, die unsere Mütter an den Tag gelegt haben, als sie uns zur Welt brachten und in diese Welt aufnahmen. Die einfache und wesenhafte Achtsamkeit wird es sein, die das Leben noch retten, die Erde schützen und uns schlicht zu Menschen machen wird.

I.

Was bedeutet „Achtsamkeit"?

Angesichts der kritischen Situation, vor der die Menschheit und die Erde zurzeit stehen, erweist sich das Thema „Achtsamkeit"[2] als grundlegend. Die Krise unserer Zeit ist einzigartig und unterscheidet sich von allen vorhergehenden paradigmatischen Krisen, in denen man von der Unversehrtheit des Planeten Erde und der Fortdauer menschlichen Lebens selbstverständlich ausgehen konnte. In der aktuellen Krise gilt diese Voraussetzung nicht mehr. Die Gattung Mensch verschwindet womöglich und für die Erde sind schwere Schäden zu befürchten.

1. Warum Achtsamkeit so wichtig ist

Zurzeit ist eine Art systematischer Aggression gegen die Natur im Gange. Sie reicht bereits in die Anfänge der Moderne im 17. Jahrhundert zurück; aufgrund der neuen Technologien hat sie sich in den letzten Jahrzehnten verschärft. Diese Technologien stellen eine schreckliche Bedrohung für die Zukunft des Lebens und das Überleben der menschlichen Zivilisation dar (vgl. Lovelock 2008; Monod 2000; Wilson 2002).

Das Bewusstsein dafür, dass ein Prinzip der Selbstzerstörung am Werk ist, brach sich zum ersten Mal mit dem größten terroristischen Attentat der Geschichte Bahn: mit dem Abwurf zweier Atombomben auf Hiroshima und Nagasaki im August 1945 durch das US-amerikanische Militär. Das kollektive Bewusstsein wurde sich darüber klar, dass wir damit die Möglichkeit eröffnet hatten, den eigenen Tod herbeizuführen. Der berühmte Historiker Arnold Toynbee (1898–1975) bekennt in seiner Autobiografie: „Ich habe zu meinen Lebzeiten mit angesehen, dass die Gewissheit über das Kommen der ‚Letzten Dinge' in der Welt des Westens verblasste und das Ende der Menschheitsgeschichte in den Bereich der irdischen Möglichkeiten rückte, die nicht von der

---

2 Der Begriff „Achtsamkeit" kommt eigentlich aus dem Buddhismus und meint dort die wache Aufmerksamkeit für alle inneren und äußeren Vorgänge. Leonardo Boff verwendet den Begriff in einem weiteren Sinne. Im portugiesischen Original schreibt er „cuidado", was vor allem Sorge und Fürsorge meint. In der vorliegenden Übersetzung wird je nach Kontext variiert. Mit „Sorge" wird der Begriff vor allem dann wiedergegeben, wenn er im Deutschen entsprechend festgelegt ist, wie etwa im Werk Martin Heideggers (Anmerkung des Übersetzers).

Hand Gottes, sondern von Menschenhand herbeigeführt werden"
(Toynbee 1970, 373-374).

Diese Situation ist vollkommen einzigartig und verlangt ein
ernsthaftes Nachdenken aller, insbesondere derer, die sich der
Analyse der Ökologie des Planeten insgesamt widmen und nach
den letzten Ursachen dieser Situation suchen. Wie kann eine mögliche ökologische und humanitäre Katastrophe vermieden werden?
Die *Erd-Charta* ist aus der weltweiten Zivilgesellschaft hervorgegangen. Dieses Dokument ist das Ergebnis eines Beratungs-
prozesses von mehr als vierzig Ländern, der von unten, von allen
Teilen der Gesellschaft, der Kulturen, der Religionen, der Wissenschaften und Forschungseinrichtungen seinen Ausgang genommen hat. Der Beratungsprozess dauerte insgesamt acht Jahre
(1992–2000). Im Jahr 2003 wurde das Dokument schließlich von
der UNESCO angenommen. In der Präambel heißt es: „Wir haben die Wahl: Entweder bilden wir eine globale Partnerschaft,
um für die Erde und füreinander zu sorgen, oder wir riskieren,
uns selbst und die Vielfalt des Lebens zugrunde zu richten" (Erd-
Charta, 8).

In der Kategorie der Achtsamkeit bzw. Sorge sehe ich die
strukturierende Achse einer neuen Beziehung zur Natur. Entweder wir achten sorgsam auf das Leben in allen seinen Formen,
insbesondere auf das menschliche Leben und das Leben unseres
gemeinsamen Hauses, der Erde, oder wir gefährden unseren Weiterbestand auf diesem Planeten.

Ich glaube nicht, dass wir eine hoffnungsvolle Zukunft lediglich durch politische und technisch-wissenschaftliche Maßnahmen
gewährleisten können. Diese stehen ja stets unter der Kontrolle
mächtiger wirtschaftlicher Interessen, die jeden Wandel ablehnen,
so dringend er auch wäre. Sie sorgen sich lediglich um Markt und
Profite und nicht um das Leben oder die Erde. Wenn dennoch ir-
gendwelche Maßnahmen ergriffen werden, dann lediglich weitere Schritte auf dem bisherigen Weg. Manche Maßnahmen können
durchaus nützlich und notwendig sein, jedoch nur in einer anderen Sichtweise der Welt und innerhalb eines neuen Paradigmas des
Zusammenlebens auf Erden.

Die Ursache der Krise kann nicht gleichzeitig deren Lösung
umfassen. Lediglich eine Koalition der Kräfte, die sich um unverzichtbare Werte formieren, kann uns einen Zukunftshorizont er-

öffnen. Unter anderem halte ich zwei solcher Werte für zentral, ja gleichsam für Säulen, auf denen ein neuer Zivilisationsentwurf basiert. Ich habe sie in der Einführung bereits erwähnt: Nachhaltigkeit und Achtsamkeit.

Der Begriff *Nachhaltigkeit* ist dem Bereich der Ökonomie entnommen. Zum ersten Mal wurde er im Jahr 1713 von dem Deutschen Carl von Carlowitz (1645–1714) in seinem Buch *De sylvicultura oeconomica* benutzt (vgl. Haber 2009, 16). Er bezeichnet den rationalen Gebrauch der knappen Ressourcen der Erde, ohne das natürliche Kapital zu zerstören, sondern mit dem Ziel, es so zu erhalten, dass es sich reproduzieren und gemeinsam entwickeln kann, damit es auch den künftigen Generationen dient, die ebenfalls das Recht auf einen bewohnbaren Planeten haben.

Nachhaltiges, umsichtiges Handeln beinhaltet eine Art Ökonomie. Diese Ökonomie respektiert die Grenzen eines jeden Ökosystems und der Erde selbst, setzt eine Gesellschaft voraus, die nach weltweiter Gleichheit und sozialer Gerechtigkeit strebt, und will die Umwelt in solchem Maß erhalten, dass sie für die Bedürfnisse der jetzigen und der künftigen Generationen zur Verfügung steht.

Es ist offensichtlich, dass Nachhaltigkeit die Gesellschaft, die Politik, die Kultur, die Kunst, den Planeten und das Leben eines jeden Einzelnen betrifft. Es kommt in grundlegender Weise darauf an, die physikalisch-chemischen und ökologischen Bedingungen zu garantieren, die die Produktion und Reproduktion des Lebens und der Zivilisation auf all ihren Stufen ermöglichen.

Die zweite, ebenso wichtige Kategorie, um die es in diesem Buch in besonderer Weise gehen soll, ist die *Achtsamkeit*. Sie ist eine liebe- und respektvolle, nicht aggressive und damit nicht zerstörerische Beziehung zur Wirklichkeit. Sie geht davon aus, dass die Menschen Teil der Natur und Glieder der Gemeinschaft des Lebens und des Kosmos sind, denen die Verantwortung zukommt, diese Gemeinschaft zu schützen, ihre Wiederherstellung zu gewährleisten und für sie zu sorgen. Die Achtsamkeit ist eher eine Kunst als eine Technik, ein neues Paradigma der Beziehung zur Natur, zur Erde und zu den Menschen (Boff 2010).

Während die Nachhaltigkeit die objektive, auf die Umwelt bezogene, wirtschaftliche und gesellschaftliche Seite des Umgangs mit den natürlichen Gütern und ihrer Verteilung betrifft, ist mit

Achtsamkeit deren subjektive Seite angesprochen: die Grundhaltungen, die ethischen und spirituellen Werte, die mit diesem gesamten Prozess einhergehen und ohne die auch Nachhaltigkeit nicht angemessen verwirklicht wird.

Nachhaltigkeit und Achtsamkeit müssen als miteinander verbunden aufgefasst werden, wenn wir verhindern wollen, dass die Krise zu einer Tragödie wird. Nur so kann das Handeln, das ein neues Paradigma des Miteinanders von Mensch, Leben und Erde begründen soll, effektiv sein. Die aktuelle Krise mit ihren ernsten Bedrohungen, die weltweit auf allen lasten, wirft die Frage nach der kollektiven Verantwortung der Menschen als dringend und unaufschiebbar auf. Mehr noch: Es stellt sich verschärft die Frage nach dem Wesen des Menschen, der die Fähigkeit besitzt, zu verwüsten und zu umsorgen; es stellt sich die Frage nach seinem angemessenen Ort innerhalb der Gesamtheit des Seins und nach seinem Auftrag auf der Erde und im Universum. Genau an dieser Stelle greife ich wieder auf die Achtsamkeit und Sorge als eine mögliche Definition des Wesens und eine praktische Bestimmung des Menschen zurück, die der Logik der Natur entspricht.

2. Achtsamkeit in Zeiten der Krise

In den Reflexionen zur Kultur spielt das Thema Achtsamkeit in der letzten Zeit vermehrt eine Rolle. Zunächst wurde dieses Thema von der Medizin und der Pflege aufgeworfen, denn die natürliche Ethik im medizinischen Bereich ist Achtsamkeit. Dann wurde der Begriff von der Pädagogik aufgegriffen und feministische Philosophinnen und Theologinnen übernahmen ihn als Paradigma. Sie sehen in der Achtsamkeit eine wesentliche Bestimmung der Dimension der *anima,* die sowohl im Mann als auch in der Frau am Werk ist. Insbesondere in den USA entstand eine lebhafte Diskussion – und sie ist immer noch im Gange – zwischen Vertretern einer Ethik auf patriarchalischer Grundlage, deren Zentrum der Begriff Gerechtigkeit bildet, und einer grundlegend matriarchalischen Ethik, die sich um das Konzept der wesenhaften Achtsamkeit und Sorge aufbaut.[3]

---

3   Siehe unten S. 89-100.

Das Thema gewann dann innerhalb der ökologischen Diskussion eine besondere Bedeutung. Es bildet beispielsweise einen zentralen Bestandteil der *Erd-Charta*. Sich um die Umwelt, um die knappen Ressourcen, um die Natur und um die Erde zu sorgen wurde zum unabdingbaren ethischen Imperativ innerhalb dieses neuen Diskurses.

Ferner betrachtete man die Sorge als wesentlich für das Verständnis des In-der-Welt-Seins des Menschen. Daraus entsprang eine beeindruckende Ontologie der Sorge und Achtsamkeit, die Martin Heidegger als Erster ausformuliert hat (Heidegger 1979). Er griff damit allerdings eine Tradition auf, die bereits auf griechische, römische und die ersten christlichen Denker zurückgeht, wie wir noch sehen werden. Seine Überlegungen fanden in verschiedenen Bereichen Widerhall, zum Beispiel in der Pflege, in der Pädagogik und innerhalb der Philosophie selbst (vgl. Boff 1999).

Weiter lässt sich beobachten, dass die Kategorie Achtsamkeit bzw. Sorge immer in Krisensituationen an Bedeutung gewinnt. Achtsamkeit und Sorge ermöglichen es, dass Krisen zu Chancen der Läuterung und des Wachstums werden und nicht in fatale Tragödien münden.

Florence Nightingale (1820–1910) wurde zu einer Inspirationsquelle für die moderne Krankenpflege.[4] Im Jahr 1854 reiste sie zusammen mit 28 Gefährtinnen von London zu einem Militärhospital in der Türkei, wo gerade der Krimkrieg wütete. Ohne die nötige Fürsorge starben die Verwundeten dutzendweise. Florence Nightingale war von der Idee der Achtsamkeit durchdrungen und innerhalb von sechs Monaten gelang es ihr, die Sterblichkeitsrate der Verwundeten von 42 Prozent auf 2 Prozent zu reduzieren.

Der Erste Weltkrieg (1914–1918), der von christlichen Ländern entfesselt worden war, zerstörte den vordergründigen Glanz des viktorianischen Zeitalters mitsamt der festen Überzeugung der herrschenden Kultur, dass Zivilisation und allgemeiner Wohlstand die Barbarei der Kriege ein für alle Mal überwunden hätten. Der Krieg führte zu einem tiefen metaphysischen Gefühl der Verlassenheit. Genau in dieser Nachkriegssituation schrieb Martin Heidegger sein geniales Werk *Sein und Zeit*, dessen zentrale Ab-

---

4 Siehe unten S. 177.

schnitte (§§ 39-44) der Sorge als Ausgangspunkt für eine Ontologie des Menschseins gewidmet sind.

In die Zeit des Zweiten Weltkriegs (1939–1945) fällt eine entscheidende Phase der Wirksamkeit des Kinderarztes und Psychologen Donald Woods Winnicott (1896–1971; vgl. Winnicott 2009). Er war von der britischen Regierung damit beauftragt worden, sich um Waisenkinder und um Opfer der schrecklichen Bombenangriffe der Nazis auf London zu kümmern. Er entwickelte eine ganze Theorie und Praxis rund um die Begriffe der Achtsamkeit und Sorge (*care*), der Sorge um den anderen (*concern*) und des gesamten Komplexes der Sorge und Hilfestellung für Kinder und verletzte Personen (*holding*). Diese Überlegungen lassen sich auch auf Entwicklungsprozesse und auf die Pädagogik anwenden.

Im Jahr 1972 schlug der Club of Rome wegen des schlechten Gesundheitszustandes der Erde Alarm. Er nannte die Hauptursache beim Namen: unser konsumistisches, räuberisches, verschwenderisches und in Bezug auf die knappen Ressourcen der Erde völlig sorgloses Grundmuster von Entwicklung sowie unseren Umgang mit – oftmals gefährlichen und von der Natur nicht wieder resorbierbaren – Abfällen. Nach mehreren von der UNO seit Beginn der Achtzigerjahre des vergangenen Jahrhunderts organisierten Konferenzen tauchte der Vorschlag einer nachhaltigen Entwicklung auf. Darin kam die Sorge des Menschen um die Umwelt zum Ausdruck, doch der Begriff hatte vor allem den wirtschaftlichen Aspekt im Blick.

Das Umweltprogramm der Vereinten Nationen (United Nations Environment Programme), des WWF (World Wildlife Fund) und die Internationale Union zur Erhaltung der Natur haben im Jahr 1991 unter dem Titel *Caring for the Earth. A Strategy for Sustainable Living* eine detaillierte Strategie für die Zukunft des Planeten ausgearbeitet. Darin heißt es: „Die Ethik der Achtsamkeit ist auf internationaler, nationaler und individueller Ebene gleichermaßen anzuwenden; keine Nation ist autark; alle werden von weltweiter Nachhaltigkeit profitieren und alle sind bedroht, wenn es uns nicht gelingt, das Ziel der Nachhaltigkeit zu erreichen."

In Aufnahme dieser Tradition wurde im März 2000 nach acht Jahren weltweiter Arbeit die Endredaktion der Erd-Charta zum Abschluss gebracht. Die Kategorien Achtsamkeit und nachhaltige Lebensweise stellen die beiden Hauptachsen des neuen ökologischen, ethischen und spirituellen Diskurses dieses Dokumentes dar. Im Jahr 2003 nahm die UNESCO die Erd-Charta offiziell an und empfahl sie als ein wesentliches pädagogisches Instrument für die Schaffung eines kollektiven Verantwortungsbewusstseins der Menschheit für unsere gemeinsame Zukunft.

Im Jahr 2003 erarbeiteten die Umweltminister und Staatssekretäre Lateinamerikas und der Karibik das bemerkenswerte Dokument *Manifest für das Leben. Für eine Ethik der Nachhaltigkeit.* Darin wird die Kategorie der Achtsamkeit in das Konzept einer Entwicklung integriert, die in der Tat nachhaltig und im radikalen Sinne human wäre.

Die Achtsamkeit spielt auch auf gesellschaftlicher und persönlicher Ebene eine Rolle. Insbesondere an den beiden Wendepunkten Geburt und Tod steht sie im Vordergrund. Ohne Achtsamkeit und Sorge können Kinder nicht existieren. Sterbende brauchen Achtsamkeit, um dieses Leben in angemessener Weise zu verlassen.

Wenn in einer Gruppe eine Krise ausbricht, die Spannungen und Spaltungen erzeugt, dann ist die Weisheit der Achtsamkeit die angemessenste Form, um auf die Beteiligten zu hören, den Dialog zu fördern und nach Übereinstimmungen zu suchen. Achtsamkeit ist geboten, wenn bei einem Menschen eine gesundheitliche Krise manifest wird, die einen Krankenhausaufenthalt nötig macht. Die Achtsamkeit wird von Medizinern und Pflegekräften in die Tat umgesetzt, wenn sie die nötigen Diagnosen stellen und die geeignetste klinische Therapie auswählen, um den Patienten zu heilen und ihn seiner Familie und seinem gewohnten Alltag wieder zurückzugeben.

Achtsamkeit ist praktisch in allen Bereichen des menschlichen Lebens gefordert: von der Sorge um den Leib, um die Nahrung, um das geistige und spirituelle Leben, um die Lebensführung allgemein bis hin zum Überqueren einer viel befahrenen Straße. Wie bereits der römische Dichter Horaz bemerkte, ist die Sorge jener Schatten, der uns stets begleitet und uns niemals verlässt, denn wir sind aus Sorge und Achtsamkeit gemacht.

Zahlreiche Menschen repräsentieren die Achtsamkeit in besonderer Weise. Zu ihnen gehören Franziskus von Assisi (1181/82–1226), Mahatma Gandhi (1869–1948), der Begründer der Naturschutzbewegung Aldo Leopold (1887–1948), Albert Schweitzer

(1875–1965), Mutter Teresa von Kalkutta (1910–1997), die brasilianische Medizinerin Dona Zilda Arns (1934–2010), der brasilianische Bischof Dom Hélder Câmara (1909–1999), der brasilianische Führer der Landarbeitergewerkschaft Chico Mendes (1944–1988) und viele andere, wie etwa Angehörige von bestimmten Berufsgruppen wie Lehrer, Ärzte, Pfleger, Krankenschwestern und schließlich unsere Mütter und Großmütter. Sie sind Archetypen und Inspiration auf dem Weg der Heilung, der Rettung des Lebens und der Bewahrung der Mutter Erde.

3. Versuch einer Begriffsbestimmung

Die Etymologie des Begriffs Achtsamkeit verhilft zu einem genaueren Verständnis.[5] Das lateinische Wort für Sorge bzw. Achtsamkeit lautet *cura*. Es hat in die romanischen Sprachen Eingang gefunden (unter anderem ins Portugiesische: cuidado). Das lateinische Wort hat sich auch in dem deutschen Lehnwort „Kurator" erhalten. Der Kurator kümmert sich als Schirmherr beispielsweise um Buchausstellungen oder andere Veranstaltungen. Mit dem ähnlich lautenden portugiesischen *curador* ist eine Person angesprochen, die zugunsten oder für die Interessen eines anderen eintritt, der dazu selbst nicht in der Lage ist (Kinder, Waisen und andere nicht Mündige).[6] Mit *cura* ist also befasst, wer sich um die Interessen und Rechte bestimmter Personen kümmert und für sie eintritt oder sich für den guten Verlauf einer Veranstaltung verantwortlich weiß.

Achtsamkeit und Sorge erschöpfen sich jedoch nicht in einem abgeschlossenen Handeln, dessen Beginn und Ende sich exakt definieren ließen. Sie sind vielmehr eine dem Wesen des Menschen eigene Haltung, eine ständige Quelle, aus der Handlungen entspringen. Bei der Achtsamkeit und Sorge als einer Grundhaltung überwiegen zwei Bedeutungen:

In der *ersten Bedeutung* sind die Sorge, die Aufmerksamkeit, die Umsicht und der Eifer gemeint, die man einer Person, einer Gruppe oder einem Gegenstand der Wertschätzung zuteilwerden

---

5 Vgl. Boff 1999, vor allem S. 32ff.; 71ff.
6 Im Deutschen würde man das je nach Situation Vormund oder Betreuer nennen (Anmerkung des Übersetzers).

lässt. Die Achtsamkeit bzw. Sorge macht deutlich, dass der andere einem wichtig ist, weil man sich in sein Leben oder Schicksal mit einbezogen fühlt. Die *zweite Bedeutung* leitet sich von der ersten her. Aufgrund dieser gefühlsmäßigen Anteilnahme bedeutet Achtsamkeit auch die Besorgnis, die Beunruhigung, die Bestürzung, ja sogar das Erschrecken, das man für eine Person empfindet, die man liebt oder mit der man verwandt und befreundet ist, der man nahesteht und für die man etwas empfindet. Achtsamkeit und Sorge machen aus dem anderen etwas Wertvolles, wie es zum Beispiel unsere Kinder und unsere Kranken für uns sind.

Tatsächlich sind wir beunruhigt, wenn einer solchen Person oder unserer Familie, unserer Stadt, unserem Land, unserem Ökosystem und unserer Erde etwas Ernsthaftes zustößt. Diese Dinge rauben uns den Schlaf. Ein altes Sprichwort besagt: „Wer Sorgen hat, der schläft nicht." Wenn wir uns nicht beunruhigen würden, dann hieße das ja, dass wir nicht wirklich liebten, dass wir gleichgültig, ja sogar völlig unbekümmert wären.

Sorge und Achtsamkeit schaffen auch ein Gefühl der gegenseitigen Zugehörigkeit: Wir haben zufrieden an den Erfolgen teil und ebenso auch an den Kämpfen, an den Gefahren und am Schicksal derer, die uns lieb und teuer sind. Sich zu sorgen und sich umsorgt zu wissen sind zwei grundlegende Erfordernisse unseres persönlichen und gesellschaftlichen Lebens.

In diesem Zusammenhang ist eine *dritte Bedeutung* näher zu betrachten, die der englische Psychiater und Philosoph Donald Woods Winnicott mit seiner grundlegenden Theorie des „holding" herausgearbeitet hat. „Holding" meint die Gesamtheit aller Maßnahmen zur Unterstützung, zur Hilfestellung und zum Schutz, ohne die der Mensch nicht leben kann. Nach Überzeugung Winnicotts gehört *care* (Fürsorge) zum Wesen des Menschen und findet ihren Ausdruck in zwei untrennbar miteinander verbundenen Bewegungen: dem Willen, für jemanden Sorge zu tragen, und dem Bedürfnis, von jemandem umsorgt zu werden. Das klarste Beispiel dafür ist die Beziehung zwischen der Mutter und ihrem Säugling. Das Kind bedarf der Fürsorge, ohne die es nicht leben und überleben kann. Die Mutter spürt in sich den Willen und die Bereitschaft zur Fürsorge.

Diese untrennbare Beziehung zwischen Sorgen und Umsorgtsein begleitet uns unser ganzes Leben lang, es gehört zur *conditio humana,* zum Dasein des Menschen in seiner konkreten Verfasstheit. Als Menschen sind wir stets Gefahren ausgesetzt, wir sind verletzlich und sterblich und deshalb Krankheiten und schließlich dem Tod ausgeliefert. Die wesenhafte Sorge und Achtsamkeit, wie Martin Heidegger (1889–1976) sie in seiner Philosophie beschreibt, bedenke ich hier existenziell und im Rahmen der Alltagspraxis menschlicher Beziehungen, die, um in einem emphatischen Sinne menschlich zu sein, von Achtsamkeit durchdrungen sein müssen.

Achtsamkeit als Sorge, die nach Schutz und der notwendigen Unterstützung (*holding*) verlangt, gehört also zur *conditio humana.* Das Leben ist uns gegeben, ohne dass wir es verdient hätten. Über dieses Leben können wir nicht völlig frei verfügen. Die Tatsache, dass wir in der Welt und innerhalb einer Geschichte leben und damit so vielen unvorhergesehenen Faktoren und unkontrollierbaren Situationen unterworfen sind, führt dazu, dass Achtsamkeit, Sorge und Fürsorge uns unablässig begleiten – wie ein Schatten, der jedoch keineswegs immer wohltuend wirkt. Das bewusste Leben weiß um Herausforderungen, die in jedem Augenblick zu bestehen sind. Dieses Leben muss Tag für Tag neu entworfen, verteidigt und in seinem Bestand erhalten werden. Im Grunde gönnt uns die Achtsamkeit im Sinne von Besorgnis keine Ruhepause.

Alles und jedes, jede und jeder kann Gegenstand der Sorge sein und entsprechende Hilfe und Schutzmaßnahmen erfordern. Die Achtsamkeit im Sinne von Sorge und Besorgnis steht nicht infrage, denn diese ist unvermeidlich und gehört zu unserem Wesen und unserer Eigenart: zu unserem In-der-Welt-Sein, zum Sein mit anderen, zu unserem Sein-zum-Tode. Die zentrale Frage lautet vielmehr: Wie bewältigen wir diese Situation? Wie leben wir mit ihr? Wie bezähmen wir sie und wie wachsen wir an ihr in unserem eigenen Selbstsein und in unserer Menschlichkeit? Welche Art von Unterstützung schaffen wir, die uns nicht aus unserer Verantwortung entlässt, sondern uns diese konkret ermöglicht?

Wir alle sind Kinder der Sorge, denn in biologischer Hinsicht sind wir *Mängelwesen.*[7] Im Gegensatz zu den Tieren verfügen wir

---

7 Dieser Ausdruck stammt von Arnold Gehlen. Vgl. Gehlen 1966 (Anmerkung des Übersetzers).

über kein spezialisiertes Organ, das uns das erfolgreiche Überleben garantiert. Wenn der Mensch bei der Geburt nicht von seiner Mutter umsorgt wird und wenn die Mutter nicht alle notwendigen Schutzmechanismen und Hilfestellungen bereithält, dann stirbt der Mensch innerhalb weniger Stunden. Das unterscheidet den Menschen etwa von einer kleinen Ente, die biologisch schon von Geburt an gut ausgestattet ist und bald im See schwimmt, ohne zu ertrinken. Der Mensch hingegen krabbelt nicht aus seiner Wiege, um sich seine Nahrung selbst zu suchen. Er ist abhängig von der Fürsorge einer Person, die seinen Mängeln Abhilfe schafft.

Eine *vierte Bedeutung* von Achtsamkeit bzw. Sorge ist heute angesichts der zunehmenden Verschlechterung der Natur äußerst aktuell: die Achtsamkeit bzw. Sorge als *Vorsorge* und *Vorbeugung*. Man spricht folglich vom Vorsorgeprinzip und vom Prinzip der Vorbeugung.

Dieses Prinzip wurde zum ersten Mal im Januar 1998 bei einer Versammlung in Wingspread im US-Bundesstaat Wisconsin unter Beteiligung zahlreicher Fachleute formuliert. Das Vorsorgeprinzip wurde folgendermaßen umschrieben:

Wenn eine Aktivität der Umwelt oder der Gesundheit der Menschen zu schaden droht, dann müssen Vorsorgemaßnahmen getroffen werden, selbst dann, wenn einige Ursache-Wirkungs-Zusammenhänge wissenschaftlich nicht völlig geklärt sind.

Vorsorge bedeutet Achtsamkeit. Deshalb darf man nicht nur die unmittelbare Gefahr im Blick haben, sondern muss auch zukünftige Risiken betrachten, die sich aus menschlichen Initiativen ergeben und von denen die Wissenschaften nicht mit Sicherheit sagen können, dass keine Schäden daraus entstehen. Diese Risiken sind insbesondere bei der Schaffung transgener Organismen, bei der Manipulation des Erbgutes und beim Einsatz von Nanotechnologien zu berücksichtigen.

Vorsorge und Vorbeugung sind zwei verschiedene Formen von Achtsamkeit. Im Fall der Vorbeugung sind die Konsequenzen eines bestimmten Tuns im Vorhinein bekannt; sie können wissenschaftlich nachgewiesen werden. In diesem Fall ist es leicht, schädliche Wirkungen zu verhindern. Im Fall des Vorsorgeprinzips ist es unmöglich zu wissen, welche Konsequenzen oder Auswirkungen ein bestimmtes Handeln, ein Unterfangen oder eine praktische Anwendung einer wissenschaftlichen Erkenntnis auf die Umwelt, die Gesundheit der Menschen und das Gleichgewicht der Ökosysteme haben kann. Die Wissenschaft ist in diesem Fall nicht in der Lage, eine Garantie abzugeben. Ein entsprechendes Handeln ist nicht erlaubt.

In einem solchen Fall haben die Befürworter einer Aktion, deren Folgen schädlich sein können, die Beweislast zu tragen und nicht die potenziellen Opfer. Wenn solche Folgen tatsächlich eintreten, ist es Sache der Befürworter, die Schäden gering zu halten und die nötigen Reparaturen und Entschädigungen zu leisten.

Betrachten wir ein aktuelles Beispiel: Wir üben Achtsamkeit gegenüber der Erde, wenn wir sie die Große Mutter oder Gaia nennen, wenn wir sie wie einen lebendigen Großorganismus behandeln, der sich selbst reguliert und sich selbst organisiert, wenn wir ihre Rhythmen beachten, sie in ihrer Unversehrtheit und Vitalität bewahren, ihr Ruhepausen gewähren, damit sie ihre Fruchtbarkeit und das verloren gegangene Gleichgewicht ihrer Ökosysteme wiederherstellen kann, und wenn wir ihre Güter und Dienste sparsam in Anspruch nehmen, ihre Grenzen respektieren und dabei auch an die zukünftigen Generationen denken. Die Achtsamkeit, die Freundin des Lebens, ist in der aktuellen kritischen Phase des Systems Erde dringend geboten. Eine solche liebevolle Haltung der Achtsamkeit könnte uns als Gattung retten und den Fortbestand unserer Zivilisation ermöglichen.

Ebenso kultivieren wir Achtsamkeit, wenn wir uns um das Kind im Krankenhaus kümmern, wenn wir uns seiner kleinen schulischen Sorgen annehmen, wenn wir uns Sorgen machen, wenn es hinaus auf die Straße geht und dort eine Schnellstraße überqueren muss, wenn es am Abend zu einer Klassenfeier geht und wir uns fragen, was ihm auf dem Heimweg passieren könnte, wenn wir überlegen, wie es die alterstypischen Krisen wohl bewältigen mag. Die Eltern sind voller Sorgen um die Zukunft des Kindes: ob es zur Universität gehen und welchen beruflichen Weg es finden wird. Sie sorgen sich um die Familie, die ihr Kind einmal gründen wird, um Glück und Unglück, das es erleben wird, sie sorgen sich um die Krisen, die es zu bestehen haben wird, um seine etwaigen Krankheiten, schwierige Übergangssituationen und schließlich um das Ende seines Lebens.

Worum sorgen wir uns nicht? Wir entwerfen Strategien der Vorsorge und Vorbeugung, voller Sorge und Angst vor der globalen Erwärmung, besorgt um die allgemeine Verschlechterung der ökologischen Bedingungen, um das systembedingte Wirtschaftschaos, um den gefährdeten Weltfrieden, um den wachsenden Hunger von Millionen Menschen, um die zunehmende Kluft zwischen Arm und Reich. Wir sorgen uns um das Schicksal der Armen der Welt allgemein, um das Schicksal unserer Zivilisation, um die Bedrohung der Artenvielfalt und um die Gefahr für den gesamten Planeten.

Wenn wir uns nicht sorgen, dann droht das Verschwinden der Gattung Mensch, während die Erde in einem ärmeren Zustand für Jahrhunderte ihren Lauf innerhalb des Kosmos fortsetzt und ein anderes Lebewesen, das mit hoher Komplexität ausgestattet ist und zum Träger von Bewusstsein und Geist werden kann, auf der Bildfläche erscheint.

In der Zusammenschau der erwähnten Fakten lässt sich der Begriff der Achtsamkeit und Sorge genauer fassen:

Achtsamkeit ist zunächst eine Haltung liebevoller, sanfter, freundschaftlicher, harmonischer und schützender Beziehung zur persönlichen und gesellschaftlichen Wirklichkeit sowie zur Umwelt.

Achtsamkeit gleicht einer offenen Hand, die sich liebkosend ausstreckt, die bereit ist zum Händedruck, deren Finger sich mit anderen Fingern verschränken, um einen Bund der Zusammenarbeit und der Vereinigung der Kräfte zu schließen, ganz im Gegensatz zu der zur Faust geballten Hand, die den anderen unterwirft und beherrscht. Diese erste Bedeutung von Achtsamkeit ist ihre hellste und konstruktivste Seite. Wie unschwer zu sehen, gehört diese Art von Achtsamkeit zum Allermenschlichsten, zu dem, was uns wertvoll und zu Freunden des Lebens macht.

Achtsamkeit umfasst weiter jegliche Art von Sorge, Beunruhigung, Ruhelosigkeit, Stress, Furcht und Angst um Personen und Realitäten, zu denen wir eine affektive Beziehung haben und die uns deshalb lieb und teuer sind.

Diese Art von Achtsamkeit, die Sorge für den anderen, gehört von Geburt an zur Struktur des Lebens. Sie begleitet dieses Leben in jedem Augenblick und in jeder Entwicklungsphase, wir tragen sie bis zum Tod in uns. Sie ist zuweilen leicht, zuweilen schwer, manchmal ist sie beschützend und mitunter lastet sie bedrohlich auf uns. Sie hüllt uns ein und sorgt dafür, dass wir uns nicht entziehen können. Wir können und müssen stets lebensklug und weise mit dieser Art von Achtsamkeit leben und dürfen nicht zulassen, dass ihre negative Dimension unser Handeln und unsere Grundhaltung beherrscht und den Lauf unseres Lebens durcheinanderbringt.

Achtsamkeit ist ferner die gelebte Beziehung zwischen der Notwendigkeit, umsorgt zu sein, und dem Willen und der Bereitschaft, selbst zu sorgen und ein Klima der Unterstützung und des Schutzes (holding) zu schaffen, das diese unauflösbare Beziehung auf persönlicher und gesellschaftlicher Ebene sowie mit allen Lebewesen ermöglicht.

Die Achtsamkeit als liebevolle Haltung, als Sorge und als Unterstützung und Schutz sind Existenzialien, das heißt objektive Gegebenheiten der Struktur unseres Seins in der Zeit, im Raum und in der Geschichte. Sie sind jedem anderen Handeln vorgelagert und liegen allem zugrunde, was wir unternehmen. Die Achtsamkeit gehört zum Wesen des Menschen. Deshalb ist sie nicht zu tilgen.

Achtsamkeit als Vorsorge und Vorbeugung sind schließlich jene Haltungen und Verhaltensweisen, die uns das vermeiden lassen, was vorhersehbar (Vorbeugung) ist oder aufgrund der Ungewissheit wissenschaftlicher Befunde und der grundsätzlich nicht prognostizierbaren Auswirkungen auf das System Leben und das System Erde nicht vorhersehbare (Vorsorge) schädliche Folgen zeitigen kann.

Achtsamkeit als Vorsorge und Vorbeugung ergibt sich aus unserer Aufgabe, Hüter des vom Universum empfangenen Erbes zu sein, und deshalb gehört auch sie zur Wesensbestimmung unseres In-der-Welt-Seins. Wir sind ethische und verantwortliche Lebewesen, das heißt, wir sind uns der guten oder schlechten Folgen unseres Tuns, unserer Haltungen und unserer Verhaltensweisen bewusst.

All diese Arten von Achtsamkeit bewirken, dass das Leben leicht, schön und glücklich oder auch dunkel, voller Sorgen und dramatisch ist. Da sich die unterschiedlichen Bedeutungen immer zusammen verwirklichen und sich in untrennbarer Weise vermengen, machen sie das menschliche Leben paradox und widersprüchlich, doch immer so, dass wir es als einen unschätzbaren Wert annehmen können.

4. Zwei Ausdrucksweisen der einen Achtsamkeit

Achtsamkeit ist einerseits *natürlich* und *objektiv* gegeben, andererseits ist sie eine *bewusste ethische* Haltung.

Die natürlich-objektive Dimension ist, wie aus den aufgeführten Bedeutungen bereits hervorgeht, mit dem menschlichen Leben selbst gegeben: als liebevolle Beziehung, als Sorge und als Vorsorge bzw. Vorbeugung. So achten wir in natürlicher Weise auf unseren Leib, auf unseren Geist, auf unsere Innerlichkeit, letztlich auf unser Leben und alles, was uns teuer ist, und wir beugen dem Schädlichen vor, das uns aufgrund von bestimmten unverantwortlichen menschlichen Taten zustoßen könnte. Ebenso kümmern wir uns voller Sorge um die Lebensqualität und befassen uns mit der Verpestung unserer Luft und der Kontamination unserer Böden und Gewässer – letztlich mit der Zukunft unseres planetarischen Projekts.

Achtsamkeit macht offenbar, dass wir keine unabhängigen Wesen sind. Wir sind zutiefst abhängig von unseren Ökosystemen. Dem Menschen haftet ein wesentlicher Mangel an, der durch andere Menschen, durch die Kultur und durch die Ressourcen und Leistungen der Natur ausgeglichen wird (A. Gehlen, H. Plessner). Der Mensch verfügt über kein spezialisiertes Organ, mittels dessen er die Erhaltung seines Lebens garantieren könnte, das heißt, der Mensch ist ein *Mängelwesen*. Achtsamkeit im Sinne von Sorge und Fürsorge bietet sich an, um das menschliche Leben und dessen Fortbestand zu gewährleisten.

Achtsamkeit im Sinne einer ethisch bewussten Haltung ist natürlich gegeben, sofern sie auf reflektierte Weise bewusst als Wert angenommen, willentlich internalisiert und zu einer Haltung bzw. zu einem Lebensentwurf wird. Was uns von Natur aus gegeben ist, machen wir zum persönlichen, gesellschaftlichen und planetarischen Projekt, zu etwas also, das von unserem Willen und unserer Freiheit abhängt. Damit wird es zu einem kulturellen Faktor.

Wir achten aufmerksam und bewusst auf alles: auf unsere Worte, auf unsere Gesten, auf unsere Gedanken, auf unsere Gefühle und auf unsere Beziehungen, damit sie für uns und andere eine wohltuende Wirkung entfalten.

Mit Achtsamkeit geht alles besser von der Hand und wir geraten seltener in die Irre. Wenn wir eine viel befahrene Straße nicht in aufmerksamer Achtsamkeit überqueren, könnten wir überfahren und sogar tödlich verletzt werden. Achtsamkeit im Sinne von Besorgnis zeigen wir, wenn wir uns über die gegenwärtige Lage empören und beispielsweise anprangern, dass immer mehr Treibhausgase ausgestoßen werden (im Jahr 2011 wurden weltweit bereits 30 Milliarden Tonnen emittiert) und dass dadurch die globale Erderwärmung zugelassen wird, die eine schwerwiegende ökologische und humanitäre Krise bewirkt. Wie könnte man hier nicht Achtsamkeit im Sinne von Sorge und Besorgnis leben?

Einerseits kommt es darauf an, in dem Sinne achtsam zu sein, dass man zugefügte Wunden heilt und zukünftige Verletzungen verhindert, die bedrohten Arten liebevoll zu erhalten versucht und Verantwortung für die Erhaltung der Ökosysteme und die Vitalität der Mutter Erde an den Tag legt, indem man wiederaufforstet, die Bodenerosion bekämpft und verhindert, dass Agrargifte das Grundwasser verseuchen und die Artenvielfalt gefährden.

Andererseits ist es dringend an der Zeit, uns des Desinteresses der Politiker und des fortgesetzten Wachstumskurses anzunehmen, der die knappen Ressourcen ausplündert, im Interesse der Agrar- und Viehwirtschaft Abholzung zulässt, die Produktion von transgenen Arten ermöglicht und die Herstellung von Chemikalien toleriert, die die Fruchtbarkeit der Menschen gefährden. Darin drückt sich die Missachtung des Vorsorgeprinzips im Hinblick auf Schäden für Menschen und Umwelt aus.

Uns droht die Zerstörung unserer Zukunft, der Weiterbestand unseres Lebens auf diesem kleinen und schönen Planeten steht auf dem Spiel. Achtsamkeit ist eng mit diesen lebensentscheidenden Fragen verbunden.

31

II.

Achtsamkeit im Prozess der Evolution

Achtsamkeit ist nicht nur ein wesentlicher Bestandteil der Lebensprozesse, insbesondere der persönlichen und gesellschaftlichen Beziehungen (liebevolle Zuwendung, Sorge, Vorsorge), sondern sie ist im Evolutionsprozess insgesamt am Werk.

1. Achtsamkeit: dem Kosmos selbst eingeschrieben

Achtsamkeit ist eine kosmologische Konstante, denn sie fehlt in keinem Augenblick der Evolution.

In der Wissenschaftsgemeinschaft besteht ein breiter Konsens darüber, dass das Universum aus der ersten und ursprünglichen Singularität durch den Urknall vor etwa 13,7 Milliarden Jahren hervorgegangen ist. Ein winzig kleiner Punkt voller Energie und Information blähte sich auf, um daraufhin lautlos zu explodieren.

Kosmologen wie Steven Weinberg (1997) und Stephen Hawking (2001) haben Berechnungen und Spekulationen darüber angestellt, was in den ersten Momenten dieses Prozesses geschah. Auf geheimnisvolle Weise kam es zum Aufeinanderprall und zur gegenseitigen Vernichtung von Materie und Antimaterie und es blieb nur ein kleiner Bruchteil von Materie übrig, aus der alles, was heute existiert, hervorging. Die geheimnisvolle Ursprungsenergie, die allen Ereignissen zugrunde liegt, differenzierte sich im Lauf der Entwicklung in die vier Grundkräfte, die alles tragen, was ist: die Gravitation, die die Anziehung von Körpern mit einer Masse bewirkt, die elektromagnetische Kraft, die für Anziehung und Abstoßung von Teilchen mit elektrischer Ladung verantwortlich ist, sowie die starke und schwache Kernkraft, die im Atomkern wirken. Alle Ereignisse gehen aus der gleichzeitigen und miteinander verschränkten Aktion dieser vier Kräfte hervor.

Nach der großen Explosion wurden Energie und Materie in alle Richtungen geschleudert und bewirkten so die Entstehung von Raum und Zeit. Dies ist der Beginn von Ausdehnung, Selbstschaffung und Selbstorganisation der Ordnungen. Zu Beginn waren die Ordnungen einfachster Art, im Laufe von Milliarden Jahren entstanden höchst komplexe Ordnungen. All dies vollzog sich innerhalb der kosmologischen Konstante subtiler Achtsamkeit aller Elemente.

Wenn zum Beispiel die Gravitation nur ein klein wenig stärker gewesen wäre, dann hätte sich alles zusammengezogen, eine Explosion wäre auf die andere gefolgt oder es wäre ein schwarzes Loch entstanden und die Entfaltung des Universums wäre nicht möglich gewesen. Wenn sie hingegen nur ein bisschen schwächer gewesen wäre, dann hätte sich alles verflüchtigt und es hätte keine Verdichtung der Gase gegeben, aus denen die Materie, die Sterne, die Erde und wir selbst hervorgegangen sind. Wenn wiederum die elektromagnetische Kraft zu intensiv gewesen wäre, wären nur stabile Moleküle wie Wasser oder Kohlendioxid entstanden. Wenn die starke und schwache Kernkraft unverhältnismäßig stark gewesen wären, dann wären nur stabile Atome wie etwa Eisen entstanden. Das gesamte Universum wäre extrem homogen und starr. Das ist jedoch nicht der Fall. Und es ist deshalb nicht der Fall, weil sich alles in fein abgestimmter Achtsamkeit vollzogen hat, damit die Dinge sich so entwickeln konnten, wie sie sich entwickelt haben. Andernfalls wären wir gar nicht hier und könnten dies alles gar nicht kommentieren.

Dieses Zusammenspiel ist das Ergebnis eines achtsamen Spiels aller Faktoren. In diesem Zusammenhang sprechen Wissenschaftler vom *schwachen anthropischen Prinzip.* Diesem zufolge hat alles die Richtung auf mehr Komplexität hin genommen, die schließlich die Entstehung des Lebens und, als Unterkapitel davon, die Entstehung des Bewusstseins ermöglichte. In der Perspektive der Quantentheorie wäre dies eine von vielen, nicht zwingenden Möglichkeiten (*starkes anthropisches Prinzip*). Doch es war unter vielen anderen eben jene Möglichkeit, die sich tatsächlich realisierte. Andernfalls wäre vielleicht eine andere Welt entstanden, nicht jedoch die unsrige.

Unter der Voraussetzung einer anderen Feinabstimmung durch das Prinzip der Achtsamkeit könnten wir die Entstehung vieler paralleler Universen annehmen. Diese Hypothese vertreten nicht wenige Astrophysiker und Kosmologen (zum Beispiel Hawking).

Achtsamkeit war auch am Werk, als die Materie einen höheren Grad an Komplexität und Selbstorganisation erreichte. Das ermöglichte vor 3,8 Milliarden Jahren die Entstehung des Lebens. Das erste Bakterium nahm in einzigartiger Achtsamkeit mit der Umgebung einen chemischen Dialog auf und gelangte zu einem dynamischen Gleichgewicht, das es ihm ermöglichte, zu überleben und sich weiter zu entwickeln.

Vor etwa 125 Millionen Jahren erreichte die Evolution mit dem Entstehen der Säugetiere einen noch höheren Grad an Komplexität. Mit ihnen trat etwas zuvor noch nicht Existentes in Erscheinung: das Gefühl, die affektive Anteilnahme und die wesenhafte Fürsorge der Mutter für ihr Kind. Achtsamkeit und Fürsorge wurden zu einem unabdingbaren Erfordernis des Lebens, denn ohne sie kann es sich nicht erhalten und reproduzieren. Diese Achtsamkeit erlangte ihre höchste Stufe vor 9 bis 7 Millionen Jahren, als die Vorfahren des Menschen die Bühne der Evolution betraten. Damit erlangte die Achtsamkeit eine neue Qualität: Sie ist nun nicht mehr natürlich und an ökologische Prozesse des Lebens gebunden, sondern auch bewusste Entscheidung. Der Mensch entscheidet sich bewusst dafür, für den anderen zu sorgen. Achtsamkeit wird zur Liebe, zur gegenseitigen Anerkennung und zur Gemeinschaft. Achtsamkeit zeigt sich auch in der Gestalt der Sorge und des Bemühens um das, was der Mensch liebt und mit dem er eine affektive Beziehung unterhält. Der Mensch achtet nun auch auf seine Umgebung, er kümmert sich um die Mittel zum Überleben. Mittels der Vorsorge, einer anderen Form von Achtsamkeit, vermeidet er Handlungen, die ihm selbst und der Natur schaden können.

Die Achtsamkeit findet Eingang in die Definition des Menschen selbst, der in der Welt und mit den anderen existiert und offen ist hin zur Gesamtheit des Seins, zur Zukunft und zum Tod.

2. Intellekt und Vernunft des Herzens

Das Phänomen der Achtsamkeit verlangt nach einer Art von Intelligenz und Vernunft, die sich von der in den letzten Jahrhunderten in unserem Kulturkreis vorherrschenden instrumentell-analytischen und funktionalen Vernunft deutlich unterscheiden. Letztere steht für einen utilitaristischen Gebrauch und für einen distanzierten und objektivierenden Blick auf die Wirklichkeit, der mehr an den Mitteln als an den Zielen orientiert ist. Die Achtsamkeit fügt sich in die Welt der Zielsetzungen, des Erhabenen und der Werte ein. Sitz solcher Wirklichkeiten ist nicht der Verstand, sondern das Herz. Die empfindsame Vernunft und die Vernunft des Herzens ergänzen die instrumentelle Vernunft (Goleman

2011). Das *Pathos,* das Gefühl bzw. die Leidenschaft, steht eher im Zentrum als der *Logos,* die Rationalität und das wissenschaftliche Denken. Dies bedeutet nicht, dass man sich von der Vernunft verabschiedet, doch sie wird entthront und in ihrer Vorherrschaft beschnitten. Sie ist in ein größeres Ganzes eingebettet, innerhalb dessen sie ihre volle Berechtigung hat, da sie Klarheit, Kriterien und Grenzen vermittelt.

Die Wasser eines reißenden Flusses sind ein gutes Bild für das Gefühl, die Leidenschaften und das Herz. Doch es sind die Ufer und Begrenzungen, also die Vernunft, die ihren Lauf bestimmen und dafür sorgen, dass das Wasser ins Meer strömt. Beide Wirklichkeiten, Kopf und Herz gleichermaßen, sind notwendig und ergänzen einander. Die einzigartige Realität der Achtsamkeit entspricht den überströmenden und schnell fließenden Wassern. Ohne sie wären die Ufer und Begrenzungen nicht viel wert. Sie existieren um des Wassers willen und ihm zum Nutzen.

In der gegenwärtigen kulturellen Situation ist es dringend geboten, die empfindsame Vernunft und die Vernunft des Herzens wieder ins Recht zu setzen. Sie wurden von der wissenschaftlichen Vernunft an den Rand gedrängt, ja sogar als Hindernis für die Objektivität der Vernunft in Verruf gebracht. Damit haben wir zugelassen, dass eine kalte, berechnende Welt der Dinge entsteht, der aber Herz, Träume und Mitgefühl fehlen. Um als Wesen des Zusammenlebens und der Achtsamkeit zu überleben, müssen wir wiedergewinnen, was wir hinter uns gelassen haben.

Wäre der Achtsamkeit – in der Form liebevoller Beziehung, als Haltung der verantwortlichen Sorge und Vorsorge angesichts schädlicher Auswirkungen menschlichen Handelns – von unserer heute weltweit durchgesetzten Kultur der zentrale Stellenwert eingeräumt worden, dann hätten wir es nicht mit den Abermillionen Leidenden, mit den zerstörten Ökosystemen und der Bedrohung des Planeten durch die Erderwärmung zu tun.

Um ein neues Gleichgewicht zu finden und auf diese Weise ihre Lebenskraft aufrechterhalten zu können, ist die Erde möglicherweise gezwungen, die Biosphäre zu reduzieren. Dies würde die Auslöschung von Tausenden Arten und die grausame Opferung der Gattung Mensch bedeuten.

III.

Philosophisch-anthropologische Grundlegung der Achtsamkeit

Die bisherigen Überlegungen zeigen, dass es sich bei der Achtsamkeit nicht um etwas handelt, was man dem Menschen hinzufügen könnte oder nicht. Achtsamkeit gehört zum Wesen des Menschen selbst.

1. Achtsamkeit und Sorge bei Martin Heidegger

Beim Nachdenken über den anthropologisch-philosophischen Charakter der Achtsamkeit lasse ich mich von einem der größten Denker des 20. Jahrhunderts leiten: Martin Heidegger (1889–1976) hat sich mit diesem Thema intensiv beschäftigt. In seinem Hauptwerk *Sein und Zeit* widmet er diesem Thema zwei zentrale Paragrafen (§ 41 und 42). Er unternimmt einen Streifzug durch das bisherige abendländische Denken über die Achtsamkeit und Sorge und schreibt ihm den notwendigen zentralen Stellenwert zu.

In dem Bemühen, die christliche Anthropologie – insbesondere von Paulus und Augustinus – zu verstehen, ist der Begriff im Denken des Philosophen langsam herangereift. Bereits im Jahr 1920 taucht das Thema „Sorge" in einer Vorlesung Heideggers über die Phänomenologie der Intuition und des Ausdrucks auf. Hier bringt Heidegger der *Imitatio Christi* des Thomas von Kempen (um 1380–1471), einem der bis heute meistgelesenen Bücher der Christenheit, große Wertschätzung entgegen. Darin heißt es: „Der innere Mensch stellt die Sorge um sich selbst allen anderen Sorgen voran" (*Internus homo sui ipsius curam omnibus curis anteponit*).

Im Jahr 1921 hält Heidegger in Freiburg eine weitere Vorlesung, diesmal über das zehnte Buch der *Confessiones* des Augustinus. Dort beschreibt Augustinus seine angsterfüllte Gottsuche mit all ihren Irrwegen und Täuschungen (Verführung der Augen, Gefallen am Gehörten, Neugierde, Hochmut, Selbstliebe usw.), eine Gottsuche, die ihren Höhepunkt im Ruhen des *cor inquietum*, des unruhigen Herzens, in Gott findet.

Hier nimmt Heidegger interessanterweise *Sein und Zeit* vorweg und behauptet, die wahre Aufgabe der Philosophie müsse es sein, sich an der konkreten und gelebten Selbstsorge und an der Selbstwelt zu orientieren, denn die Wirklichkeit erhalte ihren ursprünglichen Sinn, wenn sie als Sorge und als „unruhige Besorgnis um sich selbst" gedeutet werde (Larivée/Leduc 2001, 33).

Das Studium des Themas Sorge bei Augustinus hinterließ in Heideggers Werk bleibende Spuren, durch die er sich der Tradition der *epimeleia heautou* (Selbstsorge) der antiken Philosophie annäherte. Er deckte alle Formen der Selbstvergessenheit und der Flucht vor sich selbst auf und kritisierte die übertriebene Neugier, zu wissen, zu sehen und zu experimentieren, die auf Kosten der Sorge um den Sinn des eigenen Lebens geht.

Aus dem Studium des Augustinus erwuchs ihm jener Begriff, der in *Sein und Zeit* als „echte Sorge" beschrieben wird, die sich in Freiheit um sich selbst sorgt und in einer Zukunftsperspektive ihre Möglichkeiten der Selbsthilfe verwirklicht. Sie steht im Gegensatz zu einer „unechten Sorge", die sich in besessener Weise um sich sorgt und sich dabei mit allem beschäftigt, weniger mit sich selbst, oder die sich um den anderen in der Weise sorgt, dass sie ihn abhängig macht, ja sogar beherrscht.

Die Sorge ist niemals Ruhe, vielmehr beinhaltet sie nach christlichem Verständnis und nach dem Zeugnis der großen Mystiker wie Meister Eckhart, Luther, Kierkegaard und anderen stets ein gewisses Maß an Angst und Besorgnis um sich selbst und um den anderen, denn der Mensch ist stets der flüchtigen Zeitlichkeit unterworfen, die ihn ausgesetzt, verletzlich und anfällig für Abstürze und Flucht sein lässt.

Im Wintersemester 1920/1921 hält Heidegger eine Vorlesung über die *Phänomenologie des religiösen Lebens* und behandelt die Paulusbriefe, in denen der Apostel die Christen dazu aufruft, angesichts der unmittelbaren Wiederkunft des Herrn (*parousía*) wachsam zu sein. Hier führt Heidegger den Begriff der „angsterfüllten Sorge" und der „ängstlichen Besorgnis" als Charakteristika der Zeitlichkeit im Allgemeinen und der Zeitlichkeit der Christen im Besonderen ein: „Für das Leben der Christen gibt es keinerlei Sicherheit; die ständige Unsicherheit zeigt sich auch als das, was für die ‚Grundbedeutendheiten' des konkreten christlichen Lebens charakteristisch ist" (Larivée/Leduc 2001, 34).

Dieses Leben ist bestimmt durch die Unruhe und Sorge um die Vorbereitung auf das Kommen des Herrn. Neben dieser Sorge steht aber auch die Warnung Jesu: „Sorgt euch nicht, indem ihr sagt: ‚Was werden wir essen?' oder ‚Was werden wir trinken?' oder ‚Wie werden wir uns kleiden?' Sorgt euch nicht um den kommenden Tag; der morgige Tag hat seine eigenen Sorgen. Jedem Tag ist seine eigene Last genug" (Matthäus 6,34-35). Wie lassen sich diese beiden Behauptungen miteinander vereinbaren? Heidegger stützt sich bei seiner Antwort auf seinen Freund, den Exegeten Rudolf Bultmann (1884–1976), den Begründer der Entmythologisierung der biblischen Texte und einen der Protagonisten einer historisch-kritischen Exegese.

Während seiner Marburger Zeit bildete sich um Bultmann eine eigene Schule heraus, ebenso wie sich eine Schule um den am modernen Säkularisierungsprozess interessierten Theologen Friedrich Gogarten (1887–1967) entwickelte. In der Perspektive von Bultmanns berühmtem Kommentar zum Johannesevangelium vertritt Heidegger die Ansicht, dass es nicht darum gehe, Sorge und Besorgnis angesichts der Zukunft abzuschwächen, sondern den Glauben daran zu wecken, dass der Mensch sich nicht aus eigener Kraft aus der fundamentalen Unsicherheit befreien kann. Er befreit sich in dem Maße, in dem er das Reich Gottes zu seinem ersten Anliegen (seiner ersten Sorge) macht; dann werden Ängstlichkeit und angsterfüllte Sorge verschwinden (Larivée/Leduc 2001, 35-43). Der Christ weiß sich in der offenen Hand Gottes. Selbst wenn er voller Sorgen ist: Warum sollte er sich ängstigen? Für Heidegger findet der Mensch seine Ruhe in der unbedingten Sorge.

Doch seine Einsichten, die seinem Verständnis von Sorge in *Sein und Zeit* die endgültigen Konturen geben, entnimmt Heidegger letztlich Aristoteles. In den Jahren 1921–1924 widmet sich Heidegger intensiv dem Studium des Aristoteles, insbesondere im Zusammenhang mit der Vorlesung *Die Grundbegriffe der aristotelischen Philosophie* (1924). Heidegger will zeigen, dass die *theoría* keine zeitlose Aktivität ist, sondern dass sie sich stets als eine historische Besorgnis (Sorge) darstellt, die an das Sein in der Welt und in der Zeit gebunden ist. Die Philosophie entspringt dem Leben und das Denken muss das Leben in seiner eigenen Bewegung erfassen. Heidegger stützt sich auf Aristoteles, um eine „Destruktion" der Deutung durch die Schulphilosophie zu bewirken. Gerade im Lichte des Aristoteles zeigt er die konkrete Verwurzelung der *Praxis* und der *Theorie,* die eine besondere Form der Praxis darstellt, in Raum und Zeit auf.

Er analysiert die verschiedenen aristotelischen Begriffe, die der Sorge entsprechen, insbesondere *epithymía* (Eifer, Sorge), *prohaíresis* (Zuwendung zum anderen), *órexis* (das Begehren, das Gefühl, die Sorge um den anderen). Aristoteles behandelt die Sorge übrigens nicht in der *Metaphysik,* sondern in der *Nikomachischen Ethik* und in der *Rhetorik,* welche den geeigneten Rahmen bilden, um das Handeln des Menschen zu erforschen.

Beim Studium der Praxis bei Aristoteles entwickelt Heidegger die Vorstellung, dass die Sorge die erste Seinsweise eines jeden Menschen in seinem Verhältnis zur Welt ist und nicht nur eine besondere innere Seelenregung; bei den christlichen Autoren erscheint sie in Gestalt der Wachsamkeit, der Sorge um sich und um die Zukunft.

Die Sorge ist etwas Vorgängiges, sie ist die vorausliegende Quelle aller möglichen Verhaltensweisen, seien sie praktisch oder theoretisch, bewusst oder unbewusst. Aus der Tatsache, dass der Mensch als solcher wesenhaft Subjekt der Sorge ist, erwächst die Bedingung dafür, sich selbst bewusst als Sein-in-der-Welt zu empfinden. Die Sorge prägt die Ek-sistentia voraus, das nach außen und dem anderen Zugewandtsein, das *Aussein auf etwas.* Mit einem Wort: Die Sorge ist der Bezugssinn, die „ursprüngliche Intentionalität des Lebens". Deshalb ist sie mehr als bloß Beunruhigung. Sie ist die ursprüngliche Struktur des *Daseins,* der menschlichen Existenz in der Zeit und in der Welt. Menschsein heißt, von der Sorge konstituiert sein.

All diese Vorarbeit liegt dem Text von *Sein und Zeit* zugrunde. Das Werk ist äußerst dicht und nicht leicht zu interpretieren. Heideggers Reflexion über die Sorge reicht weit in die Vergangenheit zurück und erstreckt sich von Aristoteles über Paulus und Augustinus und auch über Herder und Goethe – die in ihren Werken die Fabel des Hyginus[8] über die Sorge aufgegriffen haben – bis hin zu seiner eigenen Aneignung dieser langen Tradition.

Die Sprache Heideggers aufgreifend, können wir die Sorge ein Existenzial nennen, das heißt eine Gegebenheit, die zur Existenz des Menschen selbst gehört. In *Sein und Zeit* betont Heidegger ausdrücklich: „Der Ausdruck ‚Sorge' meint ein existenzial-ontologisches Grundphänomen ..." (Heidegger 1972, § 41, 196). Die

---

8   Siehe unten, S. 44f.

Sorge schafft die angemessenen ontologischen Fundamente für das Seiende, das wir selbst sind und das wir Mensch nennen (vgl. Heidegger 1972, § 42, 196-197). Sie gibt den Boden vor, „auf dem sich *jede* ontisch-weltanschauliche Daseinsauslegung bewegt" (§ 42, 200). Sie ist jene Seinsverfassung, die der menschlichen Existenz immer schon zugrunde liegt (vgl. § 41, 199).

Mit Nachdruck betonte der brasilianische Philosoph und Heidegger-Schüler Emmanuel Carneiro Leão bei einem Vortrag an der Nationalbibliothek in Rio de Janeiro im Jahr 2009, in dem es um relevante Themen der Moderne ging: „Jedes Werk des Menschen ist nur in dem Maße und insofern menschlich, als es dem Menschlichen im Menschen Achtsamkeit entgegenzubringen vermag. Deshalb steht das Menschliche immer noch aus, es ist eine nie vollendete Aufgabe."

Weniger akademisch und in einer zugänglicheren Sprache ausgedrückt will Heidegger sagen: *Die Sorge geht in die Wesensdefinition des Menschen ein. Sie stellt die Grundlage für jede mögliche Deutung dieses Wesens dar. Die Sorge ist hier stets präsent und liegt dem Menschsein als Seinsverfassung zugrunde. Vom Menschen zu sprechen, ohne von der Sorge zu sprechen, heißt, eben nicht vom Menschen zu sprechen.*

2. Eine Fabel, die von Achtsamkeit und Sorge handelt

Um diese streng philosophischen Gedankengänge zu veranschaulichen, eignet sich nichts besser als die Sprache der Mythen und Fabeln. Sie bewahren die alte Weisheit in lebendiger Form und sprechen die Tiefenschichten der Seele an. Die berühmte Fabel des Hyginus – er war Ägypter und Bibliothekar des Kaisers Augustus – wird auch von Heidegger in seinem Werk *Sein und Zeit* zitiert. Ich selbst habe sie in meinem Buch *Logik des Herzens* (1999) ausführlich besprochen. Die Fabel erzählt:

Als einst die „Sorge" über den Fluss ging, sah sie tonhaltiges Erdreich: Sinnend nahm sie davon ein Stück und begann es zu formen. Während sie bei sich darüber nachdenkt, was sie geschaffen, tritt Jupiter hinzu. Ihn bittet die „Sorge", dass er dem geformten Stück Ton Geist verleihe. Das gewährt ihr Jupiter gern. Als sie aber ihrem Gebilde nun ihren Namen beilegen wollte, verbot das

Jupiter und verlangte, dass ihm sein Name gegeben werden müsse. Während über den Namen die „Sorge" und Jupiter stritten, erhob sich auch die Erde (Tellus) und begehrte, dass dem Gebilde ihr Name beigelegt werde, da sie ja doch ihm ein Stück ihres Leibes dargeboten habe. Die Streitenden nahmen Saturn zum Richter. Und ihnen erteilte Saturn folgende anscheinend gerechte Entscheidung: „Du, Jupiter, weil du den Geist gegeben hast, sollst bei seinem Tode den Geist, du, Erde, weil du den Körper geschenkt hast, sollst den Körper empfangen. Weil aber die ‚Sorge' dieses Wesen zuerst gebildet, so möge, solange es lebt, die ‚Sorge' es besitzen. Weil aber über den Namen Streit besteht, so möge es ‚homo' heißen, da es aus humus (Erde) gemacht ist" (Heidegger 1979, 198).

Es ist wichtig, die Hinweise darauf zu beachten, wie das Wesen des Menschen zu denken ist. An dessen Zustandekommen sind die mächtigsten Götter des Himmels beteiligt: Jupiter, der als Höchster über allen anderen Göttern des Olymp steht, die Erde, die alle Dinge hervorbringt, Saturn, der Herr der Zeit. Der Mensch besitzt also etwas Göttliches, etwas Irdisches und etwas Zeitliches. Diese drei Elemente machen sein Wesen aus.

Doch die Hauptrolle spielt die Sorge, die ebenfalls als Gottheit betrachtet wird. Sie ist Schöpferin und Bildnerin des Menschen (*cura prima finxit*). Sie ist zeit seines Lebens für ihn verantwortlich, erhält und umsorgt ihn (*cura teneat quamdiu vixerit*). Die Sorge ist so grundlegend, dass sie vor dem Geist und dem Körper kommt, die beide in der klassischen und auch in unserer heutigen Anthropologie als die ersten konstituierenden Dimensionen des Menschseins gelten. Im Gegensatz dazu wird in der Fabel behauptet, dass die Sorge ihnen vorausliegt. Da die Sorge auf subtile Weise mit den Faktoren umgeht, die die Entstehung aller Seinsformen ermöglichen (wie wir bereits in Bezug auf die Achtsamkeit als kosmologische Grundkonstante dargestellt haben), entstand dieses einzigartige und höchst komplexe Wesen Mensch – Objekt und Subjekt höchster Sorge gleichermaßen. Wir sind Kinder der Sorge und Achtsamkeit, nicht einfach das Ergebnis eines punktuellen Anfangsereignisses, das Beginn und Ende in sich umfasst. Im Gegenteil, im Sinne der Fabel sind wir das Ergebnis eines kontinuierlichen und fortgesetzten Handelns (*quamdiu vixerit*) der Sorge in der Zeit und im Raum, in jedem Augenblick und unter allen Umständen, „solange der Mensch lebt". Wenn der Mensch nicht ständig von Sorge umgeben wäre, vor, während und nach allem, was er ist und unternimmt, würde er aufhören zu existieren.

3. Achtsamkeit und Sorge als Wesen des Menschen

Treffend formuliert Heidegger: „Die Sorge liegt als ursprüngliche Strukturganzheit existenzial-apriorisch ,vor' jeder, das heißt immer schon *in* jeder faktischen ,Verhaltung' und ,Lage' des Daseins ... eines Seienden, dessen Sein als Sorge bestimmt werden muss" (Heidegger 1972, § 41, 193). Mit anderen Worten: Wenn es keine vorausliegende Sorge gäbe, wenn es keine Haltung der Achtsamkeit aufseiten der Gottheit oder aufseiten des anderen gäbe, dann gäbe es die Bedingungen dafür nicht, dass der Mensch ins Dasein tritt.

Es ist wichtig, sich klarzumachen, dass der Mensch vor allem anderen umsorgt sein muss. Er befindet sich ursprünglich in einer radikalen Passivität. Er wird von jemandem, besser von einem „Gott", umsorgt. Nur weil er Fürsorge empfängt, kann der Mensch für sich selbst und im Sinne einer ursprünglichen Haltung für andere sorgen. Hierin zeigt sich seine radikale Aktivität.

Darauf angewiesen zu sein, dass man sich sorgt, und den Impuls zu verspüren, selbst Sorge zu tragen, machen die Basisstruktur des Menschseins aus. Die Doppelstruktur von Umsorgtsein und Sorgetragen bildet die Anfangsenergie, die innerhalb von Zeit und Raum die Menschlichkeit des Menschen hervorbringt. Die Sorge erscheint also als eine liebevolle, annehmende und einbeziehende Haltung. Das bestätigt auch Donald Woods Winnicott hinsichtlich der wesenhaften Beziehung von Sorgetragen und Umsorgtsein.

Dieses erste Verständnis resultiert daraus, dass der Mensch verletzlich und in die Welt geworfen ist, sich ständig als ausgesetzt erfährt und unter Gefahren lebt. Diese prekäre Situation erfordert selbstverständlich liebevolle Sorge, sie ist von der *conditio humana* her geboten.

Hier taucht die zweite Bedeutung von Sorge auf, nämlich als Besorgnis und Furcht davor, dass dem menschlichen Leben etwas Bedrohliches zustoßen könnte. Wir müssen uns Sorgen machen, weil wir uns einer Person gefühlsmäßig verbunden und verpflichtet fühlen. Alles, was sie betrifft, interessiert uns: die Gefahren, denen sie ausgesetzt sein kann, ihre Erfolge und ihr Lebensschicksal.

Heidegger betrachtet die Sorge in der Tat als ein Existenzial des In-der-Welt-Seins, und zwar im Sinne von nicht nur aktueller, sondern auch aus einer Zukunftsperspektive möglicher Besorgnis und Angst („Bekümmerung"). Es geht um Sorge um das eigene Sein und das der anderen. Damit geht die Sorge als aktuelle und mögliche liebevolle Achtsamkeit und Hingabe in Bezug auf sich selbst, auf die anderen und auf das Leben einher. In diesen beiden Weisen legt sich für Heidegger die Sorge aus (vgl. Heidegger 1972, § 41, 42, 191-200).

4. Achtsamkeit und Sorge als Vorsorge und Vorbeugung

Eine dritte Bedeutung von Sorge bzw. Achtsamkeit, die von Heidegger jedoch kaum entfaltet wird, ist heute angesichts der zunehmenden Verschlechterung des Zustands der Natur von höchster Aktualität: Achtsamkeit als *Vorsorgeprinzip* und *Vorbeugung*. Achtsamkeit in diesem Sinne hat heute – anders als noch zur Zeit Heideggers – eine extrem wichtige Bedeutung. Gegen Ende seines Lebens gab Heidegger dem *Spiegel* ein sehr pessimistisches letztes Interview. Er bezog sich darin auf die maßlose Zerstörungskraft der Technik und meinte: „Nur ein Gott wird uns noch retten können."

Angesichts des beschleunigten Einsatzes von Technologien, die die natürlichen Ressourcen ausplündern und verändern, wiegt alle Sorge jedoch nur wenig. Doch entweder beugen wir den Hunderten Giften, die sich in unserem Körper ablagern, und den Treibhausgasen vor oder wir setzen die Zukunft unserer Spezies aufs Spiel. Vorsorge und Vorbeugung sind Ausdrucksweisen der Achtsamkeit.

Achtsamkeit entspringt der höchst konkreten Realität des Menschen. Seine Wirklichkeit ist letztlich das In-der-Welt-Sein, das Sein-mit-anderen, die Offenheit für die Zukunft, das Sein-zum-Tode und die Offenheit für das Ganze.

Das *In-der-Welt-Sein* bedeutet, sich zu allen umgebenden

Seinsformen, denen der Mensch seinen eigenen Fortbestand verdankt, in Beziehung zu setzen und sich etwaigem Ungemach, das in der Welt begegnet, auszusetzen. Daraus entspringt die Sorge im Sinne von Vorsorge und Angst, aber auch die Sorge bzw. Achtsamkeit als liebevolle Geste, als Hingabe, als ein Sich-Sorgen und als guter Umgang mit den Menschen und seiner Lebenswelt.

Das *Sein-mit-anderen* hat mit der Beziehung zwischen Subjekten zu tun und folgt daher einer anderen Logik als der, die im Umgang mit Objekten herrscht. Die erste Beziehung zu den anderen, in der die Fremdheit der Natur überwunden wird, ist die Fürsorge als Geste der Annahme, der Aufmerksamkeit und des Engagements für die anderen. Sie ist auch Sorge in dem Sinne, dass wir uns um das Leben und Schicksal derer, mit denen wir gefühlsmäßig verbunden sind, kümmern und uns ängstigen. Diese beiden Grundbedeutungen von Sorge – als liebevoller Geste und als Sich-Sorgen sowie als Vorsorge und Vorbeugung – sind insbesondere im Hinblick auf Menschen, die durch ihre Situation verletzlich sind, und im Hinblick auf etwaige künftige Schäden für die Umwelt relevant.

Die *Offenheit für die Zukunft* hat mit der Zeitlichkeit und Geschichtlichkeit des Menschen zu tun. Er hält die Zeit nicht an. Die Zeit bildet die Gelegenheit, Möglichkeiten zu verwirklichen, die aus der Zukunft herkommen und es dem Menschen erlauben, seine Freiheit als Konkretisierung dieser Möglichkeiten zu verwirklichen. Er muss sich um diese Möglichkeiten kümmern und sorgen. Durch dieses Engagement schafft der Mensch seine eigene Identität, die nie einfach fertig vorhanden ist, sondern voller Möglichkeiten steckt, um die er sich kümmern muss und die er in der Gegenwart aktualisieren und vorwegnehmen kann. Dies erinnert an den schönen Satz des argentinischen Schriftstellers José Hernandez in seinem epischen Gedicht *Martin Fierro*: „Die Zeit ist das Zögern dessen, was kommt."

Die Sorge erhält wiederum ihre Bedeutung als Sich-Sorgen und Sich-Ängstigen durch das, was auf uns zukommt und was wir nicht kontrollieren können. Sie gewinnt Bedeutung als hingebungsvolle und umsichtige Weise, die eigene Identität im Vollzug der eigenen Freiheit zu formen.

Das *Sein-zum-Tode* beschreibt die Situation des Ausgeliefertseins an die Folgen unserer technischen Entwicklung, die zum

Tod führen können, kann jedoch auch die äußerste Grenze des Menschen in ihrer Unumkehrbarkeit beschreiben: den Tod als Ende unserer Pilgerfahrt in Raum und Zeit. Der Sinn, den wir dem Tod geben, ist auch der Sinn, den wir dem Leben verleihen. Der Tod kann als etwas angenommen werden, was zum Leben gehört, denn das Leben ist immer tödlich, das heißt, es ist in jedem Augenblick vom Tod begleitet. Es ist der höchste Ausdruck von Freiheit, wenn wir uns um den Tod kümmern und ihn heiter als Teil unseres Weges in dieser Welt annehmen. Sich um die Lebenszeit, die uns gegeben ist, zu sorgen bedeutet, sie in ihrer Flüchtigkeit anzunehmen und die Sorge um alles Relative zu überwinden. Im Grunde geht es darum, das Gesetz des Lebens, das den Tod mit einschließt, zu akzeptieren.

Achtsamkeit heißt auch, nicht zuzulassen, dass Verzweiflung und Hoffnungslosigkeit die Lebensfreude rauben, denn wir können den unerbittlichen Lauf des Todes, der das Leben von seinem ersten Augenblick an begleitet, nicht aufhalten. Achtsamkeit heißt ferner, das Leben in Würde und mit dem Gefühl der Dankbarkeit für alles zu verlassen, was uns das Sein hat erleben lassen, heißt auch, zu genießen, Hindernisse zu überwinden, das Scheitern zu ertragen, sich an Erfolgen zu freuen und reif zu werden.

Der Mensch ist nicht nur offen für die Welt, für die anderen und auf den Tod hin. Er ist *offen für das Ganze*. Darin erweist er sich als ein unendlicher Entwurf. Er kann sich mit allen Seinsformen und auf allen Ebenen in Beziehung setzen und in eine Gemeinschaft eintreten. Als vollkommen Offener sucht er nach dem, was ihn erfüllt und was ihm die volle Verwirklichung seines Menschseins ermöglicht. Dies kann nur das Sein selbst sein, denn kein einzelnes Seiendes entspricht seinem unersättlichen Drang.

5. Die Aufgabe des Lebens: Sorge um das Sein

Die Sorge um das Sein ist die große Aufgabe des Lebens. Wie Heidegger sagt, geht es darum, zu akzeptieren, der „Hirt" und Hüter des Seins zu sein. Der Mensch findet das Sein in jedem einzelnen Seienden, nimmt allerdings wahr, dass es sich in allen zurücknimmt. Doch deshalb gibt er die Suche nach der Begegnung mit dem Sein nicht auf.

Diese Suche begründet eine Sorge, das heißt eine unheilbare Angst, die uns die Erfahrung des Augustinus durchmachen lässt, von dem der junge Heidegger so beeindruckt war: die Erfahrung der dynamischen Ruhe des *cor inquietum*, des unruhigen Herzens im Sein, das die Religionen als Gottes Sein deuten.

Sorge heißt in diesem Zusammenhang, sich um seine Innerlichkeit zu kümmern, sich darum zu bemühen, dass diese vollkommene Offenheit nicht dadurch unecht wird, dass man das Sein mit irgendeinem Seienden identifiziert, so faszinierend dieses auch immer sein mag. Die Sorge kann ihren Ausdruck auch in einer existenziellen Angst finden, die kein Psychiater heilen kann, denn in ihr manifestiert sich die Unerfülltheit der Sehnsucht, die immer zum Sein hin unterwegs ist.

Zusammenfassend: Die Sorge ist die notwendige Vorbedingung dafür, dass etwas existieren und am Leben bleiben kann. Sie liegt allem Handeln und Tun als Bereitschaft voraus. Ohne Achtsamkeit und Sorge gelangen die Dinge nicht ins Dasein, wie die Logik der Entstehung des Universums beweist. Ohne Achtsamkeit und Sorge hört das Handeln auf, konstruktiv und Ausdruck der Freiheit zu sein. Es besteht dann nur noch aus unbewussten Akten. Die Achtsamkeit ist eine Weise der Liebe und die Liebe ist eine Konkretisierung der wesenhaften Achtsamkeit und Sorge.

Um die mit der *conditio humana* gegebenen Möglichkeiten zu konkretisieren, bedarf der Mensch der Sorge, die ihm sein Menschsein garantiert. Weiter bedarf er der eigenen Sorge um die anderen, um Mensch zu werden, in der Ausübung seiner Freiheit seine Möglichkeiten zu zeigen und sein Menschsein zu erweitern. In diesem dynamischen, riskanten, aber auch verheißungsvollen, aktiven wie passiven Spiel, umsorgt zu sein und sich selbst zu sorgen, zu lieben und geliebt zu werden und sich auch um die anderen zu kümmern, verwirklicht sich der Lauf des Menschen innerhalb von Zeit, Raum und Geschichte. Indem der Mensch die Achtsamkeit lebt, offenbart er sein wahres Wesen und seine einzigartige Weise, in der Welt zu sein – mit anderen, in Zeit und Raum, auf das Sein hin.

Aus diesem Verständnis von Sorge und Achtsamkeit als Natur des Menschen in Welt und Geschichte entspringt die ethische Dimension. Die Ethik leitet sich nicht von der Achtsamkeit ab. Die Achtsamkeit selbst ist wesensmäßig bereits Ethik im klassischen

Sinne des *ethos* als Sorge um das Haus und um alle, die darin wohnen, ob es nun um das eigene Haus geht oder um unser gemeinsames Haus, den Planeten Erde. Wir bedürfen heute mehr als jemals zuvor dieses Ethos' der Achtsamkeit und Sorge, um dieses unser gemeinsames Zuhause am Leben und in Ordnung zu halten, denn wir haben kein anderes Haus, das uns aufnehmen könnte.

Nur diese Achtsamkeit ermöglicht die konkreten Bedingungen, das Leben zu retten, die Erde zu beschützen und dem planetarischen Entwurf des Menschen eine Zukunft zu garantieren, die diesen Namen verdient.

IV.

Das Paradigma der Achtsamkeit: eine neue Weise des In-der-Welt-Seins

Die anthropologisch-philosophischen Überlegungen haben zu dem Ergebnis geführt, dass Achtsamkeit nicht als etwas Akzidentelles zu betrachten ist, als eine Eigenschaft, die möglicherweise auch verzichtbar wäre. Sie hat sich vielmehr als etwas Wesenhaftes, Notwendiges, als ein Substantiv erwiesen.

1. Achtsamkeit: Adjektiv oder Substantiv?

Achtsamkeit kann tatsächlich im Sinne eines *Adjektivs* als nützlicher Zusatz verstanden werden, den wir jeglicher Art menschlichen Handelns verleihen können, ohne dessen innere Logik zu verändern. So könnte jemand zum Beispiel auf achtsame Weise Stahl produzieren, indem er Wasser spart, die Staubemission verringert und den Grüngürtel rund um die Mine, aus der er das Eisenerz bezieht, möglichst schont. Unter dem Kriterium der Achtsamkeit kann man schadstoffärmere Autos produzieren, man kann Produktionsweisen anwenden, die der Umwelt weniger schaden und weniger Ressourcen verbrauchen.

Doch das Verhältnis zur Erde bleibt dabei unverändert. Es wird nach wie vor von der Vorstellung geleitet, dass die Erde ein Objekt ist, das einfach gegeben ist und kein Bewusstsein hat, dass sie also eine Art Ressourcenbehälter ist, der dem Menschen zum Gebrauch übereignet ist. Dies hat zur Folge, dass der Mensch in ihre geologische Beschaffenheit eingreift und die Ökosysteme, aus denen sie besteht, verändert.

Achtsamkeit kommt hier nur als Adjektiv ins Spiel. Das ist sicherlich nützlich, doch als Adjektiv ist Achtsamkeit nicht in der Lage, den Blick des Unternehmers und die Dynamik der Produktion selbst zu verändern. Achtsamkeit als Adjektiv qualifiziert die Produktion, doch sie verändert nicht deren innere Natur. Es ist eine Illusion zu glauben, dass man dem Löwen seine Wildheit raubt, wenn man ihm die Zähne abfeilt, als ob die Wildheit ihren Sitz in seinen Zähnen und nicht in seiner Löwennatur hätte.

Etwas ganz anderes ist es, wenn wir die Achtsamkeit als *Substantiv* betrachten. In dieser Perspektive erscheint die Erde als etwas, das in sich selbst existiert, als ein lebendiger Großorganismus, der sich selbst organisiert und einen Wert in sich selbst hat. In dieser Betrachtungsweise geht es nicht mehr um eine utilitaristische Beziehung der reinen Nützlichkeit, sondern um Zugehörigkeit und Wechselseitigkeit, um Reziprozität. Dieser Blick verpflichtet den Handelnden, ein neues Verhältnis zur Erde herzustellen und als etwas zu sehen, was zu respektieren ist. Deshalb ist es geboten, auf technische Prozesse zurückzugreifen, die den Imperativen der Achtsamkeit und des Respekts entsprechen, den jedes Lebewesen verdient.

Hier kehrt sich die Beziehung um. Nun ist es die Achtsamkeit, die die Produktionsweise bestimmt, und nicht umgekehrt. Die Produktion muss der Logik der Synergie und des Respekts vor den Möglichkeiten und Grenzen der Ökosysteme gehorchen, denen sie die Ressourcen entnimmt. Das bedeutet, der Erde die nötige Zeit zu lassen, damit sie ihre Fruchtbarkeit wiedererlangen kann, und ihr Ruhe und Muße zu gönnen. Damit wird die Produktion dessen, was wir zum Leben brauchen, nicht beendet, es handelt sich jedoch nicht mehr um eine Produktion, die die Achtsamkeit und den Respekt vor den Grenzen des kleinen, bereits alten Planeten Erde mit seinen knappen Ressourcen und vor den Besonderheiten der Ökologien und Kulturen der jeweiligen Region nicht im Blick hat.

Es kommt darauf an, Schritt für Schritt eine Gesellschaft zu überwinden, die in ihrer Produktion materieller Güter die Herrschaft über die Natur behauptet. Stattdessen müssen wir zu einer Gesellschaft übergehen, die alles Leben erhält und sich im Einklang mit den Rhythmen und Grenzen der Natur befindet.

Genau hier taucht die Achtsamkeit im Sinne eines neuen, alternativen Paradigmas auf. Sie begründet eine neue Beziehung zur Natur und zur Erde. Sie stellt eine neue Seinsweise dar, eine neue Art zu handeln, zu produzieren, die Güter zu verteilen und mit den Abfällen umzugehen.

So gesehen ist die Erde nicht mehr nur ein Depot von im Überfluss vorhandener Ressourcen für den Gebrauch des Menschen, sondern sie erscheint als Mutter Erde, Gaia, als ein Großorganismus, der sich selbst reguliert und organisiert und dem wir als sein bewusster und Verantwortung tragender Teil angehören, der den Auftrag hat, auf die Vitalität von Mutter Erde zu achten und ihre Reproduktionszyklen mitsamt allen notwendigen Nährstoffkreisläufen aufrechtzuerhalten. Dies ist keine Beziehung der Distanz und der Herrschaft, sondern des Zusammenlebens und der Synergie; wir empfinden uns als einen Teil dieses Ganzen. Die Erde bietet uns all das, was wir brauchen, umsonst an. Im Gegenzug müssen wir ihr Liebe und Achtsamkeit entgegenbringen und ihre Unversehrtheit und Fruchtbarkeit bewahren. Nochmals: Es geht nicht um ein Ende der Produktion. Produktion ist für die Befriedigung der menschlichen Bedürfnisse unerlässlich. Es geht um eine Veränderung der Produktion, die in Zukunft bestimmt sein muss von der Sorge um die Regeneration der erneuerbaren Ressourcen und um einen vernünftigen Gebrauch der nicht erneuerbaren Ressourcen mit dem Ziel, ihren Bestand zu erhalten, damit sie insbesondere den Bedürfnissen der künftigen Generationen noch zur Verfügung stehen.

Wir empfinden Dankbarkeit für die Bedingungen und Güter, die uns die Erde umsonst anbietet. Allerdings kommt es in unserer Kultur selten vor, dass wir diese Gaben erwidern, indem wir Respekt, Achtsamkeit und Ehrfurcht an den Tag legen. Wenn wir uns unserer wechselseitigen Zugehörigkeit aber bewusst werden, dann entsteht eine solidarische Ökonomie des Genug für alle unter dem Leitprinzip der Achtsamkeit in ihren unterschiedlichen, bereits beschriebenen Bedeutungen: als liebevolle Beziehung zur Natur, als Sorge um ihre Erhaltung für uns und die künftigen Generationen, als Vorsorge angesichts von Aggression und etwaigen Übeln und als „holding" im Sinne von Winnicott, das heißt als die Gesamtheit der Strategien, um ihr Hilfe, Schutz, Ruhe und Frieden zuteilwerden zu lassen.

Diese Weise, sich in Beziehung zu setzen und zu produzieren, ist das neue Paradigma der Achtsamkeit: Angesichts der systematischen Ausplünderung aller natürlichen Ressourcen und angesichts des völligen Fehlens jeglicher Vorsorge im Hinblick auf die Folgen unseres Tuns ist dieses neue Paradigma dringend notwendig. Ohne Achtsamkeit können schwerwiegende ökologische und soziale Katastrophen über das ganze System Leben und das System Erde hereinbrechen, insbesondere aufgrund der Menge von Abfällen, von denen wir nicht wissen, wie wir sie loswerden oder wiederverwerten können.

Die aktuellen Produktionsprozesse gleichen einem gierigen Raubzug gegen die sogenannten *commons*, die gemeinsamen Güter, die die Erde der gesamten Gemeinschaft des Lebens und den Menschen anbietet. Dieser Raubzug zeigt sich in der Privatisierung des Trinkwassers, der Zerstörung der Fruchtbarkeit der Böden durch Pestizideinsatz, der Verminderung der Artenvielfalt, der Vergiftung von Luft und der Aneignung von Teilen der Ozeane sowie des Binnenraumes. All das dürfte niemals als Ware behandelt werden, die man auf den Märkten handelt.

Die gegenwärtige Situation hat keine Zukunft. Sie erweist sich als allzu katastrophenträchtig. Wir müssen andere, wohlwollendere Formen finden, unseren Planeten zu bewohnen. In diesem Kontext stellt sich die Herausforderung, ein neues zivilisatorisches Paradigma zu entwickeln.

2. Achtsamkeit als neues Paradigma der Zivilisation

Mit Thomas Kuhn, der in den Sechzigerjahren des 20. Jahrhunderts im Kontext der wissenschaftstheoretischen Diskussion den Ausdruck „Paradigmenwechsel" geprägt hat, verstehen wir unter „Paradigma" eine Gesamtkonstellation von Weltanschauungen, Werten, Schlüsselbegriffen, Wissenschaften, Weisheitslehren, Träumen, kollektiven Utopien, spirituellen und religiösen Praktiken und kollektiv übernommenen Gewohnheiten. All diese Faktoren geben einer Gesellschaft Orientierung und verleihen ihr Sinn und den nötigen inneren Zusammenhalt.

Das Basisparadigma stellt das Rückgrat einer ganzen Zivilisation dar. Ich vertrete die These, dass das Paradigma der Achtsamkeit und das der Nachhaltigkeit die zwei strukturbildenden Hauptsäulen der neuen, künftigen Zivilisation sind. Im Folgenden werde ich mich auf das Paradigma der Achtsamkeit konzentrieren.

Dieses Paradigma lässt sich besser verstehen durch einen Vergleich zwischen dem noch herrschenden Paradigma, dem Paradigma der Herrschaft, und dem neu entstehenden Paradigma der Achtsamkeit, einem Paradigma der Veränderung und Befreiung (vgl. Hathaway/Boff 2009).

Die Sackgassen des alten Paradigmas der Eroberung

Das herrschende Paradigma hat seinen Ursprung im 16. und 17. Jahrhundert, als ein anderer Typ von Rationalität, nämlich die instrumentell-analytische Vernunft, zum Durchbruch kam. Sie wurde vom Drang nach Eroberung der Welt durch die neu entstehenden politischen Kräfte des europäischen Bürgertums befördert. Diese setzten sich die Eroberung der Welt zum Ziel und bedienten sich hierfür militärischer, politischer und religiöser Gewalt. Der große Traum, eine wahrhafte kollektive Utopie der Moderne, war der *unendliche Fortschritt,* der sich in der Anhäufung von Reichtum und Macht als den Bedingungen des so sehr ersehnten Glücks für alle konkretisierte. Der *Fortschritt* war und ist immer noch der wahre „Gott" des modernen Menschen. Er wird von allen verehrt und alle müssen ihm dienen. Die Unterwerfung, ja sogar Vernichtung alter Kulturen wie der der Mayas, Inkas, Azteken und afrikanischer sowie asiatischer Kulturen war die Bedingung dafür, sie am angeblichen Fortschritt teilhaben zu lassen, der mit Eisen und Feuer, mit Kreuz und Schwert erzwungen wurde.

Das Streben nach Fortschritt, Anhäufung und Konzentration von Reichtum setzt die Herrschaft über die Natur und die uneingeschränkte Ausbeutung ihrer Ressourcen und Güter voraus. Solidarität mit den künftigen Generationen kennt diese Art von Herrschaft nicht.

Von nun an wird die Erde nicht mehr so gesehen wie von alters her, nämlich als die Große Mutter, die Respekt und Ehrfurcht verdient, weil sich alle als Teile eines großen Ganzen mit ihr verbunden fühlen. Nun wird sie in der Sprache René Descartes' als bloße *res extensa,* als lebloses Objekt betrachtet, über das wir nach Gutdünken verfügen können. Der Mensch empfindet sich nun als „Herr, König und Besitzer" („maître et possesseur") der Erde, als über ihr stehend und nicht zu ihren Füßen und als Glied der großen Gemeinschaft des Lebens, das wie alle anderen aus dem fruchtbaren Schoß der Mutter Erde hervorgegangen ist. Solche Vorstellungen werden als Überbleibsel mythischen Denkens lächerlich gemacht, das man endgültig hinter sich gelassen und angeblich durch das Licht der modernen Vernunft ersetzt hat.

Es etablierte sich eine Gewaltbeziehung zur Natur. Francis Bacon (1561–1626) wagte in seiner Beschreibung der modernen wissenschaftlichen Methode sogar zu sagen: „Wir müssen die Natur auf die Folter spannen wie der Gehilfe der Inquisition deren Opfer, bis sie uns all ihre Geheimnisse preisgibt." Und genau so wurde und wird die Natur nach wie vor tatsächlich behandelt. Bis heute herrscht in den Forschungseinrichtungen diese Mentalität.

Es ist unbestritten, dass die systematische Anwendung dieser Art von Wissenschaft der Menschheit unermessliche Wohltaten gebracht hat, von den Antibiotika, die das Leben der Menschen erheblich verlängern, über die Erleichterungen im Haushalt bis hin zur Mondlandung. Zugleich entstand aber auch eine Todesmaschinerie, die die Gattung Mensch auf verschiedenste Weise ausrotten und die Biosphäre schwer schädigen kann.

Durch Wissenschaft und Technik hat sich die Menschheit 83 Prozent der Oberfläche des Planeten zu eigen gemacht, und zwar indem sie ihre knappen Ressourcen ausgeplündert und die physikalisch-chemische Grundlage ihrer ökologischen Infrastruktur verändert hat. Der Konsum der Menschheit überschreitet das Maß dessen, was die Erde wiederherstellen kann, um 30 Prozent. Die Treibhausgase, die sich in den vier Jahrhunderten der Industrialisierung angesammelt haben, verursachen die globale Erwärmung des Planeten.

Wenn wir in diesem Tempo weitermachen und nichts Substanzielles gegen den Klimawandel unternehmen, kann die Erderwärmung Mitte des 21. Jahrhunderts 3 Grad Celsius und am Ende des Jahrhunderts 4 bis 6 Grad Celsius erreichen, insbesondere dann, wenn die befürchtete „plötzliche Erwärmung" eintritt, die von namhaften Wissenschaftlern prognostiziert wird. Unter diesen Bedingungen ist das Überleben sämtlicher Lebensformen bedroht, denn eine Anpassung an die tödlichen Veränderungen ist kaum möglich. Unsere eigene Spezies, der *Homo sapiens,* kann von dieser Vernichtung ebenfalls betroffen sein. In ökologischen Oasen, wo noch besonders günstige Bedingungen herrschen, könnten womöglich kleinere Gruppen überleben.

In unserer Zivilisation des unbeschränkten Fortschritts hat es sich als politisch völlig selbstverständlich durchgesetzt, dass das Wachstum eines jeden Landes jährlich wenigstens 2 bis 4 Prozent und das weltweite Wachstum mindestens etwa 2 Prozent betragen müsse. Damit ist ein perverser Teufelskreis entstanden: Alle werden von der Werbung dazu aufgefordert, immer mehr zu konsumieren. Doch das bedeutet auch, immer mehr zu produzieren. Um immer mehr zu produzieren, ist eine immer stärkere Ausbeutung der natürlichen Ressourcen erforderlich. Je mehr diese ausgebeutet werden, desto knapper werden sie, desto mehr Verschmutzung wird verursacht und desto mehr werden die Gewässer vergiftet, die Ökosysteme geschädigt und desto mehr nimmt die globale Erwärmung mit den entsprechenden klimatischen Veränderungen zu. Wohin wird uns diese fatale Logik noch führen? Fragt sich jemand ernsthaft, ob die Erde diesen totalen Krieg aushalten kann, den die Menschheit erbarmungslos gegen sie führt? Es hat sich deutlich gezeigt, dass dieser Fortschritt völlig irrational, lebensfeindlich und nicht nachhaltig ist, denn ein begrenzter Planet kann kein unbegrenztes Projekt aushalten. Der große Irrtum des gesamten Projekts der Moderne, das auf dem Paradigma der Eroberung und Herrschaft basiert und auf den Fortschritt als Grundlage des Glücks abzielt, besteht darin, die Erde nicht in die Betrachtung einzubeziehen, und in der Illusion, ihre Ressourcen und ihre Tragfähigkeit seien unbegrenzt. Die Erschöpfung ihrer knappen Ressourcen, die Verschlechterung ihrer Böden, Wälder, Gewässer, Ozeane, der Atmosphäre sowie die unmenschliche soziale Ungleichheit und weltweite zum Himmel schreiende Ungerechtigkeit sind die Anzeichen des Scheiterns des Projekts der Moderne und seiner Unfähigkeit, die Probleme zu lösen, die die Moderne selbst geschaffen hat.

In seiner Rede vor den Vereinten Nationen im Jahr 2009 hat Evo Morales, der Präsident Boliviens, es gewagt, demütig und mit Ernst die Irrationalität des heutigen globalen Systems zu entlarven. Er sprach weniger als Staatschef denn als Indioführer, dessen Sicht der Erde und der Umweltprobleme in klarem Kontrast zur herrschenden Sichtweise steht. Ohne Umschweife klagte er an: „Die Krankheit der Erde nennt sich kapitalistisches Entwicklungsmodell"; dieses lässt die perverse Situation zu, dass „drei Familien über ein Einkommen verfügen, das höher ist als das Bruttoinlandsprodukt der 48 ärmsten Länder, in denen 600 Millionen Menschen leben", und das bewirkt, dass „die USA und Europa etwa 8,4-mal mehr konsumieren als der weltweite Durchschnitt". Seine Einschätzung der schwerwiegenden Folgen ist weise: *„Angesichts dieser Situation glauben wir, die indigenen Völker und die demütigen und ehrlichen Bewohner dieses Planeten, dass die Stunde gekommen ist innezuhalten, um in Respekt vor der Mutter Erde, vor der Pacha Mama, wie wir sie in den Anden nennen, unsere Wurzeln wiederzuentdecken."*

Diese Rede stieß auf taube Ohren. Doch seine Warnung wird von außerordentlicher Bedeutung sein, denn es kommt der Tag der Abrechnung und die Menschheit wird die Wunden beklagen müssen, die sie ihr zugefügt hat.

All diese Antiphänomene wurden und werden als Externalitäten behandelt, das heißt als Faktoren, die nicht in die Kostenrechnung der Unternehmen und in die Berechnung des Bruttoinlandsproduktes eines jeden Landes eingehen. Diesen Preis hat man für den ersehnten Fortschritt zu zahlen. Die Ausbeutung ist unerbittlich, der Erde wird alles entrissen, ohne dass man einen Sinn für Gegenseitigkeit oder auch nur einer minimalen Kompensation für all das entwickelt, was die Erde umsonst anbietet, geschweige denn einen Sinn für die Solidarität mit den künftigen Generationen. Wir sind zu undankbaren, grausamen und erbarmungslosen Kindern der Erde geworden.

Mittlerweile werden diese Externalitäten so deutlich sichtbar und nehmen so bedrohliche Ausmaße an, dass sie die Besessenheit vom Fortschritt und vom unbegrenzten Wachstum von Reichtum und Wohlstand ab absurdum führen. Die menschliche Zivilisation läuft Gefahr, sich selbst zu liquidieren. Sie hat keine spirituellen Energien gesammelt, um die gegenwärtige Krise, die sich als endgültige Krise erweisen könnte, erfolgreich zu bestehen. Stattdessen hat sie eine materialistische, individualistische, mechanistische, dualistische, lebensfeindliche und der Erde gegenüber feindliche Zivilisation geschaffen.

Das letzte Ergebnis dieses zivilisatorischen Versuchs ist die derzeitige Enttäuschung und Frustration, die Entzauberung der Welt und der Verlust der Verbindung mit dem Ganzen. Wir leben einsam, ohne Wurzeln, verloren inmitten einer Vielzahl technischer Objekte; die meisten davon sind überflüssig. Der „Gott" Fortschritt liegt in Agonie und ist dem Tod geweiht. Andere Götter bzw. Götzen, die ihn ersetzen und an seiner statt angebetet werden könnten, haben wir nicht gefunden. Der Traum hat sich als Alptraum erwiesen, die Utopie ist zu einer Illusion geworden.

Die Erde weist unübersehbare Stresssymptome auf und macht damit deutlich, dass sie unter den gegenwärtigen Umständen ihre Vitalität und Unversehrtheit nicht aufrechterhalten kann. Die Erde wird gekreuzigt; wir müssen sie vom Kreuz herabholen und wieder zum Leben erwecken.

Der bedrohliche und gefährliche globale Kontext verweist uns auf die Dringlichkeit eines anderen Paradigmas, das frühere Errungenschaften integrieren, aber ein anderes Grundmuster schaffen kann, das neue Möglichkeiten für die Menschheit eröffnet.

Dieses Paradigma, das ich bereits seit Jahren propagiere, ist das der nötigen Achtsamkeit, die mit vernunftgebotener Nachhaltigkeit einhergeht. Bis heute hat das Paradigma der Eroberung geherrscht. Von nun an muss das Paradigma der Achtsamkeit die Vorrangstellung einnehmen. Die etablierte Beziehung der Aggressivität gegenüber der Erde muss einer Beziehung des Wohlwollens und der Synergie Platz machen. Die erste und wichtigste Aufgabe aller ist es, das System Leben zu retten und den Fortbestand des Systems Erde zu gewährleisten, ihre Wunden aus der Vergangenheit zu heilen und neuen Wunden vorzubeugen.

Die Vorzüge des neuen Paradigmas der Achtsamkeit

Dem neuen Paradigma der Achtsamkeit liegt eine Kosmologie der Veränderung und Befreiung zugrunde, die der Kosmologie der Herrschaft und Eroberung diametral entgegengesetzt ist. Letztere beruht immer noch auf Hegemonie und rechtfertigt das Handeln, das die Unversehrtheit der Erde verletzt.

Innerhalb der neuen Kosmologie, die dem Paradigma der Achtsamkeit entspricht, wird die Erde als das Ergebnis eines bereits 13,7 Milliarden Jahre im Gang befindlichen, umgreifenden Prozesses der Evolution und Veränderung begriffen. Die Erde selbst ist – ich betone es noch einmal – die Magna Mater der alten Völker, die Pacha Mama der Andenvölker und die Gaia der zeitgenössischen Wissenschaften (vgl. Lovelock 1991 und 1992).

Erde und Menschheit bilden eine einzige, untrennbare und komplexe Einheit, wie sie etwa aus dem Blickwinkel der Astronauten vom Mond und ihren Raumschiffen aus klar zu erkennen ist. Sie bezeugen: „Von hier oben aus gibt es keinen Unterschied zwischen Erde und Menschheit; sie bilden eine einzige und wunderschöne Wirklichkeit" (White 1987, 216-217). Die lebendige Erde fordert Achtsamkeit allem Leben gegenüber. Die Erde ist aufgrund des Treibhauseffektes krank; die Achtsamkeit ihr gegenüber muss also in der Sorge um ihre Unversehrtheit und Lebenskraft bestehen. Wir müssen das notwendige „holding" (Winnicott) schaffen, das heißt jene Gesamtheit von Fürsorge, Vorkehrungen und Maßnahmen, die künftigen irreparablen Schäden vorbeugen. Wir müssen das Vorsorgeprinzip und das Vorbeugeprinzip als praktische Umsetzungen der Achtsamkeit anwenden. Der Mensch stellt das bewusste und intelligente Moment der Erde selbst dar. Deshalb sind wir als Menschen die Erde, die fühlt, denkt, liebt, lacht, tanzt und Ehrfurcht empfindet. Der nordamerikanische Ökologe Thomas Berry schreibt: „Der Mensch ist nicht so sehr ein Wesen, das die Erde oder das Universum bewohnt. Er ist vor allem eine Dimension der Erde und des Universums selbst. Die Herausbildung unserer Seinsweise hängt von der Hilfe und Orientierung dieser universalen Ordnung ab. Im Universum kümmert sich jede Seinsform um uns" (Berry 1991, 39).

Doch die Erde hat nicht nur uns hervorgebracht, sondern die gesamte Gemeinschaft des Lebens (Mikroorganismen, Pflanzen, Tiere), zu denen wir in einer Beziehung wechselseitiger Abhängigkeit und Ergänzung stehen. Unter allen Lebewesen verfügt allein der Mensch über eine ethische Dimension. Sein Auftrag ist es nicht, Herr und Gebieter, sondern Gast und Hüter zu sein. Es gehört zu seinem Wesen, in die Zyklen der Natur einzugreifen und so Kultur zu schaffen, doch er muss dies mit höchster Achtsamkeit und gemäß dem Vorsorgeprinzip tun, damit keine schlimmen Folgen daraus erwachsen.

Doch allzu oft wirtschaftet der Mensch die Ökosysteme herunter und wird zum Satan der Erde, während seine wahre Berufung doch darin besteht, ein guter Engel für sie zu sein, der sich um sie sorgt und sie schützt. Gegenwärtig ist der Mensch zu einer zerstörerischen geophysischen Kraft geworden. Er hat das Anthropozän eingeleitet, das heißt jenes Erdzeitalter, in dem die große Bedrohung nicht vom Himmel oder einem Meteoriten ausgeht, sondern vom sorglosen und unverantwortlichen Handeln der Menschen selbst, insbesondere jener, die die Vorherrschaft über unsere Zivilisation innehaben und die Ausbeutung der Ressourcen und Güter der Mutter Erde fortsetzen und intensivieren.

Wenn wir nicht auf das kollektive Tun achten und den Menschen nicht in die Schranken weisen, drohen unvorstellbare Katastrophen, ähnlich denen, die früher schon das Leben auf dem Planeten beinahe vollständig ausgelöscht haben. Um dies zu verhindern, ist die Ethik der Achtsamkeit dringend geboten.

3. Neue Herausforderungen des Paradigmas der Achtsamkeit

Die Erd-Charta, ein von der Basis der Menschheit entwickeltes Dokument, das 2003 von der UNESCO angenommen wurde, äußert sich in prophetischer Weise zur aktuellen krisenhaften und gefährlichen Situation der Erde und des Menschen: *„Wie nie zuvor in der Geschichte der Menschheit fordert uns unser gemeinsames Schicksal dazu auf, einen neuen Anfang zu wagen … Das erfordert einen Wandel in unserem Bewusstsein und in unseren Herzen. Es geht darum, weltweite gegenseitige Abhängigkeit und universale Verantwortung neu zu begreifen"* (Erd-Charta 2001, 16).

Hier sind die Grundanforderungen benannt, die das neu entstehende Paradigma der Achtsamkeit kennzeichnen müssen. Unser gemeinsames Schicksal verlangt in der Tat einen Neubeginn, eine wahre Umkehr des Denkens und der Herzen. Andernfalls könnte uns jenes Geschick zuteilwerden, das vor 65 Millionen Jahren – allerdings unverschuldet – schon die Dinosaurier ereilt hat.

Die Wiedergewinnung der Vernunft des Herzens

Wenn wir tatsächlich einen neuen Anfang wagen wollen, müssen wir zunächst eine andere Art von Vernunft aktivieren, die nicht mehr im Dienst der Herrschaft und Bereicherung steht, sondern dem Wesen der Achtsamkeit entspricht. Es ist die Vernunft des Herzens bzw. die empfindsame Vernunft, für die sich in letzter Zeit etliche Denker stark machen (D. Goleman, M. Maffesoli, J.F. Duarte jr., J. Assmann, Jung Mo Sung und andere).

Die Vernunft des Herzens ist um das Pathos, das Gefühl, das tiefe Empfinden im Sinne der Fähigkeit strukturiert, jemanden innerlich zu berühren und sich berühren zu lassen. Die ungeordnete und impulsive Natur der Leidenschaften war den Griechen und in ihrem Gefolge den Vertretern der Moderne suspekt, sie betrachteten sie als gefährlich und unterwarfen sie dem Joch der Vernunft. Genau dieser Aspekt erfährt jedoch jetzt Beachtung und rückt in den Mittelpunkt.

Die Menschen der Antike und der Moderne anerkannten durchaus, dass das Pathos die ursprüngliche Energie des Menschen darstellt und grundlegender ist als die Vernunft. Diese fundamentale Dimension unseres Menschseins ist mit den ältesten Schichten der menschlichen Erfahrung verbunden. Allerdings trauten die Menschen dem affektiven Fundament unserer Existenz nicht und entwickelten kein Verständnis des Humanen, dessen Reflexion seinen Ausgangspunkt bei dieser ursprünglichen Realität nimmt – in der Moderne vielleicht mit Ausnahme von Arthur Schopenhauer (1788–1860), Max Scheler (1874–1928), Martin Heidegger (1889–1976) und der gesamten psychoanalytischen Schule.

Man hat das Pathos ins Korsett des Logos und der funktionalen Vernunft gezwängt und dabei den Rationalismus riskiert, der dann in großen Bereichen des Wissens und der Kultur die Vorherrschaft übernahm. An die Stelle der Achtsamkeit trat die Arbeit als Instrument der Produktion von Reichtum, weniger als Gestaltung der Welt und der eigenen Identität. Nicht dass die Arbeit im Widerspruch zur Achtsamkeit stünde. Auch Arbeit ist eine Weise des In-der-Welt-Seins, sie garantiert Bestand und schafft Kultur. Die Vorherrschaft übernahm jedoch die Arbeit in der Form aggressiver Eingriffe in die Natur. Wenn Arbeit keinen Schaden anrichten soll, muss sie immer mit Achtsamkeit einhergehen. Erst dann ist sie vermenschlicht und vermenschlichend.

Die Quantentheorie und deren Wirklichkeitsverständnis (ständige Verschränkung von Subjekt und Objekt), die psychoanalytische Tradition, empirische Studien der neuen Anthropologie (D. Goleman) und Überlegungen zahlreicher zeitgenössischer, zum Teil bereits genannter Denker bestätigen, dass das Gefühl, die Empfindsamkeit, die Leidenschaft und die Emotion tiefere und einflussreichere Schichten im Menschen bilden.

Die biologische Grundlage dafür hat mit dem Entstehen der Säugetiere vor 125 Millionen Jahren zu tun. Mit ihnen entstand das limbische System im Gehirn. Diese Hirnregion hat mit Achtsamkeit, Fürsorge und Schutz für das Kind bzw. das Junge, dem mütterlichen und dem kindlichen Empfinden zu tun. Auch der Mensch gehört zu den Säugetieren und ist deshalb von Achtsamkeit, Fürsorge und Emotion durchdrungen. Die Hirnrinde, die der Rationalität, formalen Verknüpfungen und Begriffen entspricht, entstand im Lauf des Evolutionsprozesses erst in den letzten 5 bis 7 Millionen Jahren. Sie ist zu jung, um die gleiche

Bedeutung beanspruchen zu können wie der große Bereich, den im Gehirn der Bereich der Emotionen, der Gefühle, der Fürsorge und Achtsamkeit einnimmt. Die Welt des Erhabenen geht aus dem Bereich der Gefühle hervor. In deren Innerem entsteht die existenzielle Dimension der Achtsamkeit, entstehen die Werte, das, was uns gefällt und missfällt, was für uns und für andere gut ist und uns zum Handeln motiviert. Ohne die Vernunft des Herzens, die empfindsame Vernunft, die emotionale Intelligenz, die Sorge und Achtsamkeit in all ihren Ausprägungen bliebe diese Dimension des Menschseins tot oder nähme Zerrformen an, die bereits Heidegger in seiner Analyse offengelegt hat.

Die empfindsame Vernunft steht nicht im Widerspruch zum analytischen *Logos,* vielmehr ergänzt und bereichert sie diesen. Das fühlende und denkende Subjekt entdeckt sich selbst immer als mit dem gefühlten und gedachten Objekt verschränkt. Jede Idee ist vom Gefühl durchdrungen; das erleichtert ihr Verständnis und ihre Verbreitung.

Dass die großen Massen von Armen und Unterdrückten unsichtbar gemacht werden, ist der perverseste Mangel, der die aktuelle neoliberale Phase der Globalisierung kennzeichnet. Sie sind wirtschaftlich gesehen Nullen und werden nicht als Teile der Gattung Mensch betrachtet. Bereits Pierre Teilhard de Chardin (1881–1955) hat jedoch formuliert: „Der Fortschritt einer Zivilisation misst sich an der Zunahme der Sensibilität für den anderen." Legt man dieses Kriterium an, dann leben wir zurzeit in unmenschlichen und barbarischen Verhältnissen.

Die empfindsame Vernunft öffnet uns für die Botschaft der Natur und weckt in uns die spirituelle Dimension der Ehrfurcht, des Respekts, der Unentgeltlichkeit und des Verzichts auf die eigenen Interessen zugunsten des Wohls der anderen. Sie ermöglicht es uns, die liebevolle und machtvolle Energie zu verspüren, die allen Ereignissen zugrunde liegt und die die Religionen unter tausend Namen anrufen, die sich alle in dem einen Wort „Gott" zusammenfassen lassen.

Hier ist der Ort, um zusammen mit der Vernunft des Herzens die Dimension der *anima* wiederzuerlangen. *Animus* und *anima* sind zwei ursprüngliche Seelenkräfte in jedem Menschen, ob Mann oder Frau. *Animus* und *anima* wirken beide an der Identität des Menschen mit. Die *anima* entspricht – auch im Mann – der Fähigkeit zur Empfindsamkeit, zur Intuition, zum Erfassen der Bedeutung von Symbolen und zur Spiritualität. Diese Dimension wurde aufgrund jahrhundertelanger Herrschaft des *animus*, die sich in objektiver Vernunft, Ordnung der Dinge ausdrückt, zurückgedrängt. Das Fehlen der *anima* hat dazu geführt, dass der *animus* den Machismo und das Patriarchat und damit die Unterordnung und die Unsichtbarkeit der Frau hervorgebracht hat. Der um die *anima* unbekümmerte *animus* degeneriert zum Rationalismus und wird taub für die Botschaften, die von allen Seiten auf uns einströmen. Wenn wir heute tatsächlich eine Beziehung der Achtsamkeit und des Wohlwollens zur Erde aufbauen wollen, dann ist es dringend an der Zeit, die Dimension der *anima* bei den Männern zu wecken und zu entwickeln und den *animus* bei den Frauen zu stärken.

Nur Ideen, die von Herzblut durchdrungen sind, garantieren das, was die Erd-Charta fordert: einen Neubeginn, einen neuen Geist und ein neues Herz, die von Achtsamkeit für alles Leben geleitet sind. Die *Herzlichkeit* ist also das bedeutende Kennzeichen des neuen Paradigmas der Achtsamkeit.

Gegenseitigkeit: eine neue Basis für den Pakt mit der Natur

Wenn die Erde tatsächlich lebendig ist und wir ihr bewusster und intelligenter Teil sind, bestehen Bande gegenseitiger Zugehörigkeit und tiefer Gegenseitigkeit zwischen uns und ihr. Hier tritt die Ökonomie der Gabe in Kraft: Umsonst empfangen wir und umsonst gewähren wir dem Blut der Erde – das heißt ihren Gewässern –, ihrem Leib – das heißt der Luft –, ihrer Lebenskraft – das heißt den Nährstoffen der Böden und der gesamten pflanzlichen und tierischen Artenvielfalt –, ihrer Bekleidung – nämlich den Wäldern –, ihrer Schönheit – das heißt den Blumen –, ihrer Nahrung – den Früchten usw. – Achtsamkeit und Schutz.

Normalerweise ist ein natürlicher Vertrag zwischen Erde und Menschheit in Kraft. Doch in den letzten Jahrhunderten wurde er gebrochen. Die Menschen haben sich von der Erde distanziert. Sie haben eine Welt nur für sich geschaffen und mit der Erde lediglich eine Handels- und Tauschbeziehung unterhalten. Sie haben den Vertrag mit der Natur zerrissen und stattdessen den Gesellschaftsvertrag erfunden. Letzterer stellt die Menschen in den Mittelpunkt, als ob allein sie existierten und Rechte hätten, und vergisst dabei die Rechte des Lebens, aller Seinsformen und der Mutter Erde.

Die Folge davon ist die Einsamkeit, der Verlust der Wurzeln und der Verbindung mit den anderen Lebewesen. Der Mensch ist nur auf sich selbst konzentriert. Erinnern wir uns an die weise Mahnung des Häuptlings Seattle: „Was ist der Mensch ohne die Tiere? ... Wenn alle Tiere fort wären, würde der Mensch vor lauter Einsamkeit sterben. Denn was auch immer den Tieren geschieht, geschieht dem Menschen, denn wir sind alle von einem Atem" (Gifford/Cook 1996, 79).

Um die Verbindung mit der Erde wiederherzustellen, ist es notwendig, den Gesellschaftsvertrag so mit dem Naturvertrag zu koppeln, dass die Elemente der Natur in ihren Rechten anerkannt und gleichermaßen als „Bürger" betrachtet werden. Damit entstünde eine soziokosmische Demokratie, eine Demokratie der Erde, wie sie die andinen Völker erträumen.

Die Rechte der Mutter Erde, Respekt und Ehrfurcht

Wenn die Erde ein lebendiger Großorganismus ist, kommen ihr wie allen Lebewesen Rechte zu. Für uns Menschen ist dies mit der Pflicht verbunden, diese Rechte zu respektieren und zu verteidigen. Eine gute Orientierung hinsichtlich dieser Rechte bietet der Indio und bolivianische Präsident Evo Morales Ayma. Er hat sich weltweit am meisten dafür engagiert, dass sich diese Betrachtungsweise der Erde durchsetzt. In seiner bemerkenswerten Rede am 22. April 2009 vor der Generalversammlung der Vereinten Nationen – an dem Tag, als diese Versammlung einstimmig den 22. April nicht nur zum Tag der Erde, sondern zum Tag der *Mutter Erde* ausrief – bekräftigte Morales die folgenden Rechte:
- das Recht der Mutter Erde zur Wiederherstellung der biologischen Leistungsfähigkeit,
- das Recht auf Leben für alle Lebewesen, insbesondere der vom Aussterben bedrohten,
- das Recht auf ein Leben in Reinheit, denn die Mutter Erde hat das Recht, frei von Giftstoffen und Verschmutzung jeglicher Art zu leben,

– das Recht auf ein gutes Leben, das allen Bürgern gewährt wird,
– das Recht auf Harmonie und auf ein Gleichgewicht gegenüber allen Dingen der Mutter Erde,
– das Recht auf eine Verbindung zur Mutter Erde und zum Ganzen, dem wir als Teil angehören.

Jedem dieser Rechte entspricht eine Pflicht der Kinder der Mutter Erde, ihr alles in Achtsamkeit, Respekt und Sorgfalt zurückzuerstatten, damit sie uns weiterhin in ihrem Schoß birgt.

Diese Sichtweise von der *Dignitas Terrae,* der Würde der Erde, und ihren Rechten birgt die innere Kraft in sich, einen dauerhaften Frieden mit der gesamten Natur zu etablieren. Dieser Frieden bildet die Grundlage für den Frieden unter den Völkern. Die Erde wird dabei nicht mehr einfach als ein Depot von Ressourcen betrachtet, die zugunsten der Bereicherung einiger weniger und auf Kosten der Verarmung der anderen ausgebeutet werden können. Sie ist vielmehr die großzügige Mutter, die alle am Leben erhält und ernährt.

Mit der Anerkennung der Würde der Erde und ihrer Rechte wird eine neue Zeit anbrechen, die Zeit einer Biozivilisation, in der Erde und Mensch sich zu ihrer gegenseitigen Zugehörigkeit und ihrem gemeinsamen Ursprung und Schicksal bekennen.

Das rechte Maß als Erfordernis der Achtsamkeit

Die Praxis der Achtsamkeit erfordert den Sinn für das rechte Maß. Wie muss unser Eingreifen in die Natur aussehen und welche Ausmaße darf es annehmen, wenn es von jener Achtsamkeit geleitet ist, die das natürliche Kapitel nicht über Gebühr beansprucht oder schädigt und gleichzeitig der Befriedigung unserer Bedürfnisse dient? Das rechte Maß ist das relative Optimum, das Gleichgewicht zwischen einem Zuviel und einem Zuwenig. Hier kommt die Achtsamkeit als eine Art praktischer Weisheit ins Spiel, die die verschiedenen Faktoren berücksichtigt und unter dem Prinzip der Vorsorge und Vorbeugung die möglichen Folgen für die Umwelt abschätzt.

Alle Kulturen, sowohl der Antike als auch der Moderne, des Abendlandes und des Orients, haben dem rechten Maß einen zentralen Stellenwert eingeräumt. Weltweite Erfahrung hat gezeigt, dass sich jede Art von Übertreibung in Richtung eines Zuviel oder

Zuwenig schädlich auf das persönliche, gesellschaftliche und natürliche Gleichgewicht auswirkt. Das rechte Maß weist auf die Bedeutung der Achtsamkeit hin, die sich im Gleichgewicht ausdrückt.

Ein Kennzeichen unserer modernen Kultur ist die Übertreibung – Übertreibung der Ausbeutung der Natur, Übertreibung der Anhäufung von Reichtum mit der Folge, dass weniger als 500 Familien der Welt die Kontrolle über mehr als die Hälfte der produzierten Güter innehaben. Unsere moderne Kultur nimmt die Armut, ja sogar das Elend eines großen Teils der Weltbevölkerung hin und löst aggressive Kriege mit Millionen Toten und Vertriebenen aus. Allein im 20. Jahrhundert haben Kriege etwa 200 Millionen Menschen das Leben gekostet. Die Aggression gegen alle Ökosysteme ist größer als je zuvor. Sie kommt einem wahrhaft totalen Krieg gegen Mutter Erde gleich, und zwar in dem Wissen, dass der Mensch keine Chance hat, diesen Krieg zu gewinnen.

Die Erde existiert seit etwa 4,4 Milliarden Jahren. Milliarden von Jahren hat sie ohne uns gelebt und auch in Zukunft kann sie ohne uns leben. Wir können jedoch nicht ohne sie existieren. Wir brauchen die Erde, um zu leben.

Durch den Verlust der Achtsamkeit ist alles mehr oder weniger dem eigenen Schicksal überlassen. Das löst insbesondere bei Jugendlichen Verzweiflung und das Gefühl aus, dass jeder Hoffnungshorizont vernichtet ist. Eine Gesellschaft kann nicht ohne eine Utopie und ohne das Empfinden bestehen, behütet zu sein, um im Frieden und mit einem Mindestmaß von Glück leben zu können.

Die Selbstbeschränkung als Forderung der Achtsamkeit

So wichtig wie das rechte Maß ist auch die Selbstbeschränkung. Wir sind von Natur aus Wesen des Begehrens. Es liegt in der Natur des Begehrens, dass es keine Grenzen kennt. Dank seiner Natur kann das Begehren orgiastisch und alles überwältigend sein. Es kann sich auf ein begrenztes Objekt richten, als ob dieses das Absolute wäre. Das führt zu Frustration und zu einer Leere, die nur gefüllt werden kann, wenn das Begehren ein ihm angemessenes Objekt findet, das heißt etwas Unbegrenztes, so wie ja auch das Begehren selbst grenzenlos ist. Dieses Unbegrenzte ist das

Sein. Mit dem Begehren achtsam umzugehen heißt, ihm Grenzen zu setzen und sich selbst einzuschränken, um die Richtung des Lebens nicht zu verlieren. Wir alle wissen, dass wir uns beim Essen, beim Arbeiten, beim Autofahren und vor allem in Konfliktsituationen, die in Gewalt, ja sogar Verbrechen ausarten können, selbst unter Kontrolle haben müssen. Die Achtsamkeit auf sich selbst, auf die eigenen positiven und negativen Energien, ist eine dauerhafte Seinsweise. Sie gehört zu unserem In-der-Welt-Sein mit anderen. Allerdings kämpft unsere gesamte Kultur gegen die Selbstbeschränkung an. Sie fördert einen unbegrenzten Fortschritt, der die Tragfähigkeit des Planeten überbeansprucht, sie heizt den Konsum an, damit immer mehr produziert wird, ohne auf die Kosten zu achten, die die Natur bezahlen muss. Die Natur verarmt immer mehr und ihre nicht erneuerbaren Ressourcen schwinden dahin.

Die Logik des Systems lautet: Wer nicht hat, wird dazu angespornt, zu haben. Wer hat, will mehr haben. Und wer mehr hat, sagt: Es ist nie genug. Die perversen Folgen dieses Mangels an Achtsamkeit gegenüber den Grenzen der Erde und den Grenzen des eigenen Lebens des Menschen äußern sich in einer schwerwiegenden Zivilisationskrise. Die Zivilisation wird sich allmählich bewusst, dass sie sich selbst nicht unter Kontrolle hat. Beispielsweise setzen die Massenzerstörungswaffen die Biosphäre aufs Spiel und können alle Menschen auslöschen. Oder weniger dramatisch: Die Zivilisation wird sich bewusst, dass sie die Natur nicht weiter verwüsten darf wie bisher. Entweder sie ändert sich oder sie setzt ihre Fortexistenz aufs Spiel.

Die Selbstbeschränkung ist eine dringend gebotene Weise der Achtsamkeit, ein notwendiges Opfer, um unsere Gemeingüter (*commons*) zu erhalten, unsere Zivilisation zu retten, die von einem übertriebenen allgemein verbreiteten Individualismus bedrohten kollektiven Interessen zu wahren, Wege zu einer Kultur freiwilliger Einfachheit und zu einem verantwortlichen und solidarischen Konsum zu erschließen und dabei darauf bedacht zu sein, dass auch noch unsere Kinder und Enkel weiter auf diesem Planeten leben können.

4. Die alte Weisheit der indigenen Völker

Wenn es einen Wert gibt, den praktisch alle indigenen Völker gemeinsam haben – nach den Daten der UNO leben etwa 100 Millionen Angehörige indigener Völker auf der ganzen Welt, hauptsächlich in Lateinamerika –, dann sind es die Achtsamkeit, die sie schon immer gegenüber der Natur pflegen, und der Respekt vor Mutter Erde. Wir müssen von ihnen lernen und ihre alte Weisheit von Neuem erkunden. Sie können uns weise Lehrmeister sein. Statt theoretische Forschungsergebnisse zu referieren, berichte ich im Folgenden von meinen Kontakten zu einigen wichtigen Ethnien. 2009 hatte ich die Gelegenheit, viel Zeit mit den Mapuche zu verbringen, einem in Patagonien (Argentinien und Chile) lebenden Volksstamm. Die Mapuche sind zahlreich, allein im Süden Chiles zählen sie mehr als 500.000 Menschen. Seit etwa 15.000 Jahren leben sie in diesen Andenregionen. Jedem Eroberungsversuch leisteten sie erfolgreich Widerstand. Auf der argentinischen Seite wurden sie von General Rocca fast ausgelöscht, auf chilenischer Seite werden sie diskriminiert. Auf Mapuche werden in Chile – es ist eine Schande! – die Gesetze gegen Terroristen angewandt, und zwar weil sie ihr Land, das ihnen gehört, gegen den Vormarsch von Unternehmen verteidigen. Diese Gesetze wurden unter Augusto Pinochet in die Verfassung aufgenommen und von der neuen chilenischen Demokratie beibehalten. Sie werden erbarmungslos durchgesetzt.

Als ich mit ihren Anführern (*lonko*) und Weisen (*machis*) sprach, erkannte ich bald ihre außergewöhnliche Weltanschauung. Die Bezeichnung Mapuche leitet sich von ihrem Gefühl enger Verbundenheit mit der Erde ab. Sie verstehen sich als Wesen (*che*), die mit der Erde (*mapu*) eine einzige Sache bilden. Deshalb empfinden sie sich selbst als Wasser, Stein, Blume, Berg, Insekt, Sonne und Mond in geschwisterlicher Verbundenheit untereinander. Sie haben die Sprache der Erde (*neku mapu*) zu entschlüsseln und zu verstehen gelernt: das Säuseln des Windes, das Piepsen der Vögel, das Rascheln der Blätter, die Bewegungen des Wassers und vor allem die Phasen der Sonne und des Mondes. Aus allem verstehen sie Lehren zu ziehen.

Ihr größtes Ideal besteht darin, eine tiefe Harmonie mit allen Elementen, den positiven und negativen, mit Himmel und Erde zu verwirklichen und lebendig zu halten. Sie fühlen sich als die Hüter der Natur. Die Gemeinschaft besteigt den größten Hügel. Alles Land, was man von hier aus bis zum Horizont erblickt, ist den Mapuche zur Pflege anvertraut. Wenn andere, die nicht den Mapuche angehören, in dieses Land eindringen, um Kulturpflanzen einzuführen, die mit Abholzung und Gewässerregulierung verbunden sind, geraten die Mapuche in Aufruhr, denn sie wissen, dass ihr Auftrag, das Land zu behüten, dadurch erschwert wird. Die Mapuche haben ausgefeilte Methoden zur Erhaltung der Gesundheit entwickelt. Für sie ist jede Krankheit eine Störung des Gleichgewichts mit den Energien der Erde und des Universums. Heilung bedeutet, dieses Gleichgewicht so wiederherzustellen, dass sich der Kranke aufs Neue in das Ganze integriert fühlt. Die Mapuche sind stolz auf ihre Kenntnisse. Sie nehmen es nicht hin, dass ihr Wissen als Folklore oder als archaische Weltsicht angesehen wird. Sie bestehen darauf, dass ein solches ernsthaftes Wissen ebenso bedeutend ist wie unsere Wissenschaften, wenn es auch von anderer Art ist. Im Bemühen um die Wiederherstellung der Erde können sie uns inspirieren.

Vergegenwärtigen wir uns die Worte des großen englischen Historikers Eric Hobsbawm (1917–2012) aus seinem berühmten Buch *Das Zeitalter der Extreme:* „Wir wissen nicht, wohin wir gehen ... Doch eines steht völlig außer Frage: Wenn die Menschheit eine erkennbare Zukunft haben soll, dann kann sie nicht darin bestehen, dass wir die Vergangenheit oder Gegenwart lediglich fortschreiben. Wenn wir versuchen, das dritte Jahrtausend auf dieser Grundlage zu bauen, werden wir scheitern. Und der Preis für dieses Scheitern, die Alternative zu einer umgewandelten Gesellschaft, ist Finsternis" (Hobsbawm 1998, 720). Doch wie entgehen wir dieser Finsternis, die das Verschwinden unserer Art von Zivilisation und vielleicht das Armageddon der Gattung Mensch bedeuten kann?

Genau in diesem Zusammenhang verweise ich auf die Weisheit der indigenen Völker. Neben den Mapuche im Süden des Kontinents sind zum Beispiel die Maya im Norden, näherhin in Guatemala und Yucatan (Mexiko), zu nennen. Ihre außergewöhnliche Zivilisation ist aus bis heute unbekannten Gründen fast völlig zerstört.

Anfang 2009 hatte ich die Gelegenheit, mit ihren Weisen, Priestern und Schamanen ein langes Gespräch zu führen. Aus dem unermesslichen Reichtum ihrer Kultur möchte ich nur zwei zentrale Punkte hervorheben, die unsere Weise, in der Welt zu sein, schmerzlich vermissen lässt: die Weltanschauung der Harmonie mit allen Seinsformen und ihre faszinierende Anthropologie, in deren Mitte das Herz steht.

Die Weisheit der Maya stammt aus ältester Zeit. Sie wird von den Großeltern und Eltern bewahrt. Da sie von der Verstümmelung durch die moderne Kultur weitgehend verschont geblieben sind, halten sie treu an den alten Traditionen und Lehren fest, die im Popol-Vuh[9] und in den Büchern des Chilam Balam[10] festgehalten sind.

Die zentrale Einsicht ihrer Weltanschauung kommt der modernen Kosmologie und Quantenphysik sehr nahe. Nach ihrer Vorstellung wurde das Universum vom „Schöpfer und Bildner" errichtet und wird durch kosmische Energien erhalten. Was innerhalb der Natur existiert, ist aus der liebenden Begegnung zwischen dem „Herzen des Himmels und dem Herzen der Erde" hervorgegangen. Die Mutter Erde ist ein lebendiges Wesen, das erbebt, fühlt, empfindet, arbeitet, gebiert und all seine Kinder ernährt.

Die grundlegende Dualität von Bildung und Zerfall (wir würden sagen: von Kosmos und Chaos) verleiht dem gesamten Prozess des Universums Dynamik. Das menschliche Wohl besteht darin, sich stets im Einklang mit diesem Prozess zu befinden und gegenüber jeder Seinsform einen tiefen Respekt zu pflegen. Der Mensch fühlt sich also der Mutter Erde wesenhaft verbunden und genießt ihre Schönheit und ihren Schutz. Selbst der Tod ist kein Feind: Er bedeutet, eine radikalere Einheit mit dem Universum einzugehen.

Die Menschen werden als „erleuchtete Kinder, als die nach der Existenz Forschenden und Strebenden" betrachtet. Um zu seiner Erfüllung zu gelangen, durchläuft der Mensch drei Phasen: ein wahrer Individuationsprozess!

Er kann „Mensch der Töpfererde" sein: Er kann sprechen, aber er erweist sich gegenüber dem Wasser als nicht beständig, er löst

---

9 Heiliges Buch der Quiché-Maya in Zentralamerika.
10 Vom 16. bis zum 18. Jahrhundert in der yukatekischen Maya-Sprache verfasste Texte.

sich also auf. Dann entwickelt er sich vermehrt und wird zum „Menschen des Holzes": Er besitzt Verstand, doch er hat keine empfindsame Seele, denn er ist starr und unbiegsam wie das Holz. Schließlich erreicht er die Phase des „Maismenschen": Dieser „kennt das, was nah ist, und das, was fern ist". Doch wirklich zeichnet ihn sein Herz aus. Deshalb „fühlt er vollkommen und nimmt das Universum wahr, die Quelle des Lebens". Sein Pulsschlag bewegt sich im Rhythmus des Herzens des Himmels und des Herzens der Erde.

Nach dem Glauben der Maya liegt das Wesen des Menschen im Herzen, also darin, was ich bereits mehrfach betont habe: in der Vernunft des Herzens und in der empfindsamen Intelligenz. Indem die Maya dieser Vernunft des Herzens und der empfindsamen Intelligenz den zentralen Stellenwert einräumen, legen sie jene Achtsamkeit und jenen Respekt an den Tag, die uns eine neue Zukunft und neue Möglichkeiten eröffnen und uns auf diese Weise retten können.

Wenn wir diese ganzheitliche und humanisierende Weisheit der Maya erkunden, geht uns auf, dass wir es sind, die alt und überwunden sind. Die Maya hingegen sind die Neuen und die Subjekte jener Visionen und Träume, die die Menschheit in Zeiten der Krise stets gerettet haben.

5. Eine Ökonomie der Achtsamkeit

Achtsamkeit darf kein bloßer Begriff und keine reine Theorie bleiben. Sie wird nur dann wirklich zu einem Paradigma, wenn sie so tief in der Wirklichkeit verwurzelt ist, dass sie diese zu verändern beginnt.

Das ökologische Bewusstsein hat die schöpferische Fantasie angeregt, denn überall auf der Welt entstehen neue Formen des Verhältnisses zur Natur, wohltuendere Weisen, mit den knappen Ressourcen umzugehen, und einfachere und solidarischere Konsumgewohnheiten. Menschen haben konkret erfahren, dass sie intensiver und besser leben können, wenn sie mit weniger leben. Das Marketing, die große Verführungswaffe des Kapitalismus, konnte die Subjekte kollektiv so zurichten, dass sie sich an den Konsum gewöhnt haben. Es hat eine Kultur des Konsums hervorgebracht, die zum Konsumismus entartet ist. Die Menschen kaufen und konsumieren Dinge, die sie zum Großteil nicht brauchen. 95 Prozent dessen, was in den Kaufhäusern, den Konsumtempeln, angeboten wird, ist für ein anständiges Leben nicht notwendig. Mit diesem überflüssigen Ballast ernährt und erhält sich das heute weltweit durchgesetzte System. Dieses System ist es, das der Erde Stress verursacht und die knappen Ressourcen erschöpft, insbesondere die wichtigste von allen, das Trinkwasser (nur 0,7 Prozent des Wassers stehen dem menschlichen Gebrauch zur Verfügung). Eines nicht sehr fernen Tages wird dieser maßlose Lebensstil an seine Grenze stoßen und sein völliges Scheitern erleben.

Zahlreiche Initiativen überall auf der Welt zeigen, dass das neue Paradigma der Achtsamkeit bereits mehr als bloß ein Samenkorn ist. Es ist schon zu einem kleinen Baum herangewachsen, der Anfang eines blühenden Gartens und vielleicht eines ganzen Waldes.

Ein erster Schritt, der die Achtsamkeit zum Ausdruck bringt, sind die drei „W", wie sie auch in der Erd-Charta sinngemäß genannt werden: *weniger* konsumieren und alles, was konsumiert wird, *wiederverwenden* bzw. *wiederverwerten*. Ich möchte drei weitere „W" hinzufügen: *Wertschätzung* gegenüber einer jeden Seinsform aufgrund ihres Wertes in sich, *Weigerung* gegenüber jeder Art von Werbung, die den Konsum stimuliert, und *Wiederaufforstung* so weit wie möglich, denn jede Pflanze trägt zur Regeneration der Erde bei, nimmt Kohlendioxid auf, gibt uns im Gegenzug Sauerstoff und bietet uns Wälder, Früchte und Biomasse.

Wenn wir uns zu einem bewussten und solidarischen Konsum entschließen, treten wir spirituell in Gemeinschaft mit all denen, die zu einem ungenügenden Konsum verurteilt sind. Darüber hinaus sparen wir Ressourcen für die jetzige und die künftigen Generationen.

Eine andere Art des bewussten Konsums ist die Förderung des Anbaus biologischer Produkte durch kleine und mittlere Betriebe, die keine gentechnisch veränderten Pflanzen verwenden und keine Agrargifte (Pestizide, Herbizide) einsetzen. In vielen Ländern hat man gute Erfahrungen mit Agrardörfern gemacht. Familien und Einzelne leben in Gemeinschaft, produzieren gemeinsam nach ökologischen Kriterien und in einem Geist der Teilhabe. Sie teilen alles, was die produzieren, gemeinsam unter sich auf, ob es Naturprodukte sind oder Kunst bzw. anderes Wissen. Netzwerke von solchen Agrardörfern könnten eine völlig andere Lebensqualität im Geist des Respekts vor der Mutter Erde und in einer Atmosphäre der Spiritualität bieten.

Eine weitere auf bewusster Achtsamkeit beruhende Initiative wurde von dem brasilianischen Führer der Landarbeitergewerkschaft Chico Mendes (1944–1988) vorgeschlagen und in die Praxis umgesetzt. Es geht dabei um die nachhaltige Nutzung des Regenwaldes. Nachhaltige Nutzung bedeutet, den Bestand des Regenwalds zu schützen und zu genießen, was er an Früchten, Nahrungsmitteln, medizinischen Stoffen, Farbstoffen, Ölen und anderen Kosmetika hervorbringt.

In diesem Zusammenhang weise ich auf einen Ansatz von Achtsamkeit hin, der aus der Ökologiebewegung in Brasilien hervorgegangen ist: die *Florestania*. Florestania leitet sich vom brasilianischen Wort für Regenwald, *floresta,* ab. Es ist ein neues Wort, das von der Regierung des Bundesstaates Acre (in der an Bolivien und Peru angrenzenden Amazonasregion im Westen Brasiliens) erfunden wurde. Die Inspiration hierfür ging von dem ehemaligen Gouverneur und Agraringenieur Jorge Viana aus. Florestania stellt einen neuen Entwicklungsbegriff und eine neue Art des Lebens im Kontext des Amazonasregenwaldes dar.

Das Bürgerrecht der Völker des Regenwaldes wird anerkannt; öffentliche Investitionen in die Bildung, in das Gesundheitswesen, in die Freizeitgestaltung und in Formen einer nachhaltigen Produktion, die sich allesamt in den Regenwald als übergeordneten Bezugsrahmen einordnen, tragen dazu bei.

Der Regenwald und der Mensch leben zusammen nach einem sozio-ökologischen Vertrag, innerhalb dessen der Regenwald zu einem mit Bürgerrecht ausgestatteten Subjekt wird. Er wird in seiner Unversehrtheit, in seiner Artenvielfalt, in seinem stabilen Gleichgewicht und in seiner überbordenden Schönheit ebenso respektiert wie seine Bewohner. Beide Seiten haben einen Vorteil davon: die Bevölkerung und der Regenwald. Die utilitaristische Logik der Ausbeutung wurde zugunsten der Logik der Gegenseitigkeit mit wechselseitigem Respekt und Synergie aufgegeben.

Ausgehend von den fortschrittlichsten ökologischen Überlegungen erschließt dieser politische Wille Raum für eine mögliche Erweiterung des Begriffs der Bürgerschaft. Bei der Florestania handelt es sich nicht mehr nur um die Bürgerschaft bzw. das Bürgerrecht *im* Regenwald, sondern um das Bürgerrecht *des* Regenwaldes.

Die Erweiterung des Begriffs der juridischen Person gilt aber nicht nur in Bezug auf den Regenwald, sondern ist auch im Hinblick auf die Ökosysteme und auf die Erde als Gaia geboten. Der französische Denker Michel Serres schrieb bereits vor mehr als 20 Jahren: „Der Erklärung der Menschenrechte kommt das Verdienst zu, zum Ausdruck zu bringen: ‚Alle Menschen haben Rechte.‘ Gleichzeitig ist sie mit dem Mangel behaftet, anzunehmen: ‚Nur die Menschen haben Rechte.‘ Die Indigenas, die Sklaven und die Frauen mussten darum kämpfen, in dieses ‚alle Menschen‘ mit einbezogen zu werden“ (Serres 1991, 49). Heute bezieht dieser Kampf auch die Regenwälder und andere Seinsformen der Natur mit ein. Sie sind ebenfalls Rechtssubjekte und deshalb neue Glieder der Gesellschaft in einem weiteren Sinne. Als Inhaberin von Bürgerrechten ist schließlich auch die Erde als Gaia mit einzubeziehen, als lebendiger Großorganismus, als die uns allen gemeinsame Mutter, die alle Bürger hervorgebracht hat. Sie ist jene Wirklichkeit der Gesellschaft, die die Bedingungen für alle anderen Arten von Bürgerschaft herstellt.

Nachdem wir die Gefahr der Verwüstung der Erde heraufbeschworen haben, können wir sie in der Tat nicht länger aus dem neuen Gesellschaftsvertrag ausschließen, wie dies Thomas Hobbes (1588–1679), Jean-Jacques Rousseau (1712–1778) und Immanuel Kant (1724–1804) in der Vergangenheit gemeint haben und zahlreiche zeitgenössische Denker heute vertreten. Diese Ansicht ist überholt. Wenn die Erde verwüstet ist, dann besteht keine Grundlage mehr für irgendeine Art von Gesellschaftsvertrag. Wenn wir gemeinsam überleben wollen, muss die Demokratie auch zur Biokratie und Kosmokratie werden.

Die theoretische Grundlage für dieses erweiterte Verständnis von Bürgerrechten liefert die Kosmologie. Ihren Erkenntnissen zufolge ist das Universum nicht bloß die Summe aller existierenden und möglichen Seinsformen, diese Seinsformen sind auch nicht einander entgegengesetzt. Vielmehr sind alle miteinander wechselseitig verbunden und durchdringen einander. Das Universum ist die vernetzte Gesamtheit der Verbindungen von allem mit allem an allen Orten und zu jedem Zeitpunkt. Für alle Seinsformen gilt: Sie sind nicht bloß Träger von Masse und Energie, sondern auch von Information. Diese Informationen werden ausgetauscht und von jeder Seinsform auf jeweils einzigartige Weise verarbeitet und gespeichert. Berühmte Wissenschaftler gestehen mittlerweile zu, dass das Universum und jede Seinsform Träger von Bewusstsein auf unterschiedlichen Ebenen sind und ihnen eine Art von Subjektivität zuzusprechen ist.

Der Unterschied zwischen der menschlichen Subjektivität und der des Universums oder der Regenwälder ist kein *prinzipieller,* sondern *graduell* (Swimme/Berry 1992, 251ff.). Im Menschen liegt Subjektivität in höchst komplexer und deshalb selbstbewusster Form vor, im amazonischen Regenwald in anderer, weniger komplexer Weise, doch ebenfalls mit einem ihm eigenen Niveau an Bewusstsein und Selbstgegebenheit. Deshalb finden sich im Regenwald Interaktion, Empfinden, Leid und Freude. Er sendet Signale aus, antwortet und erteilt Lektionen – manchmal weise, das andere Mal hart. Der Regenwald zeigt, dass er gehört, beachtet, respektiert und in die menschliche Gemeinschaft integriert werden möchte.

Wenn die Florestania in einem weiten Sinne als Forderung von Bürgerrechten *im* und *des* Regenwaldes angenommen wird, wird sich ein Wandel vollziehen, wie ihn die Welt noch nicht kennt. Im Amazonasregenwald, der Region mit der größten Artenvielfalt des Planeten, würde dann ein neuer Zivilisationsentwurf auf der Grundlage der Achtsamkeit und Lebensfreundlichkeit beginnen. Er wäre ein möglicher Bezugspunkt für andere tropische Regenwälder auf der Erde, denen man Bürgerrechte zugestehen würde. Man könnte die Wirklichkeit einer nicht räuberischen Entwicklung und Menschen erleben, die zum guten Engel der Erde geworden und nicht länger der Satan sind, der die Erde bedroht.

Achtsamkeit in Bezug auf Menschen, Gesellschaften und auf die Natur ist die angemessenste und die unverzichtbare Haltung für die neue Phase der Menschheits- und Erdgeschichte.

6. Das „gute Leben": eine andere Art, die Erde zu bewohnen

Das Konzept der Florestania gibt uns die Möglichkeit, eine andere Form auszuprobieren, die Erde zu bewohnen: das gute Leben (*bien vivir*).

Unser Paradigma der Moderne orientiert sich an einer objektivierenden und utilitaristischen Beziehung zur Erde. In dieser Beziehung werden der Erde keine Würde und kein Wert in sich zugestanden. Stattdessen ist der Anthropozentrismus bestimmend. Er schreibt den Dingen und der Erde als Ganzer nur in dem Maße Wert zu, in dem sie den Absichten der Menschen nutzen. Diese treten bereits vom Beginn der Moderne an klar zutage: die Erde zu beherrschen, die Völker zu unterjochen, sich ihre Reichtümer anzueignen und sie in den Dienst von Anhäufung von Überfluss und Macht zu stellen – dies alles in der Überzeugung, dass ein solches Handeln den Menschen insgesamt Fortschritt und Glück bringen würde. Das Ergebnis liegt offen zutage: Die Ökosysteme, die das Leben ermöglichen, sind allgemein in ein Stadium der Instabilität geraten, die daraus folgenden Bedrohungen hängen wie ein Damoklesschwert über allen Gesellschaften.

Der Fortschritt eines Landes wird am Maßstab des Bruttoinlandsprodukts (BIP) gemessen. Dies ist ein rein materielles Kriterium. Dahinter steckt die Vorstellung: Je größer das BIP eines Landes, desto größer ist die Fähigkeit zu Fortschritt und Glück für seine Bürger. Um diesem Maßstab ein menschengerechteres Aussehen zu verleihen, wurde der Index der humanen Entwicklung eingeführt, der die Lebensqualität der Bevölkerung berücksichtigt. Lebensqualität wird jedoch weithin an steigendem Konsum und Fortschritt gemessen. Doch daraus ergibt sich unmittelbar ein Widerspruch: Damit einige besser leben können, müssen Millionen andere schlechter leben.

Von einem zivilisatorischen und humanistischen Standpunkt betrachtet, muss dieses Vorhaben der Moderne in einem unvorstellbaren Fiasko enden. Wollten wir nämlich diese Art von Lebensqualität für die Menschheit insgesamt verallgemeinern (im Sinne der Gleichheit und einer Minimalanforderung von Gerechtigkeit), dann müssten wir mindestens drei weitere Erden haben. Dies ist natürlich unmöglich, ja sogar lächerlich.

Vor diesem Hintergrund haben die Andenvölker – die im Lauf ihrer Geschichte vonseiten der europäischen Invasoren Verfolgungen, Marginalisierung und Auslöschung erdulden mussten – die Kategorie des *bien vivir* (*sumak kawsay*) entwickelt. Dieser Ausdruck bezeichnet ihre Weise, den Planeten zu bewohnen und sich mit ihm in Beziehung zu setzen.

Das *bien vivir* („gut leben") zielt auf eine Ethik des Genug für die gesamte Gemeinschaft und nicht nur für den Einzelnen. Es setzt eine ganzheitliche und integrale Sichtweise des in die große irdische Gemeinschaft eingefügten Menschen voraus, die über den Menschen hinaus die Luft, das Wasser, die Böden, die Seen, die Bäume und die Tiere umfasst. *Bien vivir* bedeutet, einen Weg zum Gleichgewicht zu suchen und mit der Pacha Mama (Erde) sowie mit den Energien des Universums und mit Gott in tiefer Gemeinschaft verbunden zu sein.

Das zentrale Anliegen dabei ist es nicht, Reichtum anzuhäufen. Mutter Erde stellt uns mehr und mehr all das bereit, was wir brauchen. Unsere Arbeit ergänzt, was sie uns nicht geben kann, bzw. wir helfen ihr zu produzieren, was für uns alle und auch für die anderen Lebewesen der Natur ausreicht.

Bien vivir heißt, in steter Harmonie mit dem Ganzen zu sein und die heiligen Riten zu feiern. Dadurch wird die Verbundenheit mit dem Kosmos und Gott immer wieder erneuert. Deshalb weist *bien vivir* erkennbar eine spirituelle Dimension auf. Mit dem *bien vivir* sind Werte verbunden wie das Gefühl der Zugehörigkeit zum Universum, das Mitgefühl mit den Leidenden, die Solidarität mit allen und die Fähigkeit der Hingabe für die Gemeinschaft.

Das *bien vivir* findet selbst auf die alltäglichsten Dinge des Lebens Anwendung. Genau darin erweist es sich als neue Weise, den Planeten zu bewohnen. Die Alltagsweisheiten des *bien vivir* lassen sich folgendermaßen zusammenfassen: sich zu ernähren, zu trinken, zu tanzen (eine kosmisch-irdische Verbundenheit herstellen) und zu schlafen verstehen, meditieren können (sich auf einen Prozess der Einkehr in sich selbst einlassen), denken können (vom Herzen her), lieben und sich lieben lassen können, gut zu sprechen wissen, zuhören (mit dem ganzen Leib) und träumen können (alles beginnt mit einem Traum), seinen Weg gehen können (mit dem Wind, mit der Erde und mit den Vorfahren), zu geben und zu empfangen verstehen (die Gegenseitigkeit und die Ökonomie der Gabe leben) (Mamani 2010, 46-48).

Das *bien vivir* umfasst also das gesamte Leben, insbesondere seinen gemeinschaftlichen Aspekt. Ohne Gemeinschaft existiert es nicht. Deshalb dient das *bien vivir* als Grundlage für eine neue Art des Sozialismus. Dieser unterscheidet sich von dem im 20. Jahrhundert gescheiterten Sozialismus. Letzterer war ja niemals wirklich ein Sozialismus, sondern vielmehr ein Staatskapitalismus. Beim *bien vivir* geht es um einen Sozialismus der gemeinschaftlichen Demokratie, der Demokratie der Erde, der Teilhabe aller und des Respekts der Natur gegenüber.

Der Begriff des *bien vivir* ist eine Bereicherung der Idee der Demokratie im landläufigen Sinne. Uns ist Demokratie als Teilnahme an Wahlen und als repräsentative Demokratie geläufig. Dies ist aber in Wirklichkeit nur eine halbe Demokratie, denn sie macht an den Werkstoren halt, hinter denen dann die Diktatur des Kapitals herrscht. Beim *bien vivir* hingegen handelt es sich um eine gemeinschaftliche Demokratie; die gesamte Gemeinschaft ist dazu aufgefordert, daran teilzuhaben und gemeinsam die Lösungen zu suchen, die möglichst alle integrieren.

Das *bien vivir* lädt dazu ein, nicht mehr zu verbrauchen, als das Ökosystem ertragen kann, die Produktion von Abfällen, die nicht unter Wahrung der Sicherheit wieder absorbiert werden können, zu vermeiden, und es spornt dazu an, all das, was wir benutzen müssen, wiederzuverwenden und wiederzuverwerten. Es zielt also auf Recycling und Genügsamkeit und wirkt der Knappheit entgegen. In der Zeit der Suche nach neuen Wegen für die Menschheit bietet das *bien vivir* Elemente einer Lösung, die alle Menschen und die gesamte Gemeinschaft des Lebens umfassen muss.

Gegen das *bien vivir* wird eingewandt, es sei im großen Maßstab praktisch nicht umsetzbar und allzu utopisch. Vielleicht ist es zurzeit tatsächlich schwer zu verwirklichen. Das alte, kranke System stirbt nur langsam, das neue, im Entstehen begriffene wird nur unter Mühen geboren. Doch nach der großen Krise, der wir unvermeidlich entgegengehen und die die Fundamente unseres Lebens auf diesem Planeten erschüttern wird, kann die Idee des *bien vivir* in höchstem Maße inspirierend sein.

Was wollen die Menschen letztlich? Was macht sie glücklich? Sie wollen, dass das Leben gesichert ist, dass sie behandelt werden können, wenn sie krank sind, dass sie von ihrer ehrlichen Arbeit leben können, dass sie sich in Liebe und Zärtlichkeit ihren Kindern widmen können, ihnen eine Ausbildung bieten können, die ihnen den Weg ins Leben ebnet, dass sie von der Fülle der Früchte der Erde kosten können und dass sie im Alter ein Leben in Würde leben können und umsorgt sind. Sie wollen in Harmonie mit anderen Menschen glücklich sein und in Harmonie mit der Natur und der transzendenten Dimension des Lebens sein, das heißt mit Gott, der ihnen eine Lebensverheißung über dieses Leben hinaus gibt.

Und genau hierin besteht der Vorschlag des *bien vivir.* Bereits Victor Hugo (1802–1885) hat treffend formuliert: „Es gibt etwas Mächtigeres als alle Heere der Welt: eine Idee, deren Zeit gekommen ist" (Müller 1993, XV). Das *bien vivir* ist eine großherzige, universalisierbare Idee und eine Lebensverheißung für die Erde und für die Menschheit. Ihre Zeit ist gekommen.

7. Nahrung für die Achtsamkeit: die innere Ökologie

Die Achtsamkeit erfordert ein tiefes Gefühl der Verbundenheit mit der Erde und mit der Gesamtheit aller Seinsformen. Diese Dimension wird von der inneren Ökologie, auch Tiefenökologie genannt, bereitgestellt. Der bekannte Biologe Edward O. Wilson hat den Ausdruck Biophilie (Lebensfreundlichkeit) geprägt. Er meint die liebevolle Achtsamkeit gegenüber allen – heute bedrohten – Lebensformen (Wilson 2002, 163).

Die Grundlage der Tiefenökologie ist nicht nur anthropologischer, sondern auch kosmologischer Natur. Denn das Universum selbst hat – davon sind renommierte Astrophysiker wie unter anderem Brian Swimme überzeugt – eine spirituelle Tiefendimension. Es setzt sich nicht einfach aus der Gesamtheit der Objekte zusammen, sondern aus Beziehungsnetzen zwischen ihnen. Diese Beziehungsnetze machen die Objekte zu Subjekten, die untereinander Informationen austauschen und sich gegenseitig bereichern.

In der Perspektive der inneren Ökologie sind die Erde, die Sonne, der Mond, die Bäume, die Berge und die Tiere nicht einfach außerhalb von uns, sondern sie leben in uns als Gestalten und Symbole voller emotionalem Gehalt. Die guten wie die traumatischen Erfahrungen, die wir mit diesen Wirklichkeiten gemacht haben, haben in der Psyche tiefe Spuren hinterlassen. Dies erklärt die Aversion gegen Bestimmtes und das Hingezogensein zu anderem. Eine innere Archäologie widmet sich solchen Symbolen. Ihre Entschlüsselung ist eine der größten Errungenschaften des

20. Jahrhunderts (Freud, Adler, Jung, Lacan, Hillman und andere). Nach C.G. Jung (1875–1961) strahlt im innersten Kern der Seele der Archetyp der *Imago Dei*, des Absoluten. Viktor E. Frankl (1905–1997), Überlebender des Holocaust, hat diese Dimension herausgearbeitet. Er bezeichnet sie als das *spirituelle Unbewusste*. Heute wird es auch *mystical mind* oder Gottespunkt im Gehirn genannt. Dieses spirituelle Unbewusste ist letztlich Ausdruck der Spiritualität der Erde und des Universums selbst, die über uns vermittelt hervorbricht, denn wir sind der bewusste Teil des Universums (Zohar/Marshall 2001).

Diese spirituelle Tiefe macht beispielsweise die außergewöhnliche ökologische Haltung der Sioux-Indianer in den USA verständlich. Zu bestimmten rituellen Festen essen sie eine bestimmte Bohnensorte. Diese wächst im Boden und ist nur schwer zu ernten. Die Sioux nutzen die Vorräte, die eine bestimmte Art von Präriemäusen dieser Gegend für den Winter anlegen. Ohne diese Vorräte laufen die Mäuse ernsthaft Gefahr, hungers zu sterben. Wenn sich die Sioux dieser Vorräte bedienen, ist ihnen sehr wohl bewusst, dass sie damit die Solidarität mit Bruder Maus aufkündigen, den sie ja berauben. Deshalb sprechen sie ein bewegendes Gebet:

Du, kleine Maus, die du heilig bist, hab Erbarmen mit mir. Du bist wohl schwach, aber stark genug, um deine Arbeit zu verrichten, denn dir teilen sich heilige Kräfte mit. Du bist auch weise, denn die Weisheit der heiligen Kräfte begleitet dich stets. Wenn ich selbst nur auch weise sein könnte in meinem Herzen, damit dieses düstere und verwirrende Leben in ständiges Licht verwandelt würde.

Als Zeichen der Solidarität hinterlassen sie anstelle der Bohnen kleine Portionen Speck und Mais. Die Sioux fühlen sich mit den Mäusen und der gesamten Natur spirituell verbunden.

Diesen Geist der gegenseitigen Zugehörigkeit und der gegenseitigen Achtsamkeit haben wir durch übertriebenen Individualismus und Wettbewerb, die dem herrschenden Paradigma zugrunde liegen, verloren. Er muss dringend wieder zum Leben erweckt werden.

Das herrschende System betont den Wunsch, auf Kosten anderer zu *haben*, stärker als den, zu *sein* oder unsere eigene besondere Identität zu formen. Letzteres erfordert die Fähigkeit, sich den herrschenden Werten zu widersetzen und Ideen zu leben, die mit dem Leben, mit der Achtsamkeit, mit der Freundschaft und der Liebe verbunden sind. Die innere Ökologie will den Schamanen wecken, der sich in jedem Menschen verbirgt. Wie jeder Schamane können wir mit den Energien, die seit 13,7 Milliarden Jahren am Aufbau des Universums beteiligt sind, in Kontakt treten. Wir können sie stärken und in Harmonie mit ihnen leben (Boff 2010a, 35-57).

Die aktuelle Krise erfordert ein neues Einvernehmen mit dem Leben und der Erde. Ohne eine spirituelle Revolution wird es schwer sein, aus der Krise herauszukommen. Wir müssen den Pakt mit der Natur und den Gesellschaftsvertrag miteinander verbinden. Andernfalls werden wir weiterhin einsam umherirren, ohne zu wissen, welchen Weg wir einschlagen sollen und wie wir das Leben voranbringen können.

V.

Für eine Ethik
der notwendigen
Achtsamkeit

Jedes Paradigma, das ja von seiner Natur her die gesamte Weise des In-der-Welt-Seins und des Mit-anderen-Seins umgestaltet, umfasst notwendigerweise eine Ethik, das heißt eine Gesamtheit von Prinzipien, Hinweisen, habituellen Verhaltensweisen und Praktiken, die dem Leben des Einzelnen sowie einer bestimmten sozialen Gruppe Orientierung geben.

Die herrschenden ethischen Diskurse sind stark von den jeweiligen Kulturen geprägt, innerhalb derer sie stattfinden. Bis zur Globalisierung waren diese Kulturen in sich selbst geschlossen. Deshalb konnten die jeweiligen ethischen Sichtweisen nicht auf andere Kulturen angewandt werden. Die planetarische Phase der Menschheitsgeschichte erfordert einen ethischen Diskurs, dessen Grundlage etwas wirklich Universales ist, das sich in jeder Person findet. Nur unter dieser Bedingung kann er universale Geltung beanspruchen und in Einklang mit dem Wesen der Planetarisierung selbst stehen.

Aufgrund meiner bisherigen Überlegungen gehe ich davon aus, dass die Achtsamkeit die Grundlage für einen universalen ethischen Diskurs bereitstellt. Hauptgrund dafür ist die Tatsache, dass Achtsamkeit untrennbar zum menschlichen Dasein gehört und gleichzeitig eine der umfassendsten und wichtigsten Antworten auf die das gesamte System Erde betreffende ökologische Krise ist.

Damit die Achtsamkeit sich in ihrer vollen Bedeutung und ihrer Fähigkeit zeigen kann, Antworten zu geben, muss sie präziser gefasst und vertieft werden. Dazu gehört, sie anderen ethischen Diskursen, die die abendländische Kultur seit jeher beherrscht haben, gegenüberzustellen. Einer der wichtigsten dieser ethischen Diskurse ist der in gewisser Weise universalisierte Diskurs einer Ethik der Gerechtigkeit.

Achtsamkeit und Gerechtigkeit unterscheiden sich voneinander, sie folgen jeweils einer anderen inneren Logik, aber sie sind einander nicht entgegengesetzt. Sie ergänzen einander. Wir brauchen beide, um der Komplexität unserer aktuellen Probleme Rechnung zu tragen.

1. Die Ethik der Gerechtigkeit und ihr männliches Substrat

Zwei Grundkategorien können helfen, die jeweilige Besonderheit eines jeden ethischen Paradigmas zu erhellen. Es handelt sich um das Männliche und das Weibliche bzw. um *animus* und *anima* als anthropologische Dimensionen, die dem Mannsein und dem Frausein gleichermaßen zugrunde liegen. Es geht darum, eine ganzheitliche und integrierende Sichtweise zu entwickeln, die die beiden am Aufbau der menschlichen Identität beteiligten Kräfte – ob Mann oder Frau – umfasst. Dabei gilt es von Anfang an zu vermeiden, das Männliche (*animus*) mit dem Mann zu identifizieren. Das Männliche ist in spezifischer Weise auch in der Frau vorhanden. Ebenso darf man das Weibliche (*anima*) nicht mit der Frau gleichsetzen, denn auch der Mann hat seinen weiblichen Anteil, und zwar auf seine spezifische Weise.

Es wird häufig kritisiert, die einseitige Zuschreibung bestimmter geschlechtsspezifischer Eigenschaften folge einem alten – machistischen oder feministischen – Diskurs. Die Beziehung zwischen Mann und Frau ist jedoch nicht komplementär, so, als ob jede Seite in sich unvollständig wäre und sie einander nur zusammen vervollständigen könnten. Jede Seite ist für sich vollständig, doch beide, Mann und Frau, finden sich stets schon miteinander in Beziehung vor.

Unser Diskurs entspringt der zeitgenössischen Reflexion über die Grenzen der Kulturen hinweg. Diese Reflexion hat die beiden Dimensionen *animus* und *anima*, die in jedem Menschen vorhanden sind, vertieft.

Die Ethik der Gerechtigkeit hat ihre Grundlage in der Erfahrung des Männlichen, wie Männer, wenn auch nicht ausschließlich Männer, sie machen. Das Männliche (*animus*) zeigt sich am deutlichsten im Gebrauch der analytischen Vernunft, in der Suche nach dem Objekt an sich, in der Arbeit, in der Erschließung von Wegen, in der Überwindung von Schwierigkeiten, im Willen zur Macht und im Gebrauch der Gewalt zum Erreichen von Zielen. All diese Merkmale finden sich auch im Weiblichen (*anima*), jedoch in anderer Dosierung und in anderer Weise.

Die natürliche und ideale Wechselseitigkeit von Männlichem und Weiblichem hat sich im Lauf der Geschichte jedoch nicht durchgehalten. Sie wurde vor Jahrhunderten zerstört; stattdessen etablierten sich Beziehungen der Unterordnung, der Ungleichheit und auch dehumanisierende Verhältnisse.

Wir leben ganz offensichtlich seit der Jungsteinzeit (vor ca. 8000 bis 10.000 Jahren) immer noch im Zeitalter des Männlichen, unter der Vorherrschaft der Figur des Vaters und Patriarchen. Folglich wurde die Ethik in der Sprache des Mannes formuliert, der den öffentlichen Raum für sich einnahm und die Macht innehatte. Diese Sprache des Männlichen kam in Prinzipien, Imperativen, Normen, Vorschriften und Idealen zum Ausdruck, die im Thema *Gerechtigkeit* ihren Höhepunkt erreichten. Als Werkzeug bediente sie sich des *Logos,* der intellektuellen Vernunft.

Der Platz der Frau wurde praktisch an den Rand gedrängt, ihre Stimme wurde entweder zum Schweigen gebracht oder nicht gehört, obwohl auch sie immer präsent war und Geschichte gestaltete. Allerdings wurde diese nicht im Sinne eines integrativeren Verständnisses der Ethik in Betracht gezogen. Deshalb ist die Ethik der Gerechtigkeit von Anfang an mangelhaft und ungenügend, da sie der Seinsweise und Lebenserfahrung der Frau nicht in gebührendem Maß Rechnung trägt.

Zwei klassische Vertreter können das Thema „Gerechtigkeit" verständlich machen: die aristotelisch-thomasische Tradition und der nordamerikanische Denker John Rawls.

Aristoteles (384–322 v.Chr.) hat als einer der Ersten eine Ethik der Gerechtigkeit auf individueller (*Nikomachische Ethik*) und gesellschaftlicher (*Politik*) Ebene durchdacht. In Bezug auf die persönliche Ebene nimmt er für alle Seienden an: Alle streben nach dem für sie Guten, denn in ihnen ist eine innere Energie am Werk, die stets ihren vollen Ausdruck und ihre volle Verwirklichung sucht. Sie besteht in genau dem ersehnten Gut: dem Glück.

Der Mensch als das *animal rationale,* das denkende Lebewesen, sucht auf diese Weise das Glück, das ihm entsprechende Gut. Um es zu erreichen, muss er einen Grundkonflikt befrieden, nämlich den zwischen der Leidenschaft (das Reich des *pathos* und des *eros*) und der Vernunft (das Reich des *logos* und des *ethos*).

Für Aristoteles ist die Vernunft die Herrscherin. Ihre Aufgabe besteht darin, die Kraft der Leidenschaft zu zähmen, allerdings nicht um jeden Preis. Die Kontrolle darf nicht überhandnehmen, sonst rebelliert die Leidenschaft. Sie darf aber auch nicht zu wenig ausgeübt werden, sonst wird sie unterdrückt. Alles muss unter der Vorgabe des rechten Maßes geschehen, des relativen Optimums. Dieses rechte Maß zu finden ist die Aufgabe der klugen Vernunft, die so zur praktischen Weisheit wird.

Das Ergebnis dieses umsichtigen Waltens der Vernunft ist das Entstehen der Tugenden. Die Tugenden sind die Wirkungen der Leidenschaft mit ihren vielfachen Affekten, sofern sie vom durch die Vernunft auferlegten rechten Maß geführt und gemäßigt werden. So ist etwa die Tugend des Mutes das rechte Maß zwischen Feigheit und übermäßiger Kühnheit. Sie mäßigt die Feigheit, damit wir vor den Gefahren nicht fliehen, und sie mäßigt auch die Kühnheit, damit wir uns diesen Gefahren nicht unnötig aussetzen.

Das rechte Maß, das sich als eines der Merkmale der Achtsamkeit erwiesen hat, ist ein anderes Wort für Gerechtigkeit. Gerechtigkeit ist an allen Tugenden beteiligt, weil sie ja nur auf diese Weise Tugenden sind und dem Gleichgewicht zwischen einem Zuviel und einem Zuwenig entspringen. Aristoteles stellt fest: „Die Gerechtigkeit schließt alle Tugenden in sich" (Nikomachische Ethik V,3,1130b). Er stimmt folgendes Lob auf die Gerechtigkeit an, das später von Thomas von Aquin (um 1225–1274) übernommen wird: „Die Gerechtigkeit ist die höchste der Tugenden und weder Abend- noch Morgenstern leuchten so wundervoll wie die Gerechtigkeit" (Nikomachische Ethik V, 1129b). Die Gerechtigkeit differenziert sich näherhin als die Gerechtigkeit zwischen den Bürgern (*iustitia commutativa*, ausgleichende Gerechtigkeit), die des Staates gegenüber den Bürgern (*iustitia distributiva*, Verteilungsgerechtigkeit) und die der Bürger gegenüber dem Staat (legale Gerechtigkeit).

Zusammenfassend: Das Gute und das Glück des Menschen entspringen einem Leben nach der Gerechtigkeit. Dieses Leben ist von den Tugenden geziert. Das Niveau der Gerechtigkeit und der Tugenden ist auch das Niveau der Verwirklichung des Glücks. Dies ist die individuelle Dimension.

Doch der Mensch ist wesentlich auch *animal sociale*, ein politisches Lebewesen, das in Gemeinschaft lebt und Institutionen schafft. Sein Gut kann sich nicht nur im individuellen Bereich verwirklichen. Der einsame Mensch, so Aristoteles, „ist entweder eine Gottheit oder ein Tier" (Politik I,2,1253). Das für den Menschen Gute erreicht seine Fülle dann, wenn er am Aufbau der Gemeinschaft und der Gesellschaft teilnimmt.

Auch hier taucht die Gerechtigkeit als die bestimmende Komponente auf, und zwar zunächst als die Tugend des Staatsbürgers, der das Recht hat, an der *polis* (der Gesellschaft) teilzunehmen und daran mitzuwirken und sie durch gerechte Gesetze zu gestalten. Weiter kommt die Gerechtigkeit als Ordnungsprinzip der Institutionen ins Spiel. Diese sollen alle ohne Ansehen der Person behandeln und jedem das ihm Zustehende gewähren sowie Lasten und Güter gerecht verteilen (Blüm 2006, 27-42).

Eine Gesellschaft kann nicht gut sein, wenn sie nicht von guten Bürgern gebildet wird, das heißt von solchen, die die Gerechtigkeit lieben. Die Gerechtigkeit ist in diesem Zusammenhang die bewusste und freiwillige Bereitschaft des Bürgers, das für die Gesellschaft Gute anzustreben und dazu zu befolgen, was die Gesetze gebieten. Daraus entspringt das soziale Glück.

Gerechtigkeit ist auch das Ordnungsprinzip der gesellschaftlichen Institutionen, die durch gerechte Gesetze gelenkt werden. Die legale Gerechtigkeit sorgt dafür, dass die Institutionen in ihrem Wirken das gemeinschaftliche Gute (*bonum communis*), das heißt das kollektive Glück hervorbringen.

Die Gerechtigkeit regelt die Beziehungen zwischen den freien und gleichen Bürgern, die zu gemeinsam akzeptierten Gesetzen einen Konsens hergestellt haben. In diesem Fall bestimmt das Gesetz, dass das rechte Maß des tugendhaften Handelns die gleiche Behandlung aller ist. „Die Ungerechtigkeit besteht im Ungehorsam gegenüber dem Gesetz und in der ungleichen Behandlung der Gleichen" (Nikomachische Ethik V,2,1129). Die Gleichen ungleich zu behandeln heißt, ungerecht zu handeln, denn dies verletzt das rechte Maß.

Das innerhalb der Gesellschaft angestrebte Gut besteht also darin, der Gerechtigkeit gemäß, dem Gesetz entsprechend und in Respekt vor der Gleichheit zu leben. Das Böse kommt dann auf, wenn dem Gesetz zuwidergehandelt wird und wenn die Gleichheit zerstört wird.

Aristoteles ist jedoch realistisch genug zu sehen, dass nicht alles vom Gesetz abgedeckt ist. Da das Leben sich ständig verändert und die Grenzen des Gesetzes überschreitet, treten immer wieder vom Gesetz nicht vorhergesehene Ereignisse ein. Was ist dann zu tun? Sowohl Aristoteles als auch Thomas von Aquin geben darauf zur Antwort: In solchen Fällen hilft uns das Recht, die fehlende Gesetzesbestimmung zu korrigieren und uns zu Interpreten der Absicht des Gesetzgebers zu machen. Dies nennt sich Billigkeit oder *Epikie*. Die Billigkeit ist eine Ergänzung der Gerechtigkeit. Dabei wird das rechte Maß dadurch gesucht, dass man das Gesetz flexibel handhabt und es in jedem Einzelfall so deutet, wie es gerecht und angemessen erscheint.

Diese schöpferische, überhaupt nicht legalistische Einstellung wird verständlich, wenn wir uns vor Augen halten, dass für Aristoteles und Thomas das Gesetz nicht der Willkür des Gesetzgebers entspringt, so weise dieser auch sein mag. Das Gesetz geht vielmehr aus der Natur des Menschen selbst hervor, die aus innerer Kraft heraus das ihr angemessene, im Glück gegebene Gute sucht. Der Gesetzgeber ist ein vorläufiger Interpret dieser Suche.

Das ethische und glückliche Leben besteht darin, die Gerechtigkeit auf persönlicher Ebene (als Tugend) und auf gesellschaftlicher Ebene (als Ordnungsprinzip) mitsamt all den Tugenden zu leben, die mit ihr einhergehen. Dies ist die klassische Position der aristotelisch-thomistischen Tradition. Sie hat bis in unsere heutigen Tage einen starken Einfluss.

Immanuel Kant, ein weiterer Klassiker der Ethik, orientiert sich nicht am Thema Gerechtigkeit. Als Sohn der Moderne, für die das Subjekt den großen Bezugspunkt darstellt, gibt er dem Recht und der Würde des Menschen als einem Zweck an sich den Vorzug. Der brasilianische Autor Olinto Pegoraro stellt in seinem Buch *Ética é Justiça* (1995) fest, dass für Kant „die beste Regierungsform nicht die ist, unter der es sich am angenehmsten leben lässt, sondern diejenige, welche die Bürgerrechte garantiert. Wenn der Staat die Garantie der Freiheit zugunsten des Wohlstands vernachlässigt, verfällt er der Ungerechtigkeit. Die Gesetze, die auf das Glück des Bürgers abzielen, sind legitim, jedoch nur als ein Mittel, um den Rechtsstaat zu garantieren" (Pegoraro 1995, 67).

Um politische Gerechtigkeit dreht sich das gesamte Denken des nordamerikanischen Philosophen John Rawls (1921–2002). In seinem Buch *Eine Theorie der Gerechtigkeit* entfaltet er die Grundlagen. Für ihn besteht Gerechtigkeit in erster Linie weder in Tugend noch in Recht, sondern in einem grundlegenden Prinzip einer wohl geordneten Gesellschaft.

Auch er geht von dem Grundkonflikt der Begrenztheit der Ressourcen, die eine Gesellschaft bieten kann, und der ungezügelten Begierde der Bürger aus, sie in Anspruch zu nehmen. Wie lässt sich hier ein rechtes Maß finden? Nach Rawls organisiert die politische Gerechtigkeit die gleiche Verteilung der begrenzten Güter. Bewusst widersetzt er sich dem in der nordamerikanischen Kultur vorherrschenden Utilitarismus: „Jedem Mitglied der Gesellschaft schreibt man eine auf der Gerechtigkeit – oder, wie manche sagen, dem Naturrecht – beruhende Unverletzlichkeit zu, die auch im Namen des Wohles aller anderen nicht aufgehoben werden kann. Es ist mit der Gerechtigkeit unvereinbar, dass der Freiheitsverlust einiger durch ein größeres Wohl anderer gutgemacht werden könnte" (Rawls 1979, 46).

Rawls führt mit der ethischen Tradition der Gerechtigkeit keine Diskussion im eigentlichen Sinne. Lediglich auf Kant nimmt er Bezug, der sich zu dem Thema allerdings kaum geäußert hat. Rawls führt Kants Denken weiter; dabei hat er die Rechte und Freiheiten der modernen demokratischen Gesellschaften im Blick.

Rawls' Hauptthese lautet: „Die Gerechtigkeit ist die erste Tugend sozialer Institutionen so wie die Wahrheit bei Gedankensystemen" (Rawls 1979, 19).

Rawls geht es um den Aspekt der Verteilung der Vorteile bzw. Chancen. Deshalb ist für ihn Gerechtigkeit grundlegend Gleichheit (*justice as fairness*) und die Aufstellung von Grundsätzen der Gerechtigkeit, die als Regeln für eine wohlgeordnete Gesellschaft dienen sollen, in der man sich erhofft, dass jeder Bürger gerecht handelt und zur Erhaltung der gerechten Institutionen beiträgt (Rawls 1979, 74ff.).

Daraus wird abgeleitet, dass diese Art von Gerechtigkeit eine Art Gesellschaftsvertrag voraussetzt, mithilfe dessen die Bürger im Vorhinein die Regeln festsetzen müssen, nach denen sie ihre wechselseitigen Ansprüche beurteilen. Ferner müssen sie die Gründungscharta der Gesellschaft festlegen, auf deren Grundlage entschieden wird, was als gerecht oder ungerecht gilt.

Für Rawls ist eine Gesellschaft dann wohlgeordnet, wenn sie eine soweit wie möglich gefasste Grundfreiheit als ein Recht für alle garantiert. Doch faktisch besteht gesellschaftliche Ungleichheit. Wie ist es dann um die politische Gerechtigkeit bestellt? Rawls hält bei realistischer Betrachtungsweise Ungleichheiten für gänzlich unvermeidlich. Sie können jedoch in tolerierbaren Grenzen gehalten werden, wenn sich die Gesellschaft auf eine solche Weise organisiert, dass die Benachteiligten in allem am meisten profitieren, und wenn man stets danach strebt, das Existenzminimum der am wenigsten bevorzugten Gruppe zu maximieren (Rawls 1979, 319).

Hinsichtlich der öffentlichen Ämter und Positionen, die Unterschiede, ja sogar Privilegien mit sich bringen, fordert Rawls: Alle Bürger müssen die gleichen Zugangschancen zu solchen Positionen haben und niemand darf aufgrund des Geschlechts, der Hautfarbe, des Alters, der politischen Überzeugung oder der Einkommenssituation davon ausgeschlossen sein (Rawls 1979, 82ff.).

Rawls' Sicht ist beachtlich, wenn auch begrenzt. Für ihn bezieht sich die politische Gerechtigkeit hauptsächlich auf die grundlegende Ordnung der Gesellschaft, auf ihren juridischen Aspekt (Legalität), und weniger auf die innere Bereitschaft der Menschen, die die Gerechtigkeit subjektiv leben wollen, also auf ihren moralischen Aspekt. Recht und Moralität sind nicht klar voneinander unterschieden. Für Rawls besteht das Ziel der Gerechtigkeit nicht im Wohl oder Glück des Individuums, sondern in der gerechten Ordnung (Rawls 1979, 486ff.). Diese juridische Ordnung hat mit der menschlichen Gemeinschaftsfähigkeit zu tun, denn: „Der Hauptgedanke ist einfach der, dass eine wohlgeordnete Gesellschaft (im Sinne der Gerechtigkeit als Fairness) selbst eine Form der sozialen Gemeinschaft ist. Sie ist eine soziale Gemeinschaft sozialer Gemeinschaften" (Rawls 1979, 572).

Diese Ethik der Gerechtigkeit erfährt eine Bereicherung durch die christliche Reflexion eines Thomas von Aquin. Er stützt sich auf Aristoteles' *Nikomachische Ethik*, stellt jedoch die These auf, dass die Liebe zur Menschheit und zu allem Sein über der Gerechtigkeit steht. Die Nächstenliebe ist die Goldene Regel, die höchste, wahrhaft menschliche Verhaltensnorm, denn sie öffnet den Menschen völlig frei vom Eigennutzen auf den anderen hin – gelegentlich sogar so weit, dass er sich für andere opfert.

Dies ist die größere Gerechtigkeit, von der Jesus spricht, denn sie lässt dem Liebe und Achtung zuteilwerden, der im anderen verborgen anwesend ist: Gott. Auf diese Weise erlangt die Ethik der Gerechtigkeit ein solideres Fundament, das ihr eine größere Effektivität und Flexibilität verleiht. So wird es ihr möglich, über das hinauszugehen, was gerechte Gesetze vorschreiben, die von der intellektuellen Vernunft abgeleitet sind. Daraus lässt sich schließen, dass die Ethik der Gerechtigkeit eine dem Menschen angemessene Argumentationsweise ist. Die Menschen bedienen sich der Vernunft und der Dialektik, um jene Konstruktion zu errichten, deren Dreh- und Angelpunkt die Gerechtigkeit ist. Diese Argumentationsweise ist nicht falsch, jedoch männlich geprägt. Es war die männliche Dimension der Menschen, die den Staat, die Gesetze, den Sinn für Gerechtigkeit in der Gesetzgebung, die Institutionen patriarchalischen Zuschnitts, den Wettbewerb, die Hierarchien, die Armeen und schließlich den Krieg hervorgebracht hat.

Allerdings haftet der Ethik der Gerechtigkeit ein Mangel an: Achtsamkeit und Sorge sind kein Thema des Denkens, bis schließlich Heidegger diese Sorge bei Aristoteles und dessen Ausführungen über verschiedene Handlungsweisen des Menschen entdeckte. In der männlichen Art, das Thema Gerechtigkeit zu behandeln, fehlen Achtsamkeit und Sorge jedoch völlig.

Dies ist mit Sicherheit auf die Tatsache zurückzuführen, dass die Frau außer Betracht geblieben ist und ihre spezifische Erfahrung der Werte nicht berücksichtigt wurde: ihre Seinsweise, ihre Art, zu empfinden und die Wirklichkeit zu ordnen, insbesondere das, was in der Ethik der Gerechtigkeit am wenigsten vorkam, nämlich den Alltag der Menschen, in dem sich der Großteil des Lebens abspielt. Frauen sind empfänglicher für Achtsamkeit als für Gerechtigkeit. Die Achtsamkeit organisiert die unmittelbaren Beziehungen zwischen den Menschen und die umfassenderen Beziehungen zwischen den Institutionen auf andere Weise.

2. Die Ethik der Achtsamkeit und ihr weibliches Substrat

Es ist wichtig, gleichzeitig auf die Stimme der Gerechtigkeit und die Stimme der Achtsamkeit zu hören. Verschiedene nordamerikanische Philosophinnen haben diese Frage gründlich behandelt: Carol Gilligan (1988), Nel Noddings (1984, 1990), Annette C. Baier (1995) und Milton Mayeroff (1971). In Brasilien ragen die Arbeiten der Krankenschwester Vera Regina Waldow (1993, 1998, 2006) und des Arztes Eugênio Paes Campos (2005) heraus.

Ich selbst habe mit meinem Buch *Die Logik des Herzens* (1999) dazu beigetragen, die Dimensionen des Männlichen (Arbeit) und des Weiblichen (Sorge bzw. Achtsamkeit) als grundlegende, verschiedene und einander ergänzende Seins- und Lebensweisen in ethischer Hinsicht herauszustellen.

Die Themen Gerechtigkeit und Achtsamkeit lassen sich nicht ausschließlich vom Mann bzw. von der Frau herleiten. Beide sind sie ja Träger des Weiblichen und des Männlichen zugleich. Deshalb betrifft die Achtsamkeit den Mann ebenso wie die Gerechtigkeit die Frau. Aufgrund dieses Verhältnisses der gegenseitigen Integration betonen die genannten feministischen Philosophinnen, dass die Themen Achtsamkeit bzw. Gerechtigkeit keine Themen eines Geschlechts, sondern des Menschen insgesamt sind (Noddings 1984, 2).

Doch diese inklusive Ganzheit negiert die Unterschiede keineswegs. Die Dimension der *anima*, deren Trägerin die Frau in besonderer Weise ist, erfasst die Welt eher als Wert denn als faktische Gegebenheit. Im Faktischen erkennt sie Botschaften und im Sichtbaren erfasst sie das Unsichtbare. Sie verfügt über einen eher emotionalen als analytischen Zugang zur Wirklichkeit. Die Betonung der emotionalen Seite rührt daher, dass der Mensch sich niemals gleichgültig gegenüber der Wirklichkeit verhält. Er lässt sich auf sie ein und nimmt emotional die Bande wahr, die uns mit allen vereinen.

Ich vertrete die These, dass Achtsamkeit und Sorge eine wesentliche Dimension des Menschen bilden, die aber in der Frau zu größerer Dichte und Sichtbarkeit gelangt. Die Daseinsverfassung der Frau ist besonders, sie empfindet die Welt von deren Zeichenhaftigkeit her. Diese Wahrnehmung stellt eine Bereicherung für die Ethik dar, denn sie zieht nicht nur die begriffliche und institutionelle Seite der Wirklichkeit in Betracht, sondern den konkreten Alltag in seiner Erfahrungsdichte.

Es gilt, die verschiedenen Dimensionen von Achtsamkeit und Sorge zu unterscheiden: als liebevolle, nicht aggressive Beziehung zur Wirklichkeit, als Sorge um das und um den, dem wir uns affektiv verbunden fühlen, als Vorsorge und Vorbeugung angesichts der Zukunft, die uns unangenehme Überraschungen bescheren und schädliche Folgen aufweisen kann, und schließlich als „holding", als jene Gesamtheit von Maßnahmen und Hilfen, die Sicherheit und Frieden für Einzelne und für eine ganze Wirklichkeit gewährleisten können. Die Achtsamkeit als Sein-mit-anderen befindet sich in einem ständigen Spannungsverhältnis zum In-der-Welt-Sein, das in der Arbeit besteht. Das In-der-Welt-Sein folgt einer anderen Logik als die Achtsamkeit. Der Mensch greift in organisierter Weise in die Welt ein, wobei er fast immer Gewalt anwendet und die Welt auf diese Weise in eine hominisierte, Kultur genannte, Welt verwandelt. Auf diese Weise schafft er die Bedingungen für seinen Lebensunterhalt und baut seine menschengerechte Umwelt, die menschliche Wohnstatt. Die menschliche Wohnstatt wird auf Griechisch *ethos* genannt.

Die Arbeit erfordert Rationalität, Effizienz, die Ausarbeitung eines Plans und die Überwindung von Schwierigkeiten bei dessen Umsetzung. Hier ist das Männliche im Mann und in der Frau gefordert. Nicht ohne Grund waren es die Männer, die am meisten in die Natur eingegriffen und das Projekt der Techno-Wissenschaft entwickelt haben, jener systematischen Art, sich die Kräfte und Ressourcen der Natur zu eigen zu machen. Dabei wandten sie im Übermaß Gewalt an, übertrieben die Dimension des *animus* stark und drängten die Dimension der *anima* zurück. Darin zeigt sich die dramatische und in gewissem Sinne tragische Seite unseres Zivilisationsprojektes. Um dessen Gleichgewicht wiederzuerlangen, müssen wir der Arbeit den Stempel der Achtsamkeit aufprägen, damit sie das Gleichgewicht der Natur nicht zerstört.

Doch wenn über die Arbeit hinaus die Gemeinschaftsfähigkeit ins Spiel kommt und zwischenmenschliche Bande knüpft, gewinnen die Achtsamkeit und die Dimension der *anima* die Oberhand. Es waren die Frauen, die die typischen Tugenden wie Kooperation vor Konkurrenz, Flexibilisierung innerhalb bürokratischer Beziehungen und eine größere Dialog- und Konsensfähigkeit nach der Logik der Win-win-Situation in die Arbeitswelt eingebracht haben (Noddings 1984, 81).

Das Leben des Menschen ist von den unterschiedlichen Weisen der Achtsamkeit und Sorge geprägt. Bereits der lateinische Dichter Horaz meinte, dass die Sorge die ständige Begleiterin des Menschen sei. Sorge und Achtsamkeit begleiten uns im Sinne von sozialer Unterstützung („holding"), die nach der Definition von Paes Campos die „Weise des In-Beziehung-Tretens zwischen einzelnen Menschen, Gruppen oder Gemeinschaften ist, welche dem Einzelnen oder der Gruppe ein Gefühl der Geborgenheit und der Unterstützung verleiht, die zur Stressminderung und zum psychologischen Wohlbefinden führen können" (2005, 55).

Achtsamkeit und Sorge stellen stets eine Beziehung der Gegenseitigkeit zwischen denen her, die Sorge tragen, und denen, um die man sich sorgt. Beide helfen sich gegenseitig, denn der Mensch ist von seinem inneren Wesen her darauf angelegt, Sorge zu tragen, und gleichzeitig spürt er die Notwendigkeit, dass sich jemand um ihn sorgt (Waldow 2006, 33-37).

Für eine um die Vernunft zentrierte Sichtweise war es immer schwer festzustellen, welche Motive uns dazu bringen, ein moralisches Leben zu führen. Der Philosoph und Ökonom David Hume (1711–1776) bringt klar zum Ausdruck, dass die notwendige Motivation, die uns dazu antreibt, ethisch zu leben, emotionaler und nicht rationaler Natur ist. Dieselbe Meinung vertreten die Feministinnen (Noddings 1984, 79).

Nicht durch immer mehr Argumente also überzeugen wir jemanden davon, in Übereinstimmung mit ethischen Grundsätzen zu handeln, sondern dadurch, dass wir die Fähigkeiten, die Haltungen und den Wunsch in ihm wecken, sich um andere und um die Beziehungen zu sorgen und zuzulassen, dass man sich um ihn sorgt. Diese Bereitschaft, Beziehungen der Achtsamkeit und Sorge zu unterhalten, stellt sich nicht am Ende einer rationalen Argumentation ein, sondern sie offenbart das Vorhandensein eines Empfindens und eines Gefühls.

Eine Mutter stellt keine scharfsinnigen Überlegungen dazu an, ob sie sich um ihr Baby kümmern soll; sie tut es aus ihrem Gefühl heraus, ohne nachzudenken. Sie trägt schlicht und einfach Sorge. Das bedeutet nicht, dass Achtsamkeit und Sorge die Vernunft hinter sich lassen. Doch sie entspringen nicht der Vernunft, sondern dem Gefühl.

Die erste Definition des Menschen lautet also nicht wie bei Descartes „Ich denke, also bin ich", sondern „Ich fühle, also bin ich" im ursprünglichen Sinne.

Die kanadische Ordensschwester Mary Simone Roach (1993) hat den Versuch unternommen, die einzelnen Momente der Verwirklichung von Achtsamkeit und Sorge im Detail zu bestimmen. Sie hat sie in folgenden fünf Begriffen zusammengefasst: *Mit-*

leid, Urteilsfähigkeit, Vertrauen, Gewissen und *Engagement.* Sie zieht den Schluss, dass Sorge und Achtsamkeit unsere spezifisch menschliche Seinsweise ausmachen und dass wir, wenn wir aufhören, im Sinne von Achtsamkeit und Sorge zu empfinden, zu handeln und zu denken, schlicht aufhören, Mensch zu sein.

Sorge und Achtsamkeit sind der Bereich des Weiblichen im Mann und in der Frau par excellence. Darin ist die Frau biologisch besser ausgestattet als der Mann (Noddings 1984, 97). Sie verfügt über weit mehr Fähigkeit, das Leben aufzunehmen und zu beschützen sowie Beziehungen der Gegenseitigkeit und Fürsorge aufzubauen. Bei ethischen Entscheidungen empfinden Frauen die Notwendigkeit, über mehr konkrete, der Erfahrung entspringende Informationen zu verfügen; sie spüren, dass sie mit anderen Menschen sprechen, ihnen von Angesicht zu Angesicht gegenüberstehen und ihre Wünsche und Träume entdecken müssen. Solche existenziellen Daten fallen mehr ins Gewicht als abstrakte Prinzipien und Imperative. Die Vernunft ist dabei nicht ausgeschaltet, doch sie wird von Herzlichkeit und Gefühl durchdrungen. In einem auf diese Weise bereicherten Kontext wird eine ethische Entscheidung getroffen.

Wenn man eine Ethik der Achtsamkeit formalisieren wollte, könnte man sagen: Es gibt ein Grunddatum, nämlich die natürliche Bereitschaft, zu sorgen, und den Wunsch, umsorgt zu sein. Dies ist das vorausliegende ontologische Datum, das die gesamte menschliche Existenz, sofern sie menschlich ist, durchdringt. Es ist der universale Charakter dieser Ethik. Es ist das „Gute", nach dem die Ethik strebt, um in der Sprache der Ethik der Gerechtigkeit zu sprechen. Sie verwirklicht sich im Menschen als solchem, doch in der Frau, dem privilegierten Subjekt von Achtsamkeit und Sorge, gewinnt sie in besonderer Weise an Gestalt.

Dieses vorausliegende ontologische Datum muss, um die Gestalt der Ethik zu erhalten, bewusst als Lebensprojekt und willentlicher Entschluss, zu sorgen und sich umsorgen zu lassen, angenommen werden. Dies setzt ein ethisches, politisches und pädagogisches Engagement voraus, die Bedingungen der Achtsamkeit und Sorge zu schaffen und zu erhalten, damit sie die Oberhand gewinnen – insbesondere in jenem geschichtlichen Moment, in dem wir die Gefahren und Bedrohungen der gesamten Gattung Mensch erleben.

3. Gerechtigkeit und Achtsamkeit: eine integrale Ethik

Männlich und weiblich sind aufeinander verwiesene und einander ergänzende Dimensionen. Zusammen machen sie es möglich, dass der Mensch in Gestalt von Mann und Frau auf der Bildfläche erscheint. Ähnlich verhält es sich mit Gerechtigkeit und Achtsamkeit. Beide gehen aus realen und nicht eingebildeten Gegebenheiten hervor; sie bilden zwei voneinander unterschiedene Quellen, die zusammen und sich gegenseitig verstärkend das kristallklare Wasser der menschlichen Ethik hervorsprudeln lassen. Sie bilden eine integrale und umfassende Ethik menschlicher Erfahrung. Deshalb dürfen sie einander nicht entgegengesetzt oder außer Acht gelassen werden. Wir benötigen beide.

Die Gerechtigkeit ist unverzichtbar, sowohl auf individueller als auch auf gesellschaftlicher Ebene. Sie bestimmt das rechte Maß – dies ist eine Ausdrucksgestalt der Achtsamkeit – in allen Dingen. Das rechte Maß ist das Ziel der alten Weisheit aller Völker. Auf persönlicher Ebene konkretisiert sich die Gerechtigkeit in Tugenden, die das menschliche Zusammenleben geziemend und angenehm gestalten. Auf gesellschaftlicher Ebene bestimmt die Gerechtigkeit die angemessenen Beziehungen innerhalb der Institutionen, indem sie das Gemeinwohl aufbauen und dem Allgemeininteresse dienen. Ohne Gerechtigkeit lässt sich keine menschliche gewaltfreie Gesellschaft errichten, die alle als gleiche Bürger und an Würde gleiche Menschen integriert.

Doch bereits Platon (428/27–348/47 v.Chr.) bemerkte, dass eine Gesellschaft, die nur auf dem Fundament der Gerechtigkeit errichtet ist, grausam und erbarmungslos werden kann. Es gilt der alte Grundsatz: *summum ius summa iniuria,* die höchste Gerechtigkeit bringt das meiste Unrecht hervor. Der Mensch bedarf der Gesetze und Institutionen. Doch er lässt sich von ihnen nicht gefangen nehmen.

Im Menschen gibt es immer einen Überschuss an Libido, an Großherzigkeit und Kreativität angesichts der Unwägbarkeiten der Wirklichkeit. Es war die Weisheit der Alten, die die Epikie in Recht und Ethik einführte, jene Fähigkeit, dem Leben mehr Wert beizumessen als dem Gesetz. Damit wird die Einzigartigkeit des Menschen gewährleistet und es ihm ermöglicht, in bestimmten Fällen über das Gesetz hinauszugehen (*praeter legem sed non con-*

tra legem, außerhalb des Gesetzes, aber nicht gegen das Gesetz) und Raum zu schaffen für ein noch diffuses Recht, das sich an der Basis und an den Rändern bildet, bis es ins Zentrum vordringt und als allgemeines Gesetz formuliert wird.

Genau hier gewinnt die Achtsamkeit an Bedeutung. Sie hat immer mit menschlichen Beziehungen und mit dem Schutz des Lebens zu tun – sei es, indem sie alte Wunden heilt, sei es, indem sie künftigen Verletzungen vorbeugt. Die Achtsamkeit überzeugt uns davon, dass eine Ethik, die ihren Ausgang bei der absoluten Autonomie des Subjekts in der Einsamkeit seiner Freiheit nimmt, irreal und illusionär ist. Sie ist bloß eine Abstraktion. Damit die auf diese Weise vereinzelten Menschen zusammenleben können, bedürfen sie eines Gesellschaftsvertrages, wie dies in der Moderne Jean-Jacques Rousseau, John Locke (1632–1704) und Immanuel Kant gedacht haben.

Wenn wir im Gegensatz dazu unseren Ausgangspunkt beim tatsächlichen und unabweisbaren Faktum nehmen, dass der Mensch immer schon ein Beziehungswesen ist, dass seine Existenzweise ein Sein-mit-anderen in Achtsamkeit und Sorge ist, dann relativiert sich der Gesellschaftsvertrag, der für eine Klassengesellschaft nötig ist, in der sich diese Klassen gegenseitig in Zaum halten müssen, um sich nicht gegenseitig zu verschlingen.

Die Sichtweise, die von Sorge und Achtsamkeit ausgeht, ist eine völlig andere: Die Bürgerschaft ist stets in ein Geflecht von wechselseitig miteinander verbundenen Beziehungen eingelassen. Achtsamkeit und Sorge als ontologische und anthropologische Dimension machen diese Verbundenheit von allem mit allem durch die Tatsache der allseitigen Gegenseitigkeit und durch die Logik des Sorgens und Umsorgtwerdens deutlich, die als ursprüngliche Wirklichkeit und relationales Engagement angenommen wird.

Die Ethik der Achtsamkeit und Sorge ergänzt die Ethik der Gerechtigkeit. Beide sind keine Gegensätze im Aufbau eines fruchtbaren, dynamischen menschlichen Zusammenlebens, das stets für neue Beziehungen offen und vom Gefühl der Solidarität, Affektivität und letztlich der liebevollen Zuwendung durchdrungen ist. Innerhalb dieser Ethik steht das im Mittelpunkt, was ansonsten praktisch nicht in Betracht gezogen wird: das Alltagsleben, die familiären Aufgaben, die Haushaltsführung, das Zusammenleben der Geschlechter und Generationen. Auf diesem Gebiet sind die Frauen Meisterinnen. Sie können unser Bewusstsein für die ethische und moralische Dichte dieser Ebene wecken, die einen Großteil des Lebens der Menschen ausmachen.

Der Mensch ist der universalen und unbedingten Liebe fähig. Die unbedingte Liebe bildet die Utopie und auch die heimliche treibende Kraft eines jeden persönlichen und gesellschaftlichen Lebens. Diesen Beitrag haben das Christentum und die Religionen insgesamt zur Betrachtung der Ethik beigesteuert.

Die Gerechtigkeit und die Tugenden bedürfen, um wahrhaft menschlich zu sein, der Ausdrucksgestalt der spezifischen Seinsweise des Menschen: einer Person, die gegenüber anderen die Virtuosität des ethischen Umgangs entwickelt, sowie des politischen Lebewesens unter der Herrschaft von gerechten Gesetzen und Institutionen. In beiden Sphären wird Gerechtigkeit verwirklicht und herrschen die Tugenden. Doch das genügt nicht. Es muss offengelegt werden, dass das Wesen des Menschen aus Achtsamkeit und Sorge hervorgeht, von Natur aus dazu neigt, zu sorgen, und den Wunsch verspürt, umsorgt zu werden. Achtsamkeit und Sorge verhindern, dass sich die Tugenden in Heuchelei verwandeln, die Gesetze zum Legalismus erstarren und die Institutionen zum Gefängnis werden.

Gerechtigkeit und Achtsamkeit bzw. Sorge sind die Stützpfeiler, auf denen die Bleibe des Menschen (auf Griechisch *ethos*) aufruht und die das mögliche Glück und das ausreichende Wohlbefinden für alle hervorbringen. Die Biozivilisation, die wir anstreben, wird sich auf diese Art von Ethik stützen müssen. Diese Ethik ist gut für die Menschen und der Natur insgesamt zuträglich.

VI.

Achtsamkeit sich selbst, den anderen und der Erde gegenüber

Eine der großen existenziellen Herausforderungen besteht darin, für sich selbst zu sorgen. Wir sind uns die Allernächsten und wir sind zugleich das komplexeste Wesen, das am schwersten zu entschlüsseln ist.

1. Was macht unser Menschsein aus?

Was sind wir? Wissen wir, wer wir sind? Was ist unser Ort im Universum? Wofür sind wir da? Warum müssen wir sterben? Wohin gehen wir? Wenn wir über diese unabweisbaren Fragen nachdenken, sollten wir uns an Blaise Pascal (1623–1662) erinnern. Niemand hat besser als dieser Philosoph, Mathematiker und Mystiker zum Ausdruck gebracht, welch komplexe Wesen wir sind: „Denn was ist schließlich der Mensch in seiner Natur? Ein Nichts im Vergleich mit dem Unendlichen, ein All im Vergleich mit dem Nichts, ein Mittelding zwischen nichts und allem, unendlich weit davon entfernt, die Extreme zu erfassen; das Ende der Dinge und ihre Anfänge sind ihm in einem undurchdringlichen Geheimnis unerbittlich verborgen" (Pascal 1987, 97).

Im Menschen kreuzen sich die vier Unendlichkeiten: das unendlich Kleine, das unendlich Große, das unendlich Komplexe (Pierre Teilhard de Chardin) und das unendlich Tiefe.

In Wahrheit wissen wir nicht, wer wir sind. In Anlehnung an den großen brasilianischen Romancier Guimarães Rosa (1908–1967) könnte man besser sagen: Wir misstrauen einer Sache in dem Maß, in dem wir leben, und aufgrund der Dinge, die uns unaufhörlich zustoßen und von allen Seiten auf unser Leben hereinbrechen und letztlich aus jener Ursprungsenergie hervorgehen, die alles im Sein hält und lenkt.

Über das hinaus, was wir sind, ist in uns das lebendig, was wir sein können: der unausschöpfliche Reichtum an in uns verborgen schlummernden Möglichkeiten. Unser Potenzial ist das, was am wirklichsten und realsten in uns ist. Daher rührt unsere Schwierigkeit, eine befriedigende Vorstellung von dem zu entwerfen, was wir sind. Doch dies befreit uns nicht von der Notwendigkeit, Deutungsschlüssel herauszuarbeiten, die uns auf der Suche nach dem, was wir sein wollen und können, irgendwie Orientierung geben.

Auf dieser Suche erhält die Sorge um sich selbst eine entscheidende Rolle. Es handelt sich keineswegs in erster Linie um einen narzisstischen Blick auf das eigene Ich, der im Allgemeinen dazu führt, dass man sich nicht selbst erkennt, sondern ein projiziertes und deshalb falsches und entfremdendes Bild von sich erhält.

Michel Foucault (1926–1984) hat mit seiner minutiösen Studie *Hermeneutik des Subjekts* versucht, die abendländische Tradition der Sorge um das Subjekt wiederzubeleben, wie sie sich insbesondere bei den Philosophen des 2. und 3. Jahrhunderts, Seneca, Marc Aurel, Epiktet und anderen, findet. Das große Motto war das berühmte *gnothi seauton, erkenne dich selbst*. Diese Erkenntnis wurde nicht in abstrakter Weise verstanden, sondern in konkretem Sinne: *Anerkenne dich in dem, was du bist; versuche, dich in dich selbst zu versenken, um deine Möglichkeiten zu entdecken; versuche, das zu verwirklichen, was du tatsächlich bist.*

In diesem Kontext werden die verschiedenen Tugenden betrachtet, die Sokrates unter den Bezeichnungen Klugheit, rechtes Maß, Gerechtigkeit, Güte, Tapferkeit und Liebe behandelt. Harte Kritik wird an den Lastern geübt, insbesondere an dem für die Griechen verächtlichsten, innerhalb unserer herrschenden Kultur jedoch zentralen, der *Hybris*. Hybris, Überheblichkeit, bedeutet, seine Grenzen zu überschreiten, in eitler Weise hochmütig zu werden, sich etwas anzumaßen, was man nicht ist, und vor allem den Anspruch auf eine Machtkonzentration zu erheben, um über den anderen zu stehen und sich zum „Gott" aufzuschwingen. Vielleicht ist die Hybris das größte Laster der abendländischen, christlichen, insbesondere US-amerikanischen Kultur, letztere insbesondere mit ihrem *Manifest Destiny* (mit dem Bewusstsein, das neue auserwählte Volk Gottes zu sein). Diese Hybris ist bestimmt von ihrem Überlegenheitsdünkel und ihrem Gefühl der Besonderheit, ihrem Sendungsbewusstsein und dem Willen, im Namen ihrer Werte, die man als einzige für gültig, besser und von Gott bestätigt hält, andere zu erobern.

Zunächst gilt es festzuhalten, dass der Mensch Subjekt ist und keine Sache. Er ist keine ein für alle Mal konstituierte Substanz (Foucault 2009), sondern ein stets aktiver Knoten im Netz von Beziehungen, der sich durch das fortwährende Spiel der Beziehungen ständig selbst konstituiert. Oder, um eine andere Analogie zu gebrauchen: Man kann ihn mit der Wurzelknolle einer

Pflanze vergleichen, aus der nach allen Seiten hin Schösslinge entspringen.

Der neuen Kosmologie zufolge sind alle Seinsformen des Universums mit einem gewissen Grad an Subjektivität ausgestattet, denn sie haben eine Geschichte, sie leben in Interaktion mit und wechselseitiger Abhängigkeit von allem mit allem, sie lernen, Informationen auszutauschen und zu sammeln. Dies ist ein universales kosmologisches Prinzip. Doch im Menschen kommt eine eigene Seinsweise dieses Prinzips zur Entfaltung: Er ist ein bewusstes und selbstreflexives Subjekt. Er weiß, dass er weiß, und er weiß, dass er nicht weiß, und – der Vollständigkeit halber sei es gesagt – er weiß auch nicht, dass er nicht weiß.

Dieser Knoten im Netz von Beziehungen tritt mit anderen in Verbindung, und zwar von einem Zentrum aus, um das herum sich die Gefühle, die Gedanken, die Träume und die Pläne organisieren. So sehr man die Wirklichkeit des Ich als etwas sozial Konstruiertes und deshalb nicht Ursprüngliches infrage stellt – das Ich als Selbstidentifikation behauptet sich beharrlich. Es ist ein einzigartiges, nicht reproduzierbares Zentrum. Es ist, um die Worte des scharfsinnigsten mittelalterlichen Philosophen, des Franziskaners Johannes Duns Skotus (um 1266–1308), zu gebrauchen, die *ultima solitudo entis,* die letzte Einsamkeit des Seins. Duns Scotus prägte dafür einen nur schwer zu übersetzenden Begriff: *Haecceitas.* Man könnte ihn am besten so umschreiben: das konkrete und unwiederholbare Sein, das mein Ich ist. Niemals gab, gibt und wird es jemanden geben, der mir in allem gleich wäre. Das Ich ist einzigartig.

Dieses unersetzliche und unabweisbare Ich muss als Knoten im Kontext des Geflechts von Beziehungen innerhalb des globalen Prozesses wechselseitiger Abhängigkeiten so verstanden werden, dass die Einsamkeit nicht die Loslösung von den anderen bedeutet. Sie bedeutet vielmehr die Einzigartigkeit und die unverwechselbare Besonderheit eines jeden. Das Ich ist also um der Gemeinschaft willen da; es ist ein Sein, das nur deshalb in seiner Identität da ist, damit es mit den anderen – ebenfalls in ihrer Identität – sein kann und damit sie für- und miteinander sein können. Das Ich ist nie allein. Es erfordert ein Du. Besser noch: Martin Buber (1878–1965) zufolge wird das Ich ausgehend vom Du allererst zum Ich erweckt und gebildet.

2. Sorge um sich selbst: sich selbst in Freude annehmen

Die Achtsamkeit in Bezug auf sich selbst heißt zu allererst, sich selbst so anzunehmen, wie man ist, mitsamt den Fähigkeiten und Grenzen, die uns stets begleiten werden, und zwar nicht in der Verbitterung dessen, dem es nicht gelingt, seiner Lebenssituation zu entkommen oder sie zu ändern, sondern fröhlichen Herzens. Es geht darum, das eigene Gesicht, die Haare, die Beine, die Zähne, die Brüste, das gesamte Erscheinungsbild und die Weise des In-der-Welt-Seins, letztlich seinen Leib anzunehmen. Je mehr wir uns selbst akzeptieren, desto weniger Schönheitsoperationen wird es geben. Mit unseren körperlichen Eigenschaften können wir unsere besondere Seinsweise und die Art entwickeln, wie wir uns in der Welt „in Szene setzen".

Es gibt nichts Lächerlicheres als die künstliche Herstellung einer äußeren Schönheit, die sich nicht im Einklang mit der inneren Schönheit befindet. Dabei geht die Ausstrahlung verloren und an ihre Stelle treten Eitelkeit und oberflächlicher Glanz.

Wichtiger ist es, die Begabungen, die Fähigkeiten, das Können, das Maß an Intelligenz, die emotionalen Fähigkeiten, die Art von Willens- und Entschlusskraft anzunehmen, mit denen jeder Mensch ausgestattet ist. Zugleich gilt es, ohne Resignation die Grenzen des eigenen Körpers, der Intelligenz, der Fähigkeiten, der sozialen Klasse, der Familiengeschichte und der Nationalität anzunehmen, in denen wir uns vorfinden.

Diese Tatsachen bilden die konkrete *conditio humana,* die konkrete Daseinsverfasstheit des Menschen. Sie sind Herausforderungen, denen wir mit Augenmaß und Entschlusskraft begegnen müssen, damit wir unsere positiven Möglichkeiten möglichst gut ausschöpfen.

Die Achtsamkeit sich selbst gegenüber erfordert es, die Fähigkeiten mit den Motivationen zu kombinieren. Es führt zu nichts, wenn wir musikalisch begabt sind, aber die Motivation in uns nicht verspüren, diese Fähigkeit zu entfalten. Ebenso hilft uns die Motivation zum Musizieren nicht, wenn es uns an der entsprechenden Fähigkeit mangelt, wenn wir nicht über das musikalische Gehör verfügen oder ein Instrument nicht beherrschen. Es bringt uns nicht weiter, wie ein van Gogh malen zu wollen, wenn es uns nur gelingt, Bilder von Landschaften, Blumen, kleine Vögel usw.

zu malen, die sich gerade mal dafür eignen, auf der Straße feilgeboten zu werden. Auf diese Weise verschwenden wir nur Energie und handeln uns Frustration ein. Das Mittelmaß verhilft niemandem zur Größe.

Eine andere Komponente der Sorge um sich selbst ist es, um das Paradox, das unser Dasein durchzieht, zu wissen und mit ihm leben zu können: Wir verspüren Impulse zum Guten, zur Solidarität, zum Mitleid und zur Liebe. Und zugleich regen sich in uns Anreize zum Egoismus, zur Ausgrenzung, zur Antipathie, ja sogar zum Hass. Aus diesen Widersprüchen sind wir gemacht, sie sind mit dem Dasein selbst gegeben. Anthropologisch gesprochen sind wir zugleich *sapiens* und *demens,* intelligente und hellsichtige Wesen und gleichzeitig grob und gewalttätig. Wir sind der Ort des Aufeinandertreffens von Gegensätzen.

Auf sich selbst zu achten heißt, verzichten zu können, gegen bestimmte Tendenzen in uns anzugehen, ja sich selbst auf den Prüfstand zu stellen; es erfordert einen Lebensentwurf, der den positiven Dimensionen den zentralen Platz einräumt und die Kontrolle über die dunklen Seiten behält, die unser Leben in die Agonie, das heißt in den ständigen Kampf gegen uns selbst treiben. Kontrolle heißt hier jedoch nicht, die dunklen Seiten zu verdrängen, denn auf diese Weise bestehen sie fort und können auf unkontrollierbare Weise wiederkehren.

Sich um sich selbst zu sorgen heißt, sich zu lieben, sich anzunehmen, seine Verletzlichkeit anzuerkennen, sich selbst verzeihen zu können und die *Resilienz,* das heißt die elastische Widerstandsfähigkeit, zu entwickeln, wieder aufzustehen und aus den Irrtümern und Widersprüchen zu lernen.

3. Sorge um sich selbst: sich darum kümmern, wie wir sind

Die Tatsache, dass wir widersprüchlichen Kräften ausgesetzt sind, die dicht nebeneinander in uns vorhanden sind, bedeutet, dass wir die Achtsamkeit in der Sorge um unser eigenes Schicksal leben müssen. Das Leben kann uns auf Wege führen, die Glück oder Unglück bedeuten können. Wir können von Ressentiments und Verbitterung erfasst werden, die uns zur Gewalt anstacheln und auf politischer Ebene zum Terrorismus verleiten, wie dies in den arabischen Ländern aufgrund von jahrzehntelanger Ausbeutung und Demütigung vonseiten westlicher Mächte, denen es um das Erdöl geht, der Fall ist. Wir müssen lernen, uns selbst zu kontrollieren. Mehr noch: Wir müssen schöpferische Initiativen entwickeln und die Fantasie benutzen, die uns von den Gefahren fernhält und uns Raum für ein anständiges Leben gibt.

Heute besteht in unserer Kultur die Tendenz, die persönliche und kollektive Subjektivität so zu formen, dass sie den Interessen des herrschenden Gesellschaftssystems entspricht, das uns als passive Konsumenten haben will, das heißt als Bestandteile einer Masse, ohne eigene Entscheidung, leicht verführbar und eine leichte Beute für die Profitinteressen.

Diesem Gesellschaftssystem ist das persönliche Glück des Menschen gleichgültig. Es ist ausschließlich an seiner Kaufkraft, seiner Fähigkeit zu konsumieren und der dadurch erzeugten Illusion, damit glücklich zu werden, interessiert. Auf sich selbst zu achten heißt, dafür Sorge zu tragen, nicht in diese Falle zu tappen. Achtsamkeit in Bezug auf sich selbst als Sorge um den Sinn seines Lebens bedeutet, kritisch zu sein und vielem misstrauisch zu begegnen, um nicht zuzulassen, dass man auf eine Nummer, auf nichts als einen Konsumenten, auf ein Glied einer anonymen Masse und auf das bloße Echo einer anderen Stimme reduziert wird.

Auf sich selbst zu achten heißt, sich um seinen Platz in der Welt, in der Familie, in der Gemeinde, in der Gesellschaft, im Universum, im Plan Gottes zu kümmern. Auf sich selbst zu achten heißt, anzuerkennen, dass Gott jedem Wesen einen Namen gegeben hat, der nur diesem selbst eigen ist, der es definiert und durch den Gott selbst sich offenbart und uns zu sich ruft.

Innerhalb der Massengesellschaft, die mithilfe aller Massenmedien und der Gleichschaltung durch die Werbung alles aufbietet, um die Subjektivität zu zerstören, bedeutet die Aufrechterhaltung der eigenen Subjektivität den Mut, gegen den Strom zu schwimmen und sich ohne Überheblichkeit, aber entschlossen selbst zu behaupten. Das heißt, Ich sagen zu können und die Kraft dieses Ich zu erhalten, die umso stärker sein wird, je mehr dieses Ich sich einem Du öffnet.

Die Achtsamkeit nimmt die Form der Sorge um sich selbst an,

wenn wir uns bemühen, unsere Mitte zu finden, unseren grundlegenden Archetyp, das heißt jenen stärksten inneren Impuls, jenen geheimen Willen, jene sich hartnäckig behauptende Tendenz, seinen Lebenstraum zu verwirklichen. Der Wert eines Lebens bemisst sich an der Größe der Träume und am Bestreben, sie gegen Sturm und Unwetter zu verwirklichen. Einer hartnäckigen und beständigen Hoffnung widersteht nichts. Das Leben ist stets großzügig. Denen, die durchhalten und nicht irrewerden, verleiht es letztlich die nötige Chance, um einen Traum konkrete Wirklichkeit werden zu lassen.

So bricht das Gefühl des Gelingens hervor: Es ist mehr als ein momentanes, flüchtiges Glück. Die gelungene Verwirklichung ist Frucht eines Lebens, eines Durchhaltevermögens, eines nie aufgegebenen Kampfes dessen, der aus der Weisheit des Don Quijote lebt: „Man darf die Niederlagen nicht akzeptieren, bevor man nicht alle Schlachten geschlagen hat."

Die Seinsweise, die aus dieser Sorge um die Selbstverwirklichung hervorgeht, bringt einen Menschen zu einem Leben im Gleichgewicht, das Heiterkeit ausstrahlt und dafür sorgt, dass sich andere in seiner Gesellschaft wohlfühlen. Das Leben strahlt aus, denn darin liegt sein Sinn: nicht nur einfach zu leben, um nicht zu sterben, sondern zu leben, um auszustrahlen und die Freude am Leben zu genießen.

4. Achtsamkeit: auf unser Handeln und unsere Grundhaltungen achten

Achtsamkeit in Gestalt von Sorge öffnet uns für die Sorge um uns selbst, insbesondere um unsere Handlungen und Grundhaltungen und um das weite Feld der Beziehungen und der Sprache. Das Handeln entspringt ebenso wenig wie die ihm zugrunde liegende Haltung dem Zufall. Es geht aus einer Absicht hervor und bringt Konsequenzen mit sich. In ökologischer Perspektive können bestimmte Taten und Haltungen äußerst schädlich sein, zum Beispiel der intensive Einsatz von Agrargiften, großflächige Abholzung, um Viehweiden zu schaffen, oder Flussbegradigungen. Die Folgen müssen sich nicht unmittelbar einstellen, doch kurz- und mittelfristig können sie verheerend sein: Der Wasserstand der

Flüsse kann sich vermindern, das Grundwasser kann von Schadstoffen belastet sein, das Klima und der Wechsel von Regen- und Trockenperioden können sich ändern.

Hier ist sorgfältige Vorsorge geboten, damit der Lebensraum der Menschen und die Gemeinschaft des Lebens insgesamt keinen Schaden nehmen. Unsere Freiheit ist aufgrund des Vorsorgeprinzips beschränkt. Die Einführung neuer Technologien wie der Biotechnologie und der Nanotechnologie, mit deren Hilfe die kleinsten Elemente der Wirklichkeit manipuliert werden, kann irreversible Schäden bewirken. Es können toxische Elemente und neue Bakterien entstehen, die die Zukunft des Lebens gefährden. Die Erd-Charta ermahnt deshalb dazu, aktiv zu werden, „um die Möglichkeit schwerer oder gar irreversibler Umweltschäden zu verhindern, auch wo wissenschaftliche Kenntnisse fehlen oder keine abschließende Risikoanalyse zulassen" (Erd-Charta 2001, 11).

Hier ist Achtsamkeit in Gestalt von Vorsorge mehr geboten als in jeder anderen Situation. Es dürfen keine Experimente unternommen werden, deren Gefahren und unkontrollierbare Wirkungen nicht abzusehen sind. Wie niemals zuvor in der Geschichte sind die Zukunft des Lebens und unsere ökologischen Lebensgrundlagen unserer Verantwortung anheimgegeben. Diese Verantwortung kann und darf nicht auf einzelne Wissenschaftler oder die Wissenschaftlergemeinschaft insgesamt abgewälzt werden. Sie dürfen nicht allein in ihren Laboren über die Zukunft aller entscheiden. Hier kommt die planetarische Bürgerschaft ins Spiel. Jeder Bürger der Erde ist dazu aufgerufen, zusammen mit allen anderen darüber mitzuentscheiden, welche Wege für die Menschheit und die übrige Gemeinschaft des Lebens am aussichtsreichsten sind.

Vorsorge sollten wir auch in Bezug auf unsere Beziehungen walten lassen. Der Mensch kennt Beziehungen unterschiedlichster Art: zu Intimpartnern, zu den Nächsten und zu denen in der Ferne. Um welche Art von Beziehung es geht, ist im Hinblick auf Achtsamkeit weniger wichtig. Jede Beziehung muss stets offen sein und Brücken bauen. Dies setzt voraus, die Fremdheit, die Vorurteile, die sich auf diesem Gebiet einstellen können, und das anfängliche Fehlen von Übereinstimmung zu überwinden. Dabei heißt es, wachsam zu sein und einen entschlossenen Kampf gegen uns selbst und unsere ererbten kulturellen Einstellungen zu führen. Albert Einstein (1879–1955) wusste um die Schwierigkeiten, die einem solchen Bemühen innewohnen. Nicht ohne Grund sagte er: „Es ist leichter, ein Atom zu spalten, als ein Vorurteil aus dem Kopf eines Menschen zu entfernen."

Dennoch lohnt es sich immer, die Beziehungen zu humanisieren, damit sie Ausdruck der Gastfreundschaft sind und den Willen zeigen, mit anderen zusammenzuleben und mit Menschen, die anders sind, Verbindungen herzustellen. Wie sonst sollten wir menschlichen Reichtum erfahren, wenn nicht durch diese Begegnungen? Begegnungen sind mehr wert als die Lektüre unzähliger Bücher der größten Bibliotheken. Denn jedes Mal, wenn wir jemandem begegnen, stehen wir vor der Ausdrucksgestalt von etwas Neuem, die uns das Universum anbietet, vor einer Botschaft, die nur diese eine Person übermitteln kann und die ein Licht auf unserem Weg sein kann. Diese Person kann irgendein Mensch sein: ein Straßenverkäufer, eine weise alte Frau …

Wir gehen unseren Weg auf diesem Planeten nur ein einziges Mal. Die Chance der Begegnung mit den anderen wird nicht noch einmal kommen. Wenn wir sie vergeben, bleibt eine einzigartige Botschaft ungehört und geht nicht ein in die große Rede des Universums.

Es ist wichtig, dass wir uns um unsere Sprache kümmern. Wir sind die einzigen der Sprache fähigen Lebewesen. Durch die Sprache organisieren wir unsere Erfahrungen – so Ludwig Wittgenstein und Humberto Maturana –, durch sie bringen wir Ordnung in die Dinge und schaffen eine Architektur des Wissens. Treffend heißt es in einem Lied der brasilianischen Basisgemeinden: „Das Wort wurde nicht gemacht, um die Menschen zu trennen, das Wort ist die Brücke, auf der die Liebe zwischen beiden Ufern geht." Durch das Wort bauen wir auf und zerstören wir, trösten wir und verweigern den Trost, schaffen wir Sinn in Leben und Tod. Noch bevor die Worte einen Gegenstand bezeichnen oder sich an jemanden richten, definieren sie uns selbst. Sie sprechen darüber, wer wir sind, über welche inneren Dispositionen wir verfügen, und sie machen offenbar, in welcher Welt wir leben.

5. Achtsamkeit in Freundschaft und Liebe

Eine besondere Form der Achtsamkeit in der Liebe zu sich selbst und der Sorge um den Sinn des Lebens verwirklicht sich in der Freundschaft und in der Liebe. Freundschaft und Liebe sind die wichtigsten und wirklichsten Beziehungen, die der Mensch erfahren und genießen kann.

Freundschaft ist eine Beziehung, die aus einer unbekannten Affinität, einer gänzlich unerklärlichen Sympathie, aus einer gefühlsmäßigen Nähe zur anderen Person entspringt. Zwischen Freunden entwickelt sich so etwas wie eine Schicksalsgemeinschaft. Die Freundschaft lebt von der Uneigennützigkeit, vom Vertrauen und von der Loyalität. Die Freundschaft hat so tiefe Wurzeln, dass selbst bei einer Wiederbegegnung der Freunde nach vielen Jahren der zeitliche Abstand verschwindet und die Bande der Beziehung bis hin zur Erinnerung an das letzte Gespräch reaktiviert werden.

Achtsamkeit im Hinblick auf die Freundschaft heißt, am Leben, am Schmerz und an der Freude des Freundes teilzuhaben. Es heißt, ihm eine Zuflucht zu gewähren, wenn er verletzlich ist und ihm die Verzweiflung die Orientierung nimmt. Im Leid, in der Erfahrung des Scheiterns in Leben, Beruf und Liebe erweist sich die echte Freundschaft. Freunde sind wie ein stark befestigter Turm, der die Burg unseres Lebens verteidigt.

Die tiefste Beziehung, in der es am meisten Verwirklichung, aber auch das meiste schmerzhafte Scheitern gibt, ist die Erfahrung der Liebe. Nichts ist zerbrechlicher als die Liebe. Sie lebt von der Begegnung zweier Menschen, deren Wege sich eines Tages kreuzen, die einander entdecken, indem sie sich ansehen und da sind, und in denen ein Gefühl der Verliebtheit, des Angezogenseins, des Willens, zusammen zu sein, erwacht, bis sie beschließen, ihr Leben und ihr Schicksal miteinander zu vereinen und die Schwächen und die wohlmeinenden Seiten des Lebens miteinander zu teilen. Um mit den Worten eines Dichters zu sprechen: Es gibt nichts Traurigeres, als dem, der einen liebt, keine Liebe geben zu können.

All diese Werte sind am kostbarsten und gleichzeitig am zerbrechlichsten, weil sie den Widersprüchen der menschlichen Existenz am meisten ausgeliefert sind. Jeder Mensch trägt Licht und Schatten in sich, alle haben eine unterschiedliche Familiengeschichte und persönliche Biografie, deren Wurzeln bis hin zu den ältesten Archetypen reichen. Auch diese sind von glücklichen und tragischen Erfahrungen geprägt und haben ihre Spuren im genetischen Gedächtnis jedes Menschen hinterlassen. Die Liebe ist eine Kunst, all diese Faktoren zu kombinieren. Sie erfordert Feingefühl, die Fähigkeit, zu verstehen, zu verzichten, geduldig zu sein und zu vergeben. Zugleich ist sie gemeinsames Genießen der liebenden Vereinigung, der sexuellen Intimität, der vertrauensvollen Hingabe aneinander. Diese Erfahrung ist die Grundlage für das Verständnis des Wesens Gottes, denn er ist bedingungslose Liebe und sein Wesen selbst ist Liebe. Doch die Liebe allein genügt nicht. Deshalb nennt Paulus in seinem berühmten Text aus dem 1. Korintherbrief die Begleiterinnen der Liebe, ohne die die Liebe keinen glücklichen Weg nimmt. Die Liebe muss langmütig und gütig sein, sie darf sich nicht ereifern, sie prahlt nicht und bläht sich nicht auf, sie handelt nicht ungehörig, sie sucht nicht ihren eigenen Vorteil, sie lässt sich nicht zum Zorn hinreißen, sie ist nicht nachtragend, freut sich nicht am Unrecht, sondern vielmehr an der Wahrheit. Sie erträgt alles, glaubt alles, hofft alles und hält allem stand. Und sie hört niemals auf (1. Korinther 13,4-7). Auf diese Tugenden zu achten heißt, den nötigen Nährboden zu bereiten, damit die Liebe stets lebendig bleibt und nicht den Tod der Gleichgültigkeit stirbt.

Je mehr jemand zu einer vollkommenen Hingabe fähig ist, desto größer und stärker ist seine Liebe. Eine solche Hingabe setzt äußersten Mut und eine Erfahrung des Todes voraus, denn sie ist vorbehaltlos und versenkt sich vollkommen im anderen. Dem Mann fällt diese äußerste Geste besonders schwer, vielleicht aufgrund des jahrhundertealten Erbes des Machismo, des Patriarchats und des Rationalismus, das schwer auf ihm lastet und seine Fähigkeit zu diesem äußersten Vertrauen begrenzt.

Die Frau ist radikaler. Sie geht in der liebenden Hingabe bis zum Äußersten, ohne Vorbehalt. Deshalb ist ihre Liebe vollkommener und wirklicher und wenn sie scheitert, dann nimmt das Leben Konturen der Tragödie und einer abgrundtiefen existenziellen Leere an.

Das größte Geheimnis der Achtsamkeit in Bezug auf die Liebe besteht schlicht darin, die Zärtlichkeit zu kultivieren. Die Zärtlichkeit lebt von Liebenswürdigkeit, von kleinen Gesten der zärtlichen Zuwendung, von kleinen Zeichen, etwa am Strand eine Muschel aufzulesen, sie der geliebten Person zu geben und ihr zu sagen, dass man in diesem Augenblick mit zärtlichem Empfinden an sie gedacht hat. Solche „Kleinigkeiten" haben einen größeren Wert als der kostbarste Edelstein. So wie ein Stern nicht ohne eine Atmosphäre um ihn herum leuchtet, so lebt und überlebt die Liebe nicht ohne die Aura des Gefühls, der Zärtlichkeit und der Achtsamkeit.

Achtsamkeit ist eine Kunst. Da sie zum Wesen des Menschen gehört, ist sie stets verfügbar. Wie alles, was lebt, muss sie am Leben erhalten und auch genährt werden. Achtsamkeit lebt von der wachsamen Sorge um die Zukunft, zuweilen dadurch, dass man sich Zeiten für die Meditation und das Nachdenken über sich selbst reserviert, dass man in seine Umgebung Stille einkehren lässt, sich auf eine Lektüre konzentriert, die Nahrung für den Geist ist, und nicht zuletzt dadurch, dass man sich dem Gebet und der Öffnung auf den je Größeren hin widmet, in dem der Sinn unseres Lebens liegt und der um all unsere Geheimnisse weiß.

6. Wie tragen wir Sorge für unser gemeinsames Haus, den Planeten Erde?

Die größte Sorge besteht im Augenblick darin, die Lebendigkeit unserer Mutter Erde zu erhalten. Sie ist die Grundlage für unser Leben und für alles, was wir innerhalb der Geschichte vollbringen. Sie kann ohne uns leben, wir jedoch können nicht ohne sie existieren. Die systematische Aggression, die sie in den letzten Jahrhunderten ertragen musste, haben sie des Gleichgewichts beraubt, das erforderlich ist, um uns all das zu bieten, was wir zum Leben brauchen.

Der Bericht *Living Planet* aus dem Jahr 2010 macht deutlich, dass sich der ökologische Fußabdruck der Menschheit seit 1966 mehr als verdoppelt hat. Im Jahr 2007 (das letzte Jahr, für das ich über Daten verfüge) verbrauchte die Menschheit so viel, wie die Erde in eineinhalb Jahren wiederherstellen kann. Das zeigt, dass unsere Lebensweise nicht nachhaltig ist. Umso dringlicher ist unsere Verantwortung für die Zukunft der Erde und unserer Weiterexistenz auf diesem Planeten herausgefordert.

Wie trägt man für die Erde Sorge? Zunächst gilt es, die Erde als ein lebendiges Ganzes zu betrachten, als ein Gesamtsystem, in dem alle einzelnen Teile voneinander abhängig und aufeinander bezogen sind. Die Erde als Gaia setzt sich grundlegend aus der Gesamtheit ihrer Ökosysteme mit einer ungeheuren Artenvielfalt und mit all den belebten und unbelebten Seinsformen zusammen, die stets miteinander koexistieren und sich miteinander verbinden.

Für die Erde als ein organisches Ganzes Sorge zu tragen heißt, die Bedingungen aufrechtzuerhalten, die bereits Abermillionen Jahre existieren und den Fortbestand der Erde als Gaia ermöglichen. Sich um einzelne Ökosysteme zu kümmern heißt, die Besonderheit eines jeden von ihnen, ihre Resilienz (elastische Widerstandsfähigkeit), ihre Reproduktionsfähigkeit und ihre Fähigkeit zu verstehen, die Beziehungen der Zusammenarbeit und der Gegenseitigkeit im Hinblick auf alle übrigen aufrechtzuerhalten. Das Ökosystem zu verstehen heißt, sich die Ungleichgewichte bewusst zu machen, die aufgrund von äußeren Einwirkungen oder auch von inneren Einflüssen entstehen können, die das Gleichgewicht des Ganzen beeinträchtigen.

Für die Erde zu sorgen heißt in erster Linie, sich um ihre Unversehrtheit und Vitalität zu kümmern und nicht zuzulassen, dass sich der Zustand ganzer Lebensgemeinschaften oder ganzer Regionen verschlechtert und in einen Prozess des zerstörerischen Chaos hineingerät. Es kommt darauf an, die Unversehrtheit des Ganzen und seine Vitalität zu sichern. Dies gilt nicht nur für die sichtbaren Lebensformen, sondern hauptsächlich für die Mikroorganismen. Dem berühmten Biologen Edward Wilson zufolge leben in weniger als einer Handvoll Erde etwa 10 Milliarden Bakterien, die 6000 verschiedenen Spezies angehören (Wilson, 2006). Dies ist der empirische Beweis dafür, dass die Erde lebendig und wirklich Gaia, ein lebendiger Großorganismus, ist und dass wir der mit Bewusstsein und mit Intelligenz ausgestattete Teil dieses Organismus sind.

Für die Erde Sorge zu tragen heißt, für die *commons* Sorge zu tragen, das heißt für die Ressourcen und Güter, die die Erde allen Lebewesen unentgeltlich zur Verfügung stellt, wie etwa Wasser, Nährstoffe, die Luft, Samen, Fasern, Klima usw. Diese Gemeingüter dürfen genau aus dem Grund, weil sie eben „Gemein"-Güter sind, nicht privatisiert und in Form von Waren ins Handelssystem aufgenommen werden, wie es derzeit überall dort mit hohem Tempo geschieht, wo sich das entwickelte kapitalistische System durchsetzt. Die von der UNO erbetene Bestandsaufnahme der Ökosysteme zur Millenniumswende, an der sich 1360 Fachleute aus 95 Ländern beteiligten und die von weiterer 800 Wissenschaftlern überarbeitet wurde, hat erschreckende Ergebnisse erbracht: Von den 24 für das Leben wesentlichen Umweltfaktoren wie Wasser, saubere Luft, intaktes Klima, Nahrung, Energie, Böden, Nährstoffe usw. sind 15 in einem sehr schlechten Zustand. Das macht überdeutlich, dass die Lebensgrundlagen bedroht sind. Jahr für Jahr verschlechtern sich alle Indizes. Wir wissen nicht, wann dieser zerstörerische Prozess zum Halten kommt oder ob er in einer Katastrophe mündet. Es zeigt eine tiefe Verantwortungslosigkeit der Entscheidungsträger und derer, denen das Schicksal des Planeten anvertraut ist, dass sie kein Bewusstsein für die Dringlichkeit einer Lösung an den Tag legen. Wenn es beispielsweise aufgrund der Freisetzung riesiger Mengen von Methan infolge des Auftauens des Polareises oder der Permafrostböden zur gefürchteten „plötzlichen Erwärmung" kommt, treten wir in einen irreversiblen Prozess ein. Wenn dieser Prozess einmal entfesselt ist, gibt es kein Halten mehr – so wie beim Wirbelsturm Kathrina, der New Orleans überflutete. Obwohl uns das Schlimmste droht, vertrauen wir darauf, dass die Menschen noch rechtzeitig aufwachen, Weisheit erlangen und alle erforderlichen und vertretbaren technischen Mittel einsetzen, um diesen Prozess umzukehren oder abzumildern, damit unsere Zivilisation und die Lebensenergie unserer Mutter Erde gerettet werden können.

Sich um die Erde zu kümmern heißt, sich um ihre Schönheit zu kümmern, um ihre Landschaften, um ihre herrlichen Wälder, um den Zauber ihrer Blumen, um die unermessliche Vielfalt der Lebewesen in der Tier- und Pflanzenwelt. Für die Erde Sorge zu tragen heißt, sich um das Beste zu kümmern, das sie hervorgebracht hat: Das sind wir Menschen selbst. Für die Erde Sorge zu tragen heißt, sich um das zu kümmern, was sie durch unseren Geist an so unterschiedlichen Kulturen, so vielen Sprachen, an Kunst, an Wissenschaft, Religion und kulturellen Gütern hervorgebracht hat. Insbesondere sind hier Religiosität und Spiritualität zu nennen, in deren Vollzug wir uns der Gegenwart der höchsten Wirklichkeit

119

bewusst werden, die allen Seinsformen zugrunde liegt und uns auf ihrer geöffneten Hand trägt.

Für die Erde Sorge zu tragen heißt, sich um die Träume zu kümmern, die sie in uns weckt und aus deren Stoff die Heiligen, die Weisen, die Künstler und die Menschen hervorgehen, die durch ihre Strahlkraft Orientierung geben, und aus dem auch alles, was in der Geschichte heilig und liebenswert ist, entstanden ist.

Für die Erde Sorge zu tragen heißt schließlich, dass wir uns um uns selbst kümmern, denn wir sind Erde, die fühlt, denkt, liebt, sorgt, Ehrfurcht empfindet und sich als Trägerin der Gottheit und des Geheimnisses des Universums weiß. Für die Erde Sorge zu tragen heißt also letztlich, für den Tempel Sorge zu tragen, in dem der Gott, der Gemeinschaft von Vater, Sohn und Heiligem Geist ist, bereits seine Wohnstatt errichtet hat und dem er Ewigkeit verleihen wird, indem er ihn an seiner unaussprechlichen Wirklichkeit teilhaben lässt.

VII.

Auf den eigenen Leib und den Leib der anderen achten

Zur Sorge um sich selbst gehört auch die Achtsamkeit auf den eigenen Leib und auf den der anderen. Wir müssen indes ein reichhaltigeres Verständnis von unserem Leib gewinnen, denn die von den Griechen ererbte und noch immer in unserer herrschenden Kultur wirkmächtige Auffassung begreift den Leib nur als einen Teil des Menschen neben dem anderen, der Seele. Landläufig wird der Mensch als aus Leib und Seele zusammengesetzt aufgefasst. Im Sterben wird der Leib der Erde zurückgegeben, während die Seele in die Ewigkeit entrückt wird und gemäß dem Leben, das sie geführt hat, ins Glück oder Unglück gelangt.

1. Die komplexe Einheit von Körper und Geist

Sowohl die biblische als auch die moderne Anthropologie – zwischen beiden besteht große Übereinstimmung – zeigen eine komplexere und ganzheitlichere Vorstellung vom Leib (vgl. Boff 2009a). Demnach ist der Leib nichts, was wir *haben,* sondern vielmehr etwas, das wir *sind.* Wir sprechen daher vom leiblichen Menschen, der als Ganzer in die Welt eingelassen und nach allen Richtungen hin mit allem verbunden ist.

Der Mensch ist in grundlegender Weise Leib – lebendiger Leib und kein toter Körper, ein Leib, der mit einem Wahrnehmungssystem, einem Denkapparat, mit Affektivität, Wertempfinden, der Fähigkeit zur Informationsverarbeitung und einer spirituellen Dimension ausgestattet ist.

Dieser Leib ist aus kosmischen Materialien gemacht, die seit Anfang des Prozesses der Kosmogenese, der Biogenese und der Anthropogenese entstanden sind; er umfasst 400 Milliarden Zellen, die ständig erneuert werden. Dem liegt ein genetisches System zugrunde, das sich im Laufe von 3,8 Milliarden Jahren (so alt ist das Leben) herausgebildet hat. Dieser Leib wird von einer unermesslichen Zahl von Kleinstlebewesen besiedelt, er verfügt über drei Gehirnstufen, die insgesamt 100 Milliarden Neuronen umfassen: das Stammhirn, das vor 200 Millionen Jahren entstanden ist und unseren instinktiven Reaktionen entspricht; das um dieses herum gelagerte limbische System, das sich vor 125 Millionen Jahren entwickelt hat und die leibliche Entsprechung zu unserer Affektivität, Liebe und Fürsorge darstellt; und schließlich die

Großhirnrinde, die vor 5 bis 7 Millionen Jahren entstanden ist. Mit ihrer Hilfe ordnen wir die Welt begrifflich und öffnen wir uns der Wirklichkeit in ihrer Ganzheit.

Die Leiblichkeit ist eine Dimension der Subjektivität des Menschen. Es gibt keinen Leib, der keine lebendige Offenheit für jegliche Art von Beziehung nach innen und nach außen aufwiese. Ebenso gibt es niemals reinen Geist, sondern immer und überall inkarnierten, in der Leiblichkeit sich vollziehenden Geist. Zum Geist gehört dessen Verleiblichung und damit seine ständige Beziehung zu allen Dingen. Als leiblich verfasste Menschen treten wir als ein Knoten innerhalb des Netzes universaler Beziehungen in Erscheinung, ausgehend von unserem In-der-Welt-Sein mit anderen.

Dieses In-der-Welt-Sein ist nichts zum Menschen Hinzukommendes, sondern macht das menschliche Wesen aus. In seiner Ganzheit ist der Mensch leiblich, so wie er auch in seiner Ganzheit geistig verfasst ist. Wir sind vergeistigter Leib und ebenso verleiblichter Geist. Diese komplexe Einheit, die der Mensch darstellt, darf nie aus dem Blickfeld geraten, wenn wir über den Menschen sprechen.

Auf diese Weise sind die sublimsten geistigen Regungen oder die Höhenflüge der Mystik von unserer Leiblichkeit geprägt. Und die einfachsten leiblichen Verrichtungen wie essen, sich waschen oder sich unterhalten sind vom Geist durchdrungen. Der Leib ist der sich innerhalb der Materie verwirklichende Geist. Und der Geist ist die Verwandlung der Materie.

In diesem Sinne ist der Geist sichtbar. Wenn wir zum Beispiel in ein Gesicht blicken, sehen wir nicht nur die Augen, den Mund, die Nase und das Mienenspiel. Wir nehmen auch Freude oder Angst, Resignation oder Vertrauen, Entzücken oder Niedergeschlagenheit wahr. Der Geist verbirgt sich nicht hinter dem Leib. Im Gesichtsausdruck, im Blick, in der Art zu sprechen, in der Art, da zu sein, und selbst im Schweigen offenbart sich die ganze Tiefe des Geistes.

2. Die Kräfte der Selbstbehauptung und der Integration

Andererseits ist es wichtig zu sehen, dass wir biologisch betrachtet Mängelwesen sind. Wir sind mit keinem speziellen Organ ausgestattet, das uns das Überleben garantieren oder uns vor den Gefahren schützen könnte, wie dies bei den übrigen Tieren der Fall ist. Einige Biologen gehen sogar so weit zu sagen, dass wir ein „krankes Tier", ein „faux pas", ein „Übergang" auf etwas anderes hin und deshalb niemals festgelegt, zwar ganz, aber unvollständig sind.

Dies hat zur Folge, dass wir stets der Achtsamkeit bedürfen, um unser Leben mittels Arbeit und intelligentem Eingreifen in die Natur zu sichern. Aus diesem Bemühen geht die Kultur hervor, die auf die stabilste Weise die infrastrukturellen und auch menschlich-geistigen Bedingungen für ein menschliches Zusammenleben innerhalb der Gesellschaft schafft.

Etwas Weiteres, das in allen Seinsformen des Universums zu finden ist, erlangt auf der Ebene des Menschseins besondere Bedeutung, insbesondere im Hinblick auf die Achtsamkeit: In jedem Sein und auch in uns herrschen zwei Kräfte. Die erste ist die Kraft der Selbstbehauptung, die zweite die der Integration. Sie sind stets zusammen innerhalb eines prekären und stets dynamischen Gleichgewichts am Werk.

Mittels der Kraft der Selbstbehauptung konzentriert sich jedes Seiende auf sich. Sein Instinkt leitet es dazu an, sich selbst zu erhalten und sich gegen jegliche Art von Bedrohung, die sich gegen es oder seine Unversehrtheit richtet, zu verteidigen. Es will leben, sich entwickeln, sich ausbreiten. Diese Kraft erklärt den dauerhaften Bestand des Individuums.

Der Sozialdarwinismus, demzufolge nur die Stärksten bzw. die am besten Angepassten die Oberhand behalten und übrigbleiben, ist eine Halbwahrheit, die dem tatsächlichen Evolutionsprozess nicht gerecht wird. Dieser gibt nicht den Stärksten bzw. den am besten Angepassten den Vorzug. Der Sinn der Evolution besteht darin, zuzulassen, dass alle Seinsformen, auch die verwundbarsten, Dimensionen der Wirklichkeit und latent vorhandene Möglichkeiten zum Ausdruck bringen. Darin liegt der Wert der wechselseitigen Abhängigkeit von allem mit allem und der kosmischen Solidarität. Alle helfen einander, um gemeinsam zu existieren und sich gemeinsam zu entwickeln. Auch die Schwachen verdienen zu leben und haben uns etwas zu sagen.

Durch die Kraft der Integration entdeckt sich das Individuum selbst als einbezogen in ein Netz von Beziehungen, ohne die es, allein als Individuum auf sich gestellt, nicht leben und überleben könnte. Das Individuum stammt aus einer Familie, die sich in eine Arbeitsgruppe einfügt, die in einer Stadt und in einem Land wohnt, das eine bestimmte Form der gesellschaftlichen Organisation aufweist. Das Individuum ist als Glied in diese ganze Kette integriert. Auf diese Weise sind alle miteinander verbunden und leben voneinander, miteinander und füreinander. Das Individuum integriert sich also auf ganz selbstverständliche Weise in ein größeres Ganzes. Selbst wenn das Individuum stirbt, ist durch dieses Ganze gewährleistet, dass die Spezies fortbesteht und andere Vertreter dieser Spezies uns nachfolgen können.

Menschliche Weisheit besteht darin, anzuerkennen, dass sich der Einzelne zu einem bestimmten Zeitpunkt des Lebens dankbar verabschieden muss, um physisch den anderen, die da kommen, Platz zu machen.

Das Universum, die Reiche, die Geschlechter, die Gattungen und auch die einzelnen Menschen bringen diese beiden Kräfte – die der Selbstbehauptung des Individuums und die der Integration in ein größeres Ganzes – in ein Gleichgewicht. Doch dieser Prozess verläuft nicht linear und glatt. Er ist spannungsreich und dynamisch. Das Gleichgewicht der Kräfte ist niemals eine schlichte Gegebenheit, sondern vielmehr etwas, das in jedem Augenblick hergestellt werden muss.

Hier kommt die Achtsamkeit ins Spiel. Wenn wir nicht achtsam sind, kann entweder die Selbstbehauptung des Individuums auf Kosten einer ausreichenden Integration überwiegen, was das Überhandnehmen von Gewalt und Durchsetzung des Selbst zur Folge hat, oder es kann umgekehrt die Integration die Oberhand erlangen mit der Folge einer Schwächung oder sogar Vernichtung des Individuums. Dann tragen Kollektivismus und Unterdrückung der Individualitäten den Sieg davon. Achtsamkeit heißt hier, das rechte Maß zu finden. Sie besteht in der Selbstbeschränkung, damit keine der beiden Kräfte bevorzugt wird.

Tatsächlich sind im Lauf der Gesellschaftsgeschichte der Menschheit Systeme entstanden, die dem Ich, dem Individuum, seiner Entfaltung und seiner Fähigkeit, in Wettbewerb zu treten, sowie dem Privateigentum den Vorzug gegeben haben, wie zum Beispiel das kapitalistische System. Andere Systeme betonen das Wir, das Kollektiv, die Kooperation und das gesellschaftliche Eigentum, etwa der historische Sozialismus. Die Übertreibung einer dieser Kräfte zum Nachteil der jeweils anderen führt zu Ungleichgewichten, zu Konflikten, zu Kriegen und zu Tragödien für die Gesellschaft und die Umwelt. Was die Umwelt betrifft, so waren sowohl der Kapitalismus als auch der Sozialismus verschwenderisch und haben zur Verschlechterung der Lebensbedingungen für die Bevölkerungsmehrheiten geführt. In beiden Systemen ist die Achtsamkeit verschwunden und durch den Willen zur Macht und die Konfrontation zwischen beiden Blöcken, ja sogar Brutalität in den weltweiten Beziehungen ersetzt worden, die im Rüstungswettlauf und im Wettlauf um die Beherrschung der Welt zum Ausdruck kommt.

Die Menschheit steht vor der Herausforderung, bewusst ein Gleichgewicht zu schaffen und das Bemühen darum zu einem Projekt und einer Grundhaltung zu machen. Als mit Bewusstsein und freiem Willen begabtem Wesen fällt dem Menschen dieser Auftrag zu; er unterscheidet ihn von den übrigen Lebewesen. Nur er ist dazu fähig, ein ethisches Wesen zu sein, ein Wesen der Achtsamkeit und der Verantwortung für sich und für das Schicksal der anderen. Er kann sich dem Leben gegenüber feindselig verhalten, er kann es unterdrücken und zerstören. Er kann aber auch der gute Engel, der Wächter und Beschützer alles Geschaffenen sein. Das hängt davon ab, wie sehr er sich in Sorge um die Schöpfung engagiert oder ob er es zulässt, dass dunkle und unkontrollierbare Kräfte den Lauf der Geschichte bestimmen.

Aufgrund seiner Freiheit ist der Mensch nicht der Zwangsläufigkeit der Naturdynamik unterworfen. Er kann eingreifen und die Schwächsten retten, er kann verhindern, dass eine Art verschwindet, oder die Bedingungen dafür schaffen, dass Leid verringert wird.

Dem Gesetz des Stärkeren setzt der Mensch das Gesetz der Sorge um den Schwächsten entgegen. Er allein ist dazu in der Lage. Deshalb wurde er zum Beschützer der Lebewesen und zum umsichtigen Gärtner der bedrohtesten Seinsformen bestellt, die sich nicht verteidigen und für sich allein bestehen können.

3. Die Herausforderungen der Sorge um den eigenen Leib

Doch wie tragen wir Sorge für unseren eigenen Leib? Vor allem ist das Bemühen gefordert, unsere Unversehrtheit und die komplexe Einheit, die wir sind, zu erhalten. Wir müssen unsere Verwurzelung in die Welt mitsamt ihren Arbeitsbeziehungen und dem Kampf ums Überleben annehmen. Dies müssen wir in unserer Ganzheit und im Wissen darum tun, dass wir der bewusste und intelligente Teil des Ganzen sind, dass wir fähig sind, jede Initiative zu bewerten, von der Körperhygiene bis zur anspruchsvollsten Geistesarbeit. Der Mensch als Leib ist diese komplexe Einheit.

Wir müssen bewusst den Dualismen entgegentreten, die die Kultur hartnäckig aufrechterhält und wonach es auf der einen Seite einen „Leib" gibt, der vom Geist losgelöst ist, und auf der anderen Seite einen „Geist", der entmaterialisiert und seines Leibes entledigt ist. Die kommerzielle Werbung schlachtet diesen Dualismus aus, indem sie den Leib nicht als Ganzheit des Menschen darstellt, sondern ihn in seiner Zergliederung in seine einzelnen Bestandteile, seine Muskeln, seine Hände, seine Füße usw. präsentiert. Die ersten Opfer dessen sind die Frauen, denn die machistische Weltanschauung hat sich in die Welt der Werbung zurückgezogen. Indem man Teile der Frau benutzt wie ihre Brüste, ihre Geschlechtsorgane usw., macht man aus der Frau immer noch ein „Konsumobjekt" und ein Objekt der Begierde machistischer Männer. Dieser kulturellen Verformung müssen wir entschlossen entgegentreten.

Es ist auch wichtig, den „Körperkult" abzuwehren, der von den zahllosen Fitnessstudios und anderen Formen der Arbeit am Körper gefördert wird, als wäre der leiblich verfasste Mensch eine vom Geist getrennte Maschine, die ein immer besseres Funktionieren der Muskeln anstrebt. Damit wird der Wert von Gymnastiksübungen für die Gesundheit und eine bessere Integration von Körper und Geist nicht in Abrede gestellt; ebenso spricht nichts gegen die Massagen, die den Körper kräftigen und die vitalen Energien strömen lassen, insbesondere die Übungen aus dem Fernen Osten wie Yoga, das eine meditative Lebenshaltung fördert. Auch der Anreiz zu einer ausgewogenen Ernährung wie auch das Fasten – sei es als freiwillige Askese, sei es, um die vitalen Energien in ein besseres Gleichgewicht zu bringen – sind durchaus sinnvoll.

Es ist wichtig, aus dem Essen nicht eine bloße Nahrungsaufnahme zu machen, sondern einen Ritus der Gemeinschaft mit anderen Tischgenossen und einer Feier der Früchte zu gestalten, die uns die Erde in ihrer Großzügigkeit schenkt. Dazu gehört, die Lebensmittel richtig auszuwählen und biologisch erzeugte oder mit weniger Chemieeinsatz hergestellte Produkte zu verwenden. Hier kommt die Achtsamkeit als liebevolle Haltung zu sich selbst ins Spiel, die zu einem gesunden Leben führt, aber auch als Vorbeugung gegen mögliche Krankheiten, die aufgrund von verpesteter Luft, schlecht behandelten Gewässern und der Vergiftung der Umwelt entstehen können.

Besondere Aufmerksamkeit verdient die Kleidung. Sie hat nicht nur die nützliche Funktion, vor Witterung zu schützen. Sie gehört vielmehr zur Sorge um den Körper, denn Kleidung stellt eine Sprache dar, eine Weise, sich selbst im Theater des Lebens zu inszenieren. Es ist wichtig, darauf zu achten, dass die Kleidung zum Ausdruck einer Seinsweise wird und das menschliche und ästhetische Profil einer Person zu erkennen gibt. Besondere Bedeutung hat dies für die Frau, denn sie verfügt über ein innigeres Verhältnis zum eigenen Leib, zu seiner Pflege und zum äußeren Erscheinen.

Es gibt nichts Lächerlicheres als Schönheit, die mithilfe von Botox und plastischer Chirurgie erzeugt wird. Ein anderer sein zu wollen, als es das Leben wollte, zeugt von geistiger Blutarmut. Dieser künstlichen Verschönerung sind eine ganze kosmetische Industrie und klinische Schlankheitskuren gewidmet. Sie sind schwerlich dazu geeignet, die Dimension des Leibes stärker zu integrieren. Jedes Alter hat eine ihm gemäße eigene Schönheit, einen Charme, der aus dem Leben entspringt, das man sich erarbeitet hat, und den Geist in der „leiblichen" Gestalt des Menschen zum Ausdruck bringt. Es ist ein Verlust, das raue Gesicht eines Arbeiters, das von der Härte des Lebens und Spuren des Leids gezeichnet ist, durch ein nichtssagendes Allerweltsfoto zu ersetzen. Es ist ein Verlust, die Gesichter so vieler Bäuerinnen und Feldarbeiterinnen weichzuzeichnen, die vom Lebenskampf zeugen und deren Züge oftmals eine andere Art von Schönheit und Besonderheit zeigen. Diese Gesichter erzählen vom wirklichen und nicht von einem künstlichen und konstruierten Leben. Die Fotos der herkömmlichen Schönheitsidole sind fast alle nach einem Schönheitsideal gestaltet, das der aktuellen Mode entspricht. Sie können ihre Künstlichkeit und ihre mittelmäßige Hohlheit kaum verbergen.

Solche Idole sind Opfer einer Kultur, die die Achtsamkeit in Bezug auf jede Lebensphase mit ihrer je eigenen Schönheit und Ausstrahlung, aber auch mit den Spuren eines gelebten Lebens, das dem Antlitz und dem ganzen Leib den Stempel seines Leids, seiner Kämpfe und seiner Erfolge aufprägt, nicht befördert. Solche Spuren erzeugen eine einzigartige Schönheit und eine spezifische Ausstrahlung, im Gegensatz zu einem modellierten Profil eines bereits vergangenen Lebensabschnitts.

In positiver Weise sorgen wir für unseren Leib, wenn wir uns wieder der Natur und der Erde zuwenden, aus der wir vor Jahrhunderten verbannt wurden, und zwar in einer Haltung der Synergie und Gemeinschaft mit allen Dingen. Dies bedeutet, ein Verhältnis der *Biophilie,* der Lebensfreundlichkeit, der Liebe und der Empfindsamkeit gegenüber den Tieren, den Blumen, den übrigen Pflanzen, dem Klima, den Landschaften und der Erde zu etablieren. Aus dem Weltraum aufgenommene Bilder von der Erde erzeugen in uns ein Gefühl der Ehrfurcht, des Respekts und der Liebe zu unserem gemeinsamen Haus, zu unserer Großen Mutter, aus deren Schoß wir alle hervorgegangen sind. Die Erde ist klein und nach kosmischen Maßstäben bereits alt, aber strahlend und voller Leben.

Die vielleicht größte Herausforderung im Hinblick auf die Sorge um den eigenen Leib besteht darin, ein Gleichgewicht zwischen der Selbstbehauptung, ohne in Arroganz und Geringschätzung anderer zu verfallen, und der Integration in das größere Ganze der Familie, der Gemeinde, der Arbeitsgemeinschaft und der Gesellschaft zu finden, ohne in der Masse aufzugehen oder ein unkritisches Zugehörigkeitsgefühl zu entwickeln. Die Suche nach diesem Gleichgewicht ist nicht irgendwann ein für alle Mal beendet, sie muss vielmehr täglich neu in Angriff genommen werden, denn sie wird uns in jedem Augenblick abverlangt. Jede Situation, so seltsam sie uns auch vorkommen mag, ist Gelegenheit genug, um das angemessene Gleichgewicht der beiden Kräfte zu finden, die uns zerreißen, oder aber vereinen und unserem Leben Leichtigkeit verleihen können.

4. Die Sorge um den Leib der anderen, der Armen und der Erde

Der Leib der meisten Menschen ist krank, abgemagert und aufgrund allzu vieler Mängel beeinträchtigt. Der brasilianische Anthropologe Darcy Ribeiro (1922–1997) schreibt vom hungernden, dürstenden, verzweifelten Leib der Menschheit, von der Überausbeutung der Arbeitskraft und der Demütigung, als Brennstoff im Produktionsprozess verheizt zu werden.

Sich um den Leib der Armgemachten und Verdammten der Erde zu kümmern heißt, für eine Politik zu kämpfen, wie sie etwa der ehemalige brasilianische Präsident Luiz Ignácio „Lula" da Silva mit seinem Programm „Null Hunger" umgesetzt hat. Es umfasst Gemeinschaftsküchen und andere Initiativen zu Solidarität mit dem Ziel, dass alle zu ihrem Recht kommen, am gemeinsamen Tisch teilhaben und täglich genug und anständig zu essen haben.

Sich um den Leib der anderen zu kümmern heißt, einen Beitrag dafür zu leisten, dass sich die Opfer selbst organisieren, Druck ausüben und Überzeugungsarbeit leisten können, damit ihnen das Nötige zum Leben wie Arbeit, ein Dach über dem Kopf, Gesundheitsversorgung, Transport, Bildung und Sicherheit gewährt wird. Es geht nicht nur darum, den Hunger nach Brot zu stillen, was immer möglich ist, sondern ebenso den Hunger nach Schönheit, nach Transzendenz und nach Gemeinschaft, die stets offen sind für eine weitere unbegrenzte Entwicklung.

Sich um den Leib der Gesellschaft zu kümmern ist ein politischer Auftrag, der eine schonungslose Kritik an gesellschaftlichen Verhältnissen voraussetzt, die die Menschen wie Dinge behandeln und ihnen den Zugang zu den *commons,* den Gemeingütern, die allen Menschen gleichermaßen zustehen, wie Wasser, ein Stück Erde, Gesundheit, Obdach, Kultur und Transport, verwehren.

Angesichts der allgemeinen Verschlechterung der Lebensbedingungen der Armen wäre in Wirklichkeit eine echte Revolution im buchstäblichen Sinne des Wortes nötig. Doch es reicht nicht, eine solche Revolution herbeizuwünschen. Es bedarf historisch-gesellschaftlicher Bedingungen, die sie ermöglich und zum Erfolg führen. Es muss eine Minimalutopie verwirklicht werden. Diese setzt ein Minimum an menschlichem Empfinden voraus.

Mehr als zu anderen Zeiten geht es heute darum, sich um den

Leib der Mutter Erde zu kümmern. Er ist von nicht heilen wollenden Wunden übersät. Die Zerstörungen im Tierreich, in der Pflanzenwelt, in den Böden und in den Meeren sind unbeschreiblich. Entweder kümmern wir uns um den Leib der Mutter Erde oder wir laufen Gefahr, dass sie uns nicht länger beherbergen will und uns so entfernt, wie wir dies mit einem Krebsgeschwür tun.

Sich um den Leib der Erde zu kümmern heißt, sich um Abfallentsorgung, um die Sauberkeit der Luft und der Gewässer und ein umweltschonendes Transportwesen zu kümmern; es heißt, sich für alles zu interessieren, was dem Zustand dieses Leibes mit Respekt begegnet, die Medien zu nutzen, um zu zeigen, wie dieser Leib geschunden, angegriffen oder umsorgt und wiederhergestellt wird.

Ich möchte an die christliche Botschaft erinnern: Durch die Menschwerdung des Sohnes Gottes wurde die Erde geheiligt und ins ewige Leben Gottes aufgenommen. Die Auferstehung Jesu, des Schmerzensmannes, dem man Wunden zugefügt und den man gekreuzigt hat, bestätigt, dass am Ende der Wege Gottes kein „Geist" ohne Materie steht, sondern der leiblich verfasste und in seiner Leiblichkeit verherrlichte Mensch, der zur höchsten Verwirklichung seiner Evolution erhoben ist und in den Raum des Göttlichen gelangt. Dies ist die höchste Anteilnahme, die Gott dem leiblichen Menschen erwiesen hat: Er hat ihn in seine eigene Wirklichkeit aufgenommen.

VIII.

Auf die eigene Seele und die Seele der anderen achten

Der leiblich verfasste Mensch verfügt über Innerlichkeit (Interiorität) und Subjektivität. Er ist als Ganzer in seinem psychischen und mentalen Leben ein Wesen der Interiorität, voller Emotionen, Gefühle, Leidenschaften, Träume und Utopien. Dies ist das Wesen der menschlichen Psyche. So wie es ein äußeres Universum gibt, das sich aus Chaos und Kosmos – aus Ordnungen, die zu Unordnungen werden, aus denen wiederum neue Ordnung hervorgeht – gleichermaßen, aus fürchterlichen Verheerungen und verheißungsvollem Neuentstehen zusammensetzt, so gibt es auch eine innere Welt, die von mächtigen Wallungen oder leichten Brisen durchzogen, von schrecklichen Szenerien und ermutigenden Überraschungen geprägt ist.

1. Die Reise zur eigenen Mitte

Der große Kenner der Verästelungen der menschlichen Seele C.G. Jung stellte fest: Die Reise zur eigenen Mitte kann gefährlicher sein und länger dauern als die Reise zum Mond oder zu den Sternen.

Im Inneren des Menschen wohnen Engel und Dämonen. Im Menschen sind Tendenzen angelegt, die zu Verrücktheit und Tod führen können, aber auch Energien äußerster Großherzigkeit und bedingungsloser Liebe.

Was ist die Basisstruktur unserer Interiorität, unseres psychischen Seins? Diese Frage konnte bislang keiner beantworten, der über die *conditio humana*, die konkrete Verfasstheit des menschlichen Daseins, nachgedacht hat. Die Deutungen sind vielfältig, die Schulen und Lehrmeinungen zahlreich. Ohne diese komplexe Frage zu erörtern, behaupte ich, dass die Vernunft nicht als die erste Wirklichkeit hervorbricht. Noch vor ihr gibt es ein ganzes Universum von Leidenschaften und Emotionen, die an das Wesen des Menschen heranreichen. Über der Vernunft steht die Intelligenz, durch die wir die Ganzheit, unsere Öffnung auf das Unendliche hin und die Ekstase der Betrachtung des Seins intuitiv erfassen. Die Gründe halten mit der Vernunft Einzug. Die Vernunft selbst ist grundlos. Sie ist schlicht da, ein Geheimnis, das entschlüsselt werden will und vielleicht niemals vollkommen entschlüsselt sein wird.

Die Vernunft verweist uns auf ursprünglichere Dimensionen unserer menschlichen Wirklichkeit, aus denen sie sich nährt. Diese ursprünglicheren Dimensionen durchziehen die Vernunft in all ihren Ausdrucksgestalten. Die reine Vernunft Kants ist eine Illusion. Dies scheint innerhalb der Wissenschaftstheorie, die die Quantenphysik und die moderne Kosmologie mit einbezieht – Letztere führt die Präsenz des Geistes und der Subjektivität in die Darstellung des Universums ein –, Konsens zu sein. Wissen bedeutet immer, mit dem Gegenstand der Erkenntnis in eine interessegeleitete und von Gefühlen begleitete Gemeinschaft einzutreten. Das französische Wort dafür, *connaître*, bringt dies gut zum Ausdruck. Es bedeutet „gemeinsam gebären". Ebenso deutet das englische Wort für „Begriff" (das Ergebnis des Erkennens), *concept*[11], darauf hin, dass im Verhältnis von Subjekt und Objekt etwas *empfangen* wird.

2. Ich empfinde, also bin ich

Gemeinsam mit etlichen anderen Denkern vertrete ich die Auffassung, dass das Grunddatum des Menschen nicht mit dem cartesianischen *cogito, ergo sum* („Ich denke, also bin ich"), sondern mit dem *sentio, ergo sum* („Ich empfinde, also bin ich"), also mit dem tiefen Empfinden gegeben ist. Dieses Empfinden ermöglicht uns einen lebendigen Kontakt zu den Dingen, da wir uns als Teil eines größeren Ganzen wahrnehmen, von der uns umgebenden Welt affiziert, das heißt gefühlsmäßig angesprochen werden und diese unsererseits gefühlsmäßig ansprechen. Mehr als Gedanken und Weltanschauungen sind es Leidenschaften, starke Gefühle, ursprüngliche Erfahrungen, die Freundschaft, die Liebe und auch ihr jeweiliges Gegenteil, nämlich Zurückweisung und überhandnehmender Hass, die uns bewegen und in Bewegung halten. Sie richten uns auf, sie lassen uns der Gefahr ins Auge blicken, Abgründe überwinden, wilden Bestien die Stirn bieten und das eigene Leben aufs Spiel setzen.

An erster Stelle steht die Vernunft des Herzens, die empfindsame und emotionale Vernunft. Deren biologische Grundlage ist

---

11 Vom lateinischen „concipere", „empfangen".

sehr alt und mit dem Entstehen des Lebens vor 3,8 Milliarden Jahren selbst verbunden. Damals betraten die ersten Bakterien die Bühne der Evolution, traten chemisch mit ihrer Umwelt in Dialog und tauschten Energie und Materie aus, um überleben zu können. Dieser Prozess gewann an Tiefe, als das limbische System des Gehirns der Säugetiere entstand, jener Gehirnteil, in dem Sorge, Zärtlichkeit und Liebe für das Kind verortet sind, das an der Brust dieser neuartigen Tierart, zu der auch wir Menschen gehören, heranwächst. Diese Tiergattung erlangte mit dem Menschen die Stufe des Selbstbewusstseins und der Intelligenz. Das psychische Wesen des Menschen ist an diese Tradition gebunden.

Die Logos-zentrierte und anthropozentrische Geschichte des abendländischen Denkens räumte dem Empfinden einen nachgeordneten Platz ein, in der Moderne wurde es sogar dem Verdacht ausgesetzt, die vorgebliche Objektivität der wissenschaftlichen Erkenntnis zu beeinträchtigen. Eine solche Übertreibung des Rationalismus führte in einigen Bereichen der Kultur zu einer Art Lobotomie[12], das heißt zu einer völligen Abgestumpftheit angesichts des menschlichen Leids und angesichts dessen, was wir der Natur und dem Planeten Erde antun.

Seit der europäischen Romantik (mit Goethe und anderen) begann man, die empfindsame Vernunft wieder ins Recht zu setzen. Die Romantik ist mehr als eine literarische Strömung. Sie ist ein Weltgefühl, ein Gefühl der Zugehörigkeit zur Natur und der Einbeziehung der Menschen in die große Kette des Lebens.

Wie weiter oben bereits gezeigt, erlangten in jüngerer Zeit das Gefühl, das Empfinden und die Leidenschaft (*pathos*) einen zentralen Stellenwert. Diese Entwicklung ist heute dringend geboten, denn allein mit der Vernunft im Sinne des Logos erlangen wir kein Bewusstsein für die schweren Krisen, die das Leben, die Menschheit und die Erde durchmachen. Es war ein schwerwiegender Irrtum unserer Kultur, den Akzent allein auf die Vernunft zu legen, als ob diese für sich allein allmächtig und in der Lage wäre, alle Probleme zu lösen. Darüber hinaus liegt es in der Natur der Sache, dass alle Erkenntnis komplex und unpräzise ist. Die Vernunft muss in das Gesamtgefüge der Möglichkeiten des Menschen, die

---

12 Das ist der medizinische Fachausdruck für die operative Entfernung eines Gehirnlappens (Anmerkung des Übersetzers).

Welt zu erfassen, integriert werden. Ohne diese Möglichkeiten schaffen wir keine sozial integrierte Wirklichkeit mit menschlichem Antlitz.

Wenn wir nicht wieder dazu gelangen, die Erde in Liebe und mit all unseren Emotionen als unsere Mutter und uns selbst als ihren bewussten und intelligenten Teil zu empfinden, werden wir uns nur schwer dazu aufraffen können, das Leben zu retten, Wunden zu heilen und humane wie ökologische Katastrophen zu verhindern.

Es war eines der unschätzbaren Verdienste der mit Sigmund Freud (1856–1939) beginnenden modernen Psychologie und Psychoanalyse, die Leidenschaft als Grundlage des menschlichen Lebens wissenschaftlich erwiesen zu haben. Die Psychoanalytiker interessiert nicht, was ein Patient über seinen Vater, seine Mutter, sich selbst und die Welt seiner Beziehungen denkt, sondern was er angesichts dieser Wirklichkeiten empfindet, wie sie ihn gefühlsmäßig berühren und sein Inneres durcheinanderbringen. Die Arbeit der Psychoanalyse geht von den Gefühlen und den gefühlsmäßigen Beziehungen aus und sucht von da aus nach einem Gleichgewicht im Streben nach innerer Ausgeglichenheit.

Die Grundlagen der Leidenschaftlichkeit des Menschen werden verschieden gedeutet. Sigmund Freud zum Beispiel machte sie an der Integration der Libido fest, C.G. Jung am Streben nach Individualisierung, Alfred Adler (1870–1937) an der Beherrschung des Willens zur Macht, Carl Rogers (1902–1987) an der Entwicklung der Persönlichkeit, Abraham Maslow (1908–1970) am Bemühen um Selbstverwirklichung ausgehend von den latent vorhandenen Möglichkeiten. Weiter sind Wilhelm Reich (1897–1957), Jacques Lacan (1901–1981), die therapeutische Schule und der Behaviorismus von Iwan Petrowitsch Pawlow (1849–1936) und Burrhus Frederic Skinner (1904–1990) zu nennen. Alle Deutungen stimmen in der Überzeugung überein, dass das menschliche Leben einen emotionalen, von Leidenschaften geprägten Hintergrund hat.

Unabhängig von den verschiedenen psychoanalytischen und philosophischen Strömungen lässt sich feststellen, dass die Psyche des Menschen ein Universum aus Regungen, Emotionen, Gefühlen, Leidenschaften, alten Archetypen, mit Bedeutung aufgeladenen bildhaften Vorstellungen, wirkmächtigen Symbolen und starken Energien des Lebens und des Todes ist, wie zum Beispiel Macht, Sexualität, Liebe und Hass. All diese psychischen Wirklichkeiten haben ihre gute und als Gegenpart ihre schlechte Seite. Sie können den Menschen bis zu den Gipfeln der Kontemplation und der Verschmelzung mit dem Göttlichen emporheben, genauso aber können sie ihn in den tiefsten Abgrund der Barbarei und Gewalt stürzen, von denen uns die Geschichte der Kriege und Folterungen des 20. und des Beginns des 21. Jahrhunderts die schrecklichsten Szenen bietet.

Es ist wichtig, die mächtigen Bilder zu betrachten, die in der Innerlichkeit des Menschen vorhanden sind. Sie sind das Ergebnis dramatischer oder inspirierender Erfahrungen des kollektiven Unbewussten und steigen aus dem Grund der Seele auf. Es ist unabdingbar, ihnen besondere Aufmerksamkeit zu widmen, um ihre verwirrenden Wirkungen abzumildern und die wohltuenden Effekte mithilfe anderer, integrativerer Bilder zu verstärken.

3. Das Begehren des Menschen

Besonders hervorzuheben ist die die menschliche Psyche prägende Struktur des Begehrens. Angefangen von Aristoteles (384–322 v.Chr.) über Augustinus (354–430) und die mittelalterlichen Denker wie Bonaventura (1221–1274; er nennt den hl. Franziskus einen *vir desideriorum,* einen Mann der Wünsche), von Friedrich Daniel Ernst Schleiermacher (1768–1834) über Max Scheler (1874–1928) in der Moderne bis hin zu Ernst Bloch (1885–1977), René Girard und Sigmund Freud in jüngerer Zeit behaupten alle den zentralen Stellenwert der Struktur des Begehrens.

Das Begehren ist nicht einfach irgendein Impuls. Es ist ein Motor, der dem gesamten psychischen Leben Dynamik verleiht. Es hat die Funktion eines Prinzips inne, das der Philosoph Ernst Bloch auch mit *Prinzip Hoffnung* übersetzt. Es kennt von sich aus keine Grenzen. Gegenstand des Begehrens ist nicht nur das Leben, sondern dessen Unsterblichkeit, nicht nur die Fülle des Menschen, es strebt vielmehr nach dem Übermenschen, nach dem, der den Menschen unendlich übersteigt, wie Friedrich Nietzsche (1844–1900) sagt. Das Begehren ist unbegrenzt und verleiht dem Menschen den Charakter des Unendlichen.

138

Das Begehren macht das Leben dramatisch und zuweilen tragisch. Doch wenn es zur Erfüllung kommt, dann verleiht es auch ein unvergleichliches Glück. Das Begehren kennt in all seinen Ausdrucksformen weder Rast noch dauerhaften Frieden. Die Psyche des Menschen ist stets auf der Suche nach dem geeigneten Objekt seines unbegrenzten Begehrens. In der Sphäre der Erfahrung ihres In-der-Welt-Seins mit anderen findet sie es nicht. Hier findet sie nur Begrenztes.

Wenn der Mensch eine endliche Wirklichkeit zum Objekt seines unendlichen Begehrens wählt, sind verhängnisvolle Illusionen die Folge. Objekt des Begehrens kann eine geliebte Person sein, ein schon immer ersehnter Beruf, eine Art von Besitz, eine Weltreise, ein Auto, ein gemütliches Eigenheim. Doch da diesen Objekten nur eine endliche Wirklichkeit eignet, kommt der Moment – und normalerweise lässt er nicht lange auf sich warten –, an dem der Mensch seine grundlegende Unzufriedenheit wahrnimmt und das Verlangen nach etwas verspürt, was ihn endgültig zur Ruhe kommen lässt. Die begehrten Wirklichkeiten erscheinen ihm gering und lassen die innere Leere nur noch größer werden – so groß wie Gott selbst. Wie kommt der Mensch aus dieser Sackgasse heraus, in die das grenzenlose Begehren ihn hineinmanövriert hat? Soll er von einem Gegenstand zum anderen flattern, ohne jemals Ruhe zu finden? Oder soll er einen anderen Weg einschlagen, der nicht einfach in der Raumzeit gegeben ist, sondern sich auf einer anderen Ebene befindet?

Der Mensch muss sich ernsthaft auf die Suche nach dem wahren Objekt seines Begehrens machen. Dies ist das Sein und kein Seiendes, das Ganze und kein Teil, das Unendliche und nichts Endliches. Nach langer Pilgerfahrt gelangt der Mensch dazu, die Erfahrung des *cor inquietum,* des unruhigen Herzens des hl. Augustinus zu machen, jenes rastlos begehrenden Mannes und unermüdlichen Pilgers zum Unendlichen. In seiner Autobiografie, den *Confessiones,* bezeugt Augustinus bewegt:

„Und siehe, du warest im Innern und ich war draußen und suchte dich dort; und ich, missgestaltet, verlor mich leidenschaftlich in die schönen Gestalten, welche du geschaffen. Mit mir warst du und ich war nicht mit dir. Die Außenwelt hielt mich lange von dir fern und wenn diese nicht in dir gewesen wäre, so wäre sie überhaupt nicht gewesen. Du riefest und schriest und brachst meine

Taubheit. Du schillertest, glänztest und schlugst meine Blindheit in die Flucht. Du wehtest und ich schöpfte Atem und atme zu dir auf. Ich kostete dich und hungre und dürste. Du berührtest mich und ich entbrannte in deinem Frieden ...
Groß bist du, o Herr, und deines Lobes ist kein Ende; groß ist die Fülle deiner Kraft und deine Weisheit ist unermesslich. Und loben will dich der Mensch, ein so geringer Teil deiner Schöpfung; der Mensch, der sich unter der Last der Sterblichkeit beugt, dem Zeugnis seiner Sünde und doch will dich loben der Mensch, ein so geringer Teil deiner Schöpfung. Du schaffest, dass er mit Freuden dich preise, denn zu deinem Eigentum erschufst du uns und ruhelos ist unser Herz, bis es ruhet in dir" (Zehntes Buch, Kapitel 27; Erstes Buch, Kapitel 1).

Diese Worte beschreiben, welchen Kurs das Begehren einschlägt, das sein dunkles, im Schlaf und im Wachsein stets begehrtes Objekt sucht und findet. Das unendliche Sein entspricht dem unendlichen Begehren des Menschen. Erst wenn er das unendliche Sein gefunden hat, gelangt er zum Sabbat der menschlichen und göttlichen Ruhe.

Wie aus diesen Überlegungen klar wird, ist der Mensch als Psyche das Objekt einer besonderen Sorge. Er ist mit einer höchst explosiven und schwer zu kontrollierenden Wirklichkeit, mit den Energien eines ständig aktiven Vulkans konfrontiert. Wie soll man mit ihnen umgehen?

Annahme der „conditio humana"

Die erste Sorge gilt der Annahme dieser *conditio humana* des subjektiven Universums mit seinen Möglichkeiten und Widersprüchen. Hier ist jede Moralisierung fehl am Platz, die bereits von vornherein verurteilt oder gutheißt. Auch das Unmenschliche gehört zum Menschlichen und muss als vorhandene Wirklichkeit und als Herausforderung angenommen werden.

Die Leidenschaften treiben den Menschen in alle Richtungen. Einige verleiten ihn zur Großzügigkeit, andere zur Egozentrik. Hier zeigen sich auch die beiden im vorherigen Kapitel erörterten Pole: die Selbstbehauptung und die Integration. Diese Energien zu integrieren, ohne sie zu verdrängen, erfordert besondere Achtsamkeit und nicht wenig Entsagung.

Der Mensch ist dazu aufgerufen, eine persönliche Synthese und ein Gleichgewicht dieser mächtigen Energien zu schaffen. Er darf sich nicht zum Opfer der Besessenheit von einem bestimmten Impuls machen, wie zum Beispiel der Sexualität. Ebenso wenig aber darf er solche Impulse gewaltsam verdrängen, denn sie lassen sich ihrer Kraft nicht berauben. Es kommt darauf an, sie in den umfassenden Kontext des Lebens zu integrieren, nämlich als Ausdruck des Gefühls, der Zärtlichkeit, der Liebe und der Ästhetik, und aufmerksam auf sie zu achten, denn sie sind eine vitale und kosmische Energie (die an die Reproduktion des Lebens gebunden ist). Mit den Mitteln der Vernunft ist diese Energie nicht vollständig zu kontrollieren, sie kann jedoch durch Sublimation und Kanalisierung in andere humanistische Projekte in bestimmte Richtungen gelenkt werden.

Die grundlegende Achtsamkeit besteht im Erlangen der Kontrolle über sich selbst. Diese besteht wesentlich darin, ein tragfähiges Lebensprojekt zu entwerfen, das die Impulse kanalisiert und ihnen eine Richtung verleiht. Einige bedürfen aufgrund ihrer schädlichen Auswirkungen stärkerer Beachtung und Vorsorge, so zum Beispiel der Wille, etwas zu besitzen, Reichtum anzuhäufen oder über andere Macht auszuüben. Jeder muss lernen zu verzichten, und zwar im Sinne einer Askese, die von Abhängigkeiten befreit und eine innere Freiheit verleiht – eine der kostbarsten Gaben des menschlichen Lebens.

Achtsamkeit als Vorsorge angesichts der Fallen, die das Leben stellt

Auch die Tücken, die die Verletzlichkeit des menschlichen Lebens selbst in sich bergen kann, erfordern Achtsamkeit als Vorbeugung und Vorsorge. Wir sind nicht allmächtig und keine Götter, die von den menschlichen Dramen unberührt blieben. In Wahrheit sind wir unsicher und erweisen uns oft als schwach, manchmal auch als feige. Wenn wir darum wissen, dass wir den dunklen Dimensionen des Daseins ausgesetzt sind, und wenn wir unsere Schwachpunkte kennen, können wir Vorsorge treffen und uns vor Situationen in acht nehmen, die uns zu Fall bringen und Anlass sein könnten, unsere Mitte zu verlieren.

Hierfür hält C.G. Jung mit seinem psychoanalytischen Konzept eines lebenslangen Individuationsprozesses einen äußerst inspirierenden Schlüssel bereit. Dieser Prozess besitzt eine ganzheitliche Dimension. Kühn und demütig zugleich umfasst er alle Regungen, Vorstellungen und Archetypen, die in das tiefe Innere des Menschen Eingang gefunden haben. Jeder Mensch kann sich als kleiner Hitler fühlen, ebenso aber auch als ein Gandhi. Augustinus benennt die gleiche Tatsache mit seinem Ausspruch, der Mensch könne Christ und Antichrist gleichermaßen sein. Er vernimmt das Brüllen der wilden Bestie, die im Inneren verborgen ist, ebenso wie den bezaubernden Gesang der Drossel. Der Zusammenfall der Gegensätze findet sich in jedem Menschen. Wie jedoch gelangt der Mensch zu einer inneren Einheit, deren Wirkung lebendige Freiheit, Lebensfreude und Glück sind?

C.G. Jung schlägt vor, nach einer starken Mitte zu suchen, nach einem Einheit verleihenden *Self*, dem dieselbe Rolle zufällt wie der Sonne im Sonnensystem. Der Sonne gelingt es, alle Planeten in ihrer Umgebung an sich zu ziehen: die trockensten wie den Saturn ebenso wie die lebendigsten, etwa unsere Erde. In harmonischer Weise hält sie alle in ihrer Umlaufbahn und erhält damit unser Sonnensystem in seiner Eleganz und Schönheit.

Etwas Ähnliches muss mit der Psyche des Menschen geschehen: Es gilt, dafür zu sorgen, dass ein ähnliches Zentrum entsteht. Es geht darum, eine solche Mitte zu stärken, und zwar durch Reflexion, Verinnerlichung, Meditation und dadurch, dass man sich für sich selbst verfügbar macht. Nicht zuletzt geht es darum, sich der Dimension des Heiligen und Spirituellen zu öffnen. Allerdings beschneidet die institutionell verfasste Religion nicht selten das spirituelle Leben der Gläubigen durch allzu viele Dogmen, unzeitgemäße Riten und allzu starre Moralvorschriften. Dennoch spielt die Religion als Spiritualität im Prozess der Individuation eine grundlegende Rolle. Ihre Aufgabe besteht darin, den Menschen mit seiner Mitte zu verbinden und an diese rückzukoppeln, ihn zugleich mit allen Dingen und mit dem Universum als solchem in Verbindung zu bringen und ihm das Gefühl der Zugehörigkeit und des Verbundenseins auch mit der Ursprungsquelle allen Seins zu verleihen.

Die Religion hat in der Geschichte immer die Rolle innegehabt, die Menschen in transzendenten Sinngebungen zu verankern. Diese werfen Licht auf die menschlichen Dramen und erschließen die Perspektive eines Lebens über das Leben hinaus.

Die Achtsamkeit auf die Psyche des Menschen umfasst auch die anderen, die am eigenen Leben teilhaben, sowie die psychische Sphäre der gesamten Gesellschaft. Der psychische Zerfall einer ganzen Gesellschaft zeigt sich im Zerbrechen sozialer Beziehungen, wie es am Phänomen drogenabhängiger Jugendlicher, am Überschreiten eines jeglichen Maßes und an mörderischer Gewalt an Schulen oder gegenüber Armen, Homosexuellen und Menschen mit anderer Hautfarbe offenbar wird, von denen viele völlig unschuldig sind und nur deshalb missachtet oder sogar umgebracht werden, weil sie eben so sind, wie sie sind.

Achtsamkeit als Vorsorge für die soziale Gesundheit

Humanistische Erziehung, Ethik und ein entsprechendes Verständnis der Bürgerschaft darf Achtsamkeit als Vorsorge für die soziale Gesundheit nicht außer Acht lassen. Das große Hindernis liegt in der inneren Logik des herrschenden Systems selbst, das ständig den Individualismus, den Konsum materieller Güter und die Achtlosigkeit gegenüber prinzipiell unantastbaren und zivilisatorischen Werten hochhält, etwa gegenüber der Liebenswürdigkeit, dem guten Umgang und dem Respekt jedem Menschen gegenüber. Ja mehr noch: Die Massenmedien verherrlichen die Brutalität und Gewalt als Problemlösung und impfen uns den Machtdünkel und die Überheblichkeit der Medienhelden ein.

Wie aber soll das Leben ohne Achtsamkeit gedeihen? Gerade sie macht doch das Wesen des persönlichen wie des gesellschaftlichen Lebens aus. Die systematische Zerstörung des Universums der Achtsamkeit ist ein untrügliches Zeichen für den Verfall einer Zivilisation.

Dies zeigt sich an der westlichen Zivilisation, die sich weltweit durchgesetzt hat. Zusammen mit unschätzbaren Werten, die den Menschen erhöhen, verbreitet sie über den gesamten Planeten auch das tödliche Virus des monokulturellen Denkens, des Geistes der Herrschaft und der Überheblichkeit, alles besser zu wissen und zu tun als die anderen. Es ist unausweichlich, dass für das Leben und die Achtsamkeit verheißungsvollere Zeiten kommen. Die westliche Zivilisation hingegen liegt im Sterben.

IX.

Auf den eigenen Geist und den Geist der anderen achten

Wir haben eine Deutung des Begriffs „Geist" geerbt, die die dahinterstehende Wirklichkeit verkürzt. Ich verstehe ihn in einem weiteren Sinne. Dabei stütze ich mich auf die Biowissenschaften und die neue Kosmologie, die nicht nur die physischen und deterministischen Aspekte des Evolutionsprozesses in Betracht ziehen, sondern auch Leben, Subjektivität und Bewusstsein miteinbeziehen. Die äußere Seite (Exteriorität) des Universums wird von der Physik und Astrophysik erfasst, die Biowissenschaften versuchen die innere Seite (Interiorität) zu entschlüsseln.

1. Was ist der Geist innerhalb der neuen Kosmologie?

Den Geist als eine unsichtbare und unsterbliche Substanz zu begreifen ist nur die halbe Wahrheit und beschränkt seine umfassendere Wirklichkeit. Ein derart enges Verständnis stellt keinen Bezug zur Verwurzelung des Geistes im Universum her und sagt nichts über seinen Ort im Gesamtgefüge aller Beziehungen. Alles ist Beziehung und nichts existiert außerhalb von Beziehung. Es gibt keinen Geist als unsterbliche Substanz, die an und für sich existierte. Der Geist ist immer schon in der Materialität des Evolutionsprozesses verankert.

Mit guten Gründen lässt sich sagen, dass der Geist ebenso alt ist wie die ursprünglichen Energien und die ursprüngliche Materie. Er war bereits im ersten Augenblick da, als das Universum entstanden ist. Diese Behauptung gewann an Überzeugungskraft, als man entdeckte, dass die Materie nicht nur Masse und Energie enthält. Sie weist noch eine dritte Dimension auf: Sie ist Trägerin von Information.

Die Information geht aus dem Spiel der Beziehungen hervor, die alle Seinsformen miteinander unterhalten. Als die ersten beiden Hadrionen (die erste Gestalt von Materie) oder dann die Topquarks (die kleinsten subatomaren Teilchen) aufeinandertrafen, vollzog sich ein Austausch von Energie und Materie. Alle Beteiligten veränderten sich dabei. Sie blieben von dieser Begegnung geprägt. Diese Spuren, die sich im Lauf der Zeit akkumulieren, sind die Informationen.

Alle Seinsformen bringen Information hervor und sind Träger von Information. Bei den Lebewesen ist sie in den genetischen

Code eingeschrieben. In dem Maß, in dem die Entwicklung des Universums voranschreitet und an Komplexität zunimmt, werden diese Informationen gespeichert und organisieren sich. Auf der Ebene des Menschseins wird eine äußerst hohe Stufe an Komplexität erreicht. Die Information nimmt nun die Gestalt des reflexiven Bewusstseins an. Sie befindet sich in jedem Teil unseres „Leibes" (der genetische Code findet sich in jeder Körperzelle), im Gehirn mit seinen 100 Milliarden Neuronen und Billionen von Synapsen (Verschaltungen) organisiert sie sich in Ordnungen.

Dieses Bewusstsein gehört dem Universum an, in unserem Falle unserer Galaxie, unserem Sonnensystem, dem Planeten Erde und schließlich einem jeden Menschen. Das Bewusstsein hat seine Vorgeschichte, bis es im Menschen zum Durchbruch kam. Wir *haben* keinen Geist, ebenso wenig wie wir einen Leib haben. Wir *sind* vielmehr als Menschen Geist, so wie wir als Menschen Leib sind, wie weiter oben beschrieben.

Der Mensch als Geist bzw. der menschliche Geist ist jenes Moment des Bewusstseins, durch das der Mensch sich seiner selbst bewusst wird, sich in ein größeres Ganzes eingefügt begreift und sich dem Unendlichen öffnet. Der Geist ist der höchste Punkt des Selbstbewusstseins.

Die Besonderheit und Einzigartigkeit des Geistes liegen in seiner Fähigkeit begründet, Einheit zu schaffen, eine Synthese der Informationen herzustellen und ein in sich stimmiges Bild zu entwerfen. Der Geist verfügt über die Fähigkeit, in den Teilen das Ganze wahrzunehmen. Der Mensch begreift, dass es einen Leitfaden gibt, ein Bindeglied, das alle Dinge miteinander vereint. Die Dinge sind nicht einfach willkürlich verstreut. Sie verbinden sich zu Ordnungen unterschiedlichster Gestalt. Als Ergebnis der grundlegenden kosmischen Verbundenheit bilden sie eine organische, systemische und ganzheitliche Einheit.

Dieses Ganze ist nicht etwas ein für alle Mal Errichtetes. Es ist dynamisch und durchläuft chaotische Phasen, die von Unordnung geprägt sind, um sich daraufhin wieder neu zu ordnen und von Neuem ein Gleichgewicht und Harmonie zu finden (Prigogine 1984). Geist ist also die im Universum vorhandene Fähigkeit, Synthesen der Beziehungen und ausgehend von diesen Beziehungen systematische Einheiten zu bilden. Der Geist ist ein kosmologisches Prinzip, das heißt, er gehört der Struktur und Dynamik des

Universums an und ermöglicht es, das Universum so zu verstehen, wie es ist, denn dies ist seine prinzipielle Funktion. Deshalb kann man sagen, das Universum sei geistig, denkend, bewusst, denn es ist „relativ" (in Bezogenheit), in allseitiger Beziehung und sich selbst organisierend. Bis zu einem bestimmten jeweiligen Grad haben alle Seinsformen am Geist teil.

Der Unterschied zwischen dem Geist eines Regenwaldes und dem Geist des Menschen ist kein *prinzipieller,* sondern ein *gradueller.* Dasselbe Prinzip ist in beiden am Werk, jedoch in unterschiedlicher Weise. In uns schafft es Subjektivität, Sinneinheiten und eine hoch entwickelte Beziehungsfähigkeit. Auch im Regenwald in seiner besonderen Ausdrucksgestalt bildet es eine Einheit und eine dynamische Ganzheit, indem es die Beziehungen so miteinander vereint, dass der Regenwald als Regenwald erscheint, der seinerseits mit dem gesamten Universum, dessen Energien und mit den leitenden Kräften des Lebens und der Erde verbunden ist.

2. Merkmale des Menschen, insofern er Geist ist

Angesichts dieses anfänglichen Verständnisses erhebt sich die Frage: Welches sind die konstitutiven Merkmale des Menschen als Geist bzw. des menschlichen Geistes?

Ein Wesen der Transzendenz

Das erste, unverwechselbare Merkmal ist seine transpersonale Dimension, auch Transzendenz genannt. Transpersonale Dimension bzw. Transzendenz meint hier die Tatsache, dass der menschliche Geist nicht in sich selbst verschlossen oder auf seine eigene Wirklichkeit beschränkt ist. Er übersteigt stets jede Grenze. Transzendenz heißt, gänzlich offen zu sein für sich selbst, für die anderen, für die Welt und für das Unendliche. Es ist die völlige Öffnung des Menschen (Boff 2011).

Deshalb kann man sagen, dass der menschliche Geist auf den Sternen wohnt. Mit seinem Geist überwindet der Mensch unendliche Weiten und überschreitet alle Begrenzungen der Raumzeit, die sich ihm entgegenstellen. Als Wesen der Transzendenz steht der Mensch als Geist allseitig in Beziehung, er ist *panrelational,* das heißt, er kann mit allen Seinsformen in Beziehung treten. Es gibt keine sich verschließenden Horizonte für ihn. Jeder Horizont öffnet sich auf einen weiteren hin und dieser wiederum, bis ins Unendliche. Hier liegt der Grund dafür, warum – wie im vorherigen Kapitel (im Zusammenhang mit dem Menschen als Psyche) behauptet – der Mensch ein unendlicher Entwurf ist und von einer unstillbaren Sehnsucht verzehrt wird, solange er nicht mit dem wirklich Unendlichen, der letzten Wirklichkeit, mit Gott, Gemeinschaft pflegt.

Die Verbindung mit dem Ganzen

Die Fähigkeit zur Transzendenz verbindet den Menschen als Geist mit dem Ganzen. Er fühlt sich in dieses Ganze eingetaucht und empfindet sich als Teil davon. Dieses Ganze ist nirgends, deshalb ist es überall.

Es ist dem Menschen, insofern er Geist ist, eigen, nach der Natur dieses ihn umfangenden Ganzen zu fragen. Alle Bezeichnungen jeglicher Sprache identifizieren das Ganze schließlich mit dem Sein bzw. einfach mit Gott. Der menschliche Geist zeichnet sich besonders dadurch aus, dass er mit Gott in Gemeinschaft treten kann. Er kann ihm für die Großartigkeit des Universums und für die Gabe des Lebens Dank sagen. Er kann ihn loben für seine Großherzigkeit und Liebe, mit der er alles geschaffen hat und in der er unaufhörlich jeden Augenblick sagt: *Fiat, es geschehe, es erneuere sich und lebe.* Der Mensch kann vor Gottes Angesicht tanzen und ihm Lobeshymnen singen.

Doch wegen des Chaos, das sich im Universum, auf der Erde und im Leben zeigen kann, kann der Mensch auch vor Gott weinen und fragen: Warum nur, o Gott? Warum lässt du den Tod so vieler Unschuldiger durch einen Tsunami oder ein Erdbeben zu, warum lässt du zu, dass, wie man in der Zeitung lesen kann, ein unschuldiger Schüler bei einem Schusswechsel zwischen Polizei und Kriminellen durch eine verirrte Kugel zu Tode kam? Wir alle sind ein wenig Hiob, der fragt, kritisiert und vor Gott rebelliert, um schließlich angesichts des Geheimnisses vor Ehrfurcht zu verstummen, denn trotz allem entdeckt er, dass Gott der ist, der das Leben liebt (Weisheit 11,21) und nicht zulässt, dass Trauer, Tränen und Unglück das letzte Wort haben.

Ein anderes Merkmal des Menschen als Geistwesen ist seine Freiheit. Freiheit ist die Fähigkeit der Selbstbestimmung als Person. Zwar rühren aus den verschiedenen Verwurzelungen unserer Existenz immer determinierende Faktoren: aus der Herkunft, der sozialen Klasse, der Hautfarbe, der Intelligenz usw. Doch der Mensch kann sich diese determinierenden Faktoren bewusst machen. Er kann sie bewusst annehmen, sie zurückweisen und sie verändernd gestalten. Er verfügt über eine Kraft, die es ihm ermöglicht, sich über diese determinierenden Faktoren zu erheben. Sie setzen ihm Grenzen (es gibt keine Freiheit ohne Grenzen), aber sie können ihn nicht gefangen nehmen. Selbst wenn er in Ketten und versklavt ist, ist er noch ein Freier, denn genau dies macht ihn als Geistwesen aus.

Die Geschichte der Menschheit ist die Geschichte der Freiheit, des Sprengens von Fesseln, der Eroberung von Sphären der Selbstbestimmung und der Gestaltung des eigenen Lebens und Schicksals. In der Geschichte, wie wir sie kennen, wurde die Freiheit, obwohl sie dem Menschen zuinnerst zugehört, niemals einfach zugebilligt, sondern sie musste in einem Prozess der Befreiung errungen werden. Befreiung ist jenes Handeln, das die Freiheit hervorbringt. Paulo Freire (1921–1997), der große Pädagoge, hat folgende Erkenntnis formuliert: *Niemand befreit irgendjemanden; wir befreien uns immer gemeinsam.*[13]

Jede Kreativität, das gesamte Reich der Kunst, der Wissenschaft und der Technik haben die Freiheit zur Grundlage. Ohne Freiheit wird die Kommunikation zur Farce und die Worte verbergen mehr, als sie offenbaren.

Doch vor allem anderen macht die Freiheit den Menschen zu einem ethischen Wesen, das darüber befindet, was für ihn und für andere gut bzw. schlecht ist, und für seine Handlungen mitsamt deren Folgen verantwortlich ist. Die Freiheit eröffnet ihm die Möglichkeit, ein guter Engel oder aber auch ein Übeltäter und Krimineller zu sein.

Nur ein freies Wesen kann sich dem anderen oder einer Sache vollkommen hingeben und sogar zum Märtyrer werden. Es gibt

---

13 Vgl. unten S. 186–191.

Werte, für die es sich lohnt, das Leben hinzugeben. So zu sterben hat Würde. Menschen, die sich opfern, insbesondere gegen die Feinde der Freiheit, und die ihr Leben aufs Spiel setzen, um die Freiheit für sich und andere wiederzuerringen, leben in der Erinnerung der Gesellschaft weiter. Ihnen werden Denkmäler errichtet und für sie werden Gedichte geschrieben, nicht für ihre Henker.

Das Letzte Gericht wird uns danach beurteilen, wie wir unsere Freiheit ausgeübt haben. Unser endgültiges Schicksal und das, was unsere Existenz letztlich ausmacht, entscheiden sich an der Freiheit.

Die Fähigkeit, zu lieben und zu vergeben

Ein anderes besonderes Merkmal des Menschen als Geistwesen ist seine Fähigkeit zu lieben. Die Liebe bricht sich Bahn als eine kosmische Kraft. Als solche wird sie von Dante in seiner *Göttlichen Komödie* und von allen anderen großen Geistern besungen. Die Liebe ist so erhaben, dass sie für die Christen das innerste Wesen Gottes selbst ausmacht: *„Gott ist Liebe"* (1. Johannes 1,10).

Der brasilianische Arzt Eugênio Paes Campos schreibt: „Der Akt der Fürsorge ist die Materialisierung eines Gefühls der Liebe" (2005, 59). Lieben heißt, sich selbst zum Geschenk für den anderen zu machen, sich bedingungslos dem anderen hinzugeben, ihn im Inneren zu spüren, alles nur Mögliche zu tun, um mit der geliebten Person zusammen zu sein, und ohne sie das Leben nicht mehr zu verstehen; es heißt, die Hölle durchzumachen, wenn die Liebe aus irgendeinem Grund nicht mehr da ist und nicht mehr zurückkehrt. Ohne die Liebe schwinden aller Glanz, alle Freude und jeglicher Sinn des Lebens. Die Liebe zu verlieren heißt also, sterben zu wollen.

Doch der Mensch als Geistwesen kann auch hassen, zurückweisen, auf barbarische Weise foltern und völlig zur Bestie werden, wenn er von unkontrollierbarem Zorn und Zerstörungswillen überwältigt wird. Diese Schattenseite ist ebenfalls ein Teil seiner Wirklichkeit.

Der Mensch als Geistwesen ist auch zum Vergeben fähig. Das ist ein weiteres seiner Merkmale. Vergeben bedeutet nicht, die noch blutende Wunde zu vergessen, sondern besteht darin, nicht zu deren Geisel zu werden und der Vergangenheit verhaftet zu bleiben. Vergeben heißt, sich für das Morgen und für neue Erfahrungen zu befreien.

Die Fähigkeit zum Mitgefühl

Mit der Vergebung geht die Fähigkeit zum Mitgefühl einher. Diese Fähigkeit ist das edelste Merkmal des Geistes. Das angesichts des unermesslichen Leids, in das die Menschheit und die Mutter Erde eingetaucht sind, so notwendige Mitgefühl bedeutet, den Platz der anderen einzunehmen, sie in ihrem Leid nicht allein zu lassen, ihnen eine Zuflucht anzubieten, ihnen die Hand entgegenzustrecken, mit ihnen zu weinen und Seite an Seite mit ihnen solidarisch ihren Weg zu gehen. Zu all dem ist der Mensch als Geistwesen in der Lage.

Das Fehlen von Großherzigkeit und Mitgefühl kann hingegen apokalyptische Formen annehmen. Drei Tage vor seinem Selbstmord, am 27. April 1945, soll Hitler in sein Tagebuch geschrieben haben: „Zum Schluss überkommt mich die Reue, so großzügig gewesen zu sein" (Johnson 1990, 345) – eine perverse Form der Großzügigkeit, der es nicht gelungen ist, die „Endlösung" für die Juden herbeizuführen. Allein der Versuch hat jedoch 6 Millionen Juden ums Leben gebracht.

Der ewig Suchende

Der Mensch als Geistwesen ist weiter dadurch charakterisiert, dass er ein ewig Fragender ist. Er schlägt sich stets mit letzten Fragen herum. Dies tut nur er, denn ihm allein eignen Selbstbewusstsein, Intelligenz und die Wahrnehmung des Ganzen: Wer hat das Universum geschaffen, warum gibt es Milliarden von Galaxien mit ihren unzähligen Sternen und Planeten? Warum bin ich hier? Warum bin ich geboren worden und zu welchem Zweck? Welches ist mein Platz und was ist mein Auftrag innerhalb dieses unerforschlichen Gesamtgefüges von Seinsformen? Wie soll ich mich den anderen gegenüber und der Natur gegenüber verhalten? Wohin werde ich gehen, wenn meine Reise auf diesem kleinen Planeten zu Ende ist? Was kann ich schließlich hoffen?

Die Antworten darauf sind in keinem Nachschlagwerk nachzulesen, obwohl sich heilige Schriften und philosophische Texte ohne Zahl darum bemühen, besänftigende Antworten zu geben. Doch keine dieser Antworten ist ein Ersatz für unsere existenzielle Aufgabe, eine persönliche Antwort zu geben, mit der wir unser ganzes Sein dreingeben.

Selbst die skeptischsten und ungläubigsten Menschen können sich nur eine Zeit lang diesen Fragen entziehen. Da diese Fragen mit der Struktur unseres Geistes zusammenhängen, tauchen sie unweigerlich auf, und zwar dann, wenn wir es am wenigsten erwarten. Sie lassen sich nicht verdrängen, denn ihnen eignet eine innere Kraft, sich immer wieder aufzunötigen. Nicht ohne Grund sind es die Atheisten, die am meisten von Gott sprechen, wenn auch, um ihn zu leugnen. Das Leugnen Gottes kann die existenzielle Frage nicht zum Verstummen bringen. Sie bricht immer wieder mit der Kraft des Keims hervor, nachdem der Regen den ausgetrockneten Boden getränkt hat.

Ein zur Synthese fähiges Wesen

Schließlich ist ein Grundcharakteristikum des Geistes seine Fähigkeit zur Synthese. Da der Geist von sich aus auf Beziehung angelegt ist, kommt es ihm zu, die Synthese zwischen Himmel und Erde, zwischen dem Immanenten und dem Transzendenten, zwischen der äußeren und der inneren Seite (Exteriorität und Interiorität) herzustellen. Wie die Psyche einer Mitte bedarf, um alle Energien und Impulse in ihr zu ordnen, so fühlt sich der Geist verlassen oder entzweit, wenn ihm keine Synthese gelingt. Damit ist keine theoretische, sondern eine vitale und existenzielle Synthese gemeint, die dem Leben eine Richtung verleiht. Deshalb hat jeder Mensch, bewusst oder unbewusst, eine Weltanschauung, das heißt eine bestimmte Lesart der Welt, eine Deutung des Verlaufs der Geschichte und eine Sichtweise vom Ganzen.

Der Geist erträgt keine existenzielle Schizophrenie, die trennt, Gegensätze schafft und die Wirklichkeit auflöst und atomisiert. Er bedarf eines ordnenden Rahmens aller seiner Erfahrungen, Gedanken und Träume.

3. Auf den Geist achten: gelebte Spiritualität

Wie sich aus den bisherigen Überlegungen ergibt, ist der Geist eine so subtile Wirklichkeit und gerade weil er das Beste und Höchste an uns darstellt, so exponiert, dass wir unermüdlich für ihn Sorge tragen und uns darum kümmern müssen, ihn in seiner Dimension der Unendlichkeit zu bewahren.

Spiritualität jenseits von Religion

Für den Geist Sorge zu tragen heißt, die Spiritualität zu pflegen (vgl. Boff 2011). Wir müssen die Spiritualität aus dem Korsett der Religion befreien. Es gibt mit Sicherheit keine Religion ohne Spiritualität; sie entspringt einer tiefen spirituellen Erfahrung. Doch es kann Spiritualität ohne Religion geben.

Die Spiritualität zu nähren heißt, eine Haltung ständiger Offenheit gegenüber jeder Wirklichkeit einzuüben. Es heißt, verfügbar zu sein für den Knoten der Beziehungen, den diese Wirklichkeit darstellt. Es heißt, die Transzendenz konkret zu leben. Das bedeutet keine Weigerung, sich zu engagieren und ernsthaft Verantwortung zu übernehmen. Es bedeutet vielmehr, nicht mit übernommenen Verpflichtungen zusammen unterzugehen, wenn sie scheitern, und sich nicht an sie zu heften, wenn ihnen Erfolg beschieden ist.

Warum die Meditation so wichtig ist

Spiritualität bedarf der Stille. Stille besteht nicht darin, nicht zu sprechen, sondern Raum zu schaffen, damit ein anderes Wort vernommen werden kann, das uns aus der Tiefe unseres Selbst und letztlich von Gott her erreicht. Die Meditation entsteht aus diesem Schweigen. Der brasilianische Erziehungswissenschaftler Luiz Cláudio Costa, ein Meister der Pädagogik der Liebe, schreibt:

„Die Meditation ist an keinen religiösen Glauben gebunden. Die Meditation ist ein Prozess der Suche des inneren Ich nach dem wahren Sein ... Die Begegnung mit dem inneren Ich, die oftmals während der Meditation stattfindet, kann schmerzhaft sein und ist dies auch nicht selten. Es ist schließlich nicht angenehm, unseren

dunklen Seiten oder unserer Sub-Persönlichkeit zu begegnen und zu entdecken, dass wir egoistisch handeln, dass wir neidisch und stolz sind. Wenden wir uns hier nicht ab und finden wir keine Ausflüchte. Dies ist der Beginn der Befreiung" (Costa 2003, 30-31).

Die Meditation löst keine persönlichen und beruflichen Probleme und enthebt nicht davon, mit unangenehmen und schlecht erzogenen Menschen auskommen zu müssen. Doch sie verleiht heitere Ruhe und innere Kraft, mit solchen Situationen umzugehen, ja sogar an ihnen zu wachsen.

Die Sorge um den Geist und um die Spiritualität bedeutet auch, im Zusammenleben mit den vielen anderen, mit denen wir das Leben teilen, keine Hindernisse aufzubauen. Spirituell zu leben heißt, sie anzunehmen. Das ist der Sinn einer alten – vielfach variierten – Legende, die davon erzählt, wie ein altes Ehepaar einen Armen und Elenden gastfreundlich aufnimmt und dabei entdeckt, dass es Gott selbst beherbergt hat (Boff 2009, 59ff.). Die Achtsamkeit auf den Geist führt dazu, die Güte, das Wohlwollen, die Solidarität, das Mitleid und die Liebe zu kultivieren. Diese Werte bilden die Substanz der Spiritualität. Sie begleiten uns ein Leben lang, wir nehmen sie sogar ins Sterben mit hinein.

Für den Geist Sorge zu tragen heißt, ihm die Nahrung zuteilwerden zu lassen, die dem Geist entspricht. Diese Nahrung kann man nicht auf dem Markt erstehen oder an der Börse handeln: Sie besteht aus Verinnerlichung, Meditation und gelebter Stille. In dieser Stille wird die Stimme vernehmbar, die aus den Tiefen der Mitte und der inneren Synthese aufsteigt. Manchmal besteht die Achtsamkeit für den Geist in einem ernsthaften Gespräch mit einem Freund, in der Lektüre eines Buches oder darin, sich einen Film oder ein Theaterstück anzusehen. Manchmal besteht Achtsamkeit auch einfach darin, aufmerksam darauf zu hören, was der Händler an der Ecke oder der Taxifahrer vom Leben denkt, und sich die Klagen des Bettlers auf der Straße anzuhören.

Die Gemeinschaft mit dem Geheimnis und mit Gott

Achtsamkeit auf den Geist bedeutet, sich dem Geheimnis der Welt und dem je größeren Geheimnis Gottes zu öffnen. Spiritualität erschöpft sich nicht darin, über Gott zu lesen und nachzudenken. Es geht vielmehr darum, ihn im Herzen zu spüren, mit ihm in Dialog treten zu können und seine Stimme zu erlauschen, die von allen Richtungen zu uns gelangt, sich aber besonders im Ruf unseres Gewissens bemerkbar macht. Es kommt darauf an, vom Kopf zum Herzen zu gelangen. Denn es ist das Herz, das Gott spürt, das ihn verehrt und liebt. Das Ergebnis dieser Sorge stellt sich bald ein. Es ist ein Leben in größerer heiterer Gelassenheit, ein Friede, wie ihn kein Sedativum und keine Droge verschaffen können. Der Mensch weiß sich in Gottes Hand geborgen. Warum sollte er sich also fürchten? Welcher Genuss wäre größer, als sich frei von Furcht zu wissen und sich von einem liebevollen Blick begleitet zu fühlen?

Sorge um das soziale Umfeld

Auf den Geist zu achten beinhaltet auch, sich des sozialen Umfelds anzunehmen, sich um die anderen und darum zu kümmern, dass ihre Umgebung weniger unmenschlich und weniger besessen ist von Gefallsucht, Konsum und unkontrollierten Instinkten, die den Menschen schaden. Auf diesem Gebiet gibt es viel zu tun; alle können bei sich selbst beginnen, ihre Revolution im Kleinen vollziehen und sich zugleich weigern, „sich dieser Welt anzugleichen", wie Paulus es ausdrückt (vgl. Römer 12,2). Alle können Initiativen und Keimzellen einer neuen Art von Zivilisation verstärken.

Achtsamkeit verlangt in ihrem Wesenskern ein anderes zivilisatorisches Paradigma, innerhalb dessen das spirituelle Kapital eine der zentralen Achsen bildet. Dieses Paradigma muss in der Lage sein, dem menschlichen Zusammenleben und dem Zusammenleben mit der Natur einen humaneren und stärker von Geschwisterlichkeit geprägten Stempel aufzudrücken.

Es ist fast schon banal, aber deshalb nicht weniger wahr und aktuell: Die neue Welt wird spiritueller sein oder sie wird überhaupt nicht sein. Das ist Grund genug, in Zärtlichkeit und mit Umsicht die wesentliche und notwendige Achtsamkeit zu kultivieren.

X.

Achtsamkeit in Medizin und Krankenpflege

Ebenso wie das Verständnis von Leib, Psyche und Geist lässt sich auch die Bedeutung von Gesundheit, Krankheit und Heilung erweitern. Zu diesem speziellen Thema der Achtsamkeit gibt es eine Fülle an Literatur. Besonders erwähnenswert sind die Werke der Krankenschwester Vera Regina Waldow. Sie hat mit mehreren Büchern dazu beigetragen hat, dass dieses Thema im Gesundheitswesen größere Beachtung findet. In der folgenden Darstellung wird die Perspektive der integralen Ökologie und der neuen Kosmologie, die eine Verbindung zwischen Erde und Menschheit sowie zwischen beider Gesundheit sieht, miteinbezogen. Diese Perspektive ist in der einschlägigen Literatur bislang kaum zu finden.

1. Überwindung des Anthropozentrismus und des Soziozentrismus

Um die folgenden Fragen angemessen behandeln zu können, sind zuvor einige grundlegende erkenntnistheoretische Hindernisse zu beseitigen. Das erste dieser Hindernisse ist der *Anthropozentrismus,* der Gesundheit, Krankheit und Heilung als Fragen behandeln will, die nur den Menschen betreffen, sich aber nicht dessen konkrete Wirklichkeit ins Bewusstsein ruft, die immer mit Gesellschaft und Natur in Beziehung steht. Die Wurzeln des Menschen reichen ins Innere dieser Wirklichkeiten, er ist ein Teil davon.

Einer der verhängnisvollen Reduktionismen unserer Kultur besteht in der ausschließlichen Konzentration auf den Menschen. Diese einseitige Betonung prägt all unsere Wissensweisen und Institutionen. Der Mensch ist alles: Anfang, Mitte und Ende von allem. Dies isoliert uns von unserer Umgebung, entwurzelt uns und erzeugt ein Gefühl der Einsamkeit und des Verlorenseins. Der Mensch ist jedoch keineswegs der Einzige, den die Erde hervorgebracht hat, er ist nicht allein auf der Welt.

Das zweite Hindernis ist der *Soziozentrismus,* also die ausschließliche Konzentration auf die Gesellschaft, als ob diese abseits von der Natur, außerhalb ihrer und ohne sie existieren und auf Wasser, Nahrungsmittel, Luft, auf die Pflanzen und Tiere verzichten könnte. Das ist eine Illusion. Diese Sichtweise anerkennt bloß einen Gesellschaftsvertrag (die Übereinkünfte, die wir unter uns schließen, um unter der Herrschaft des Rechts und in Gerechtigkeit zusammenleben zu können), ohne ihn mit einem Naturvertrag zu verknüpfen (Beziehungen der Gegenseitigkeit zur Mutter Erde aufgrund der Ressourcen und Güter, die sie uns unentgeltlich gewährt). Beide Verträge bringen die beiden Dimensionen des Menschen zum Ausdruck, nämlich seine natürliche Seite (Naturvertrag) und seine kulturelle Seite (Gesellschaftsvertrag). Keine Seite kann auf Kosten der anderen existieren oder die andere Seite völlig außer Acht lassen.

Wir müssen diese Reduktionismen überwinden und uns als ökozentrisch, biozentrisch, planetozentrisch und kosmozentrisch begreifen, denn dies ist unsere konkrete Wirklichkeit, ganz gleich, welchen Deutungen wir sie unterziehen. Mit anderen Worten: Wir müssen uns als Teil des Kosmos, als ein Glied in der Kette des Lebens (wie alle anderen Lebewesen auch, da wir denselben genetischen Code besitzen) und als den Teil der Erde begreifen, der fühlt, denkt, liebt und Ehrfurcht empfindet.

Aus dem harmonischen Einklang all dieser Beziehungen, die ein dynamisches Spiel bilden, bzw. aus dessen Fehlen resultiert unsere Gesundheit bzw. Krankheit und hier finden wir auch die Mittel unserer möglichen Heilung.

Um es direkt zu sagen: Wenn wir krank sind, dann weil die Erde, deren bewusster und intelligenter Teil wir sind, krank ist. In dem Maß, in dem wir ein Gleichgewicht zwischen den genannten Dimensionen herstellen, werden wir auch gesund sein, von uns selbst genesen und zur Genesung von Mutter Erde beitragen.

Die Alten waren sich bereits des engen Zusammenhangs zwischen Gesundheit und Natur bewusst. Schon Hippokrates (um 460–um 370 v.Chr.), der Vater der antiken Medizin, machte darauf aufmerksam: *„Wenn du den Beruf der Medizin ausüben willst, dann beachte die folgenden Punkte: 1. Zieh die Wirkungen der vier Jahreszeiten in ihren unterschiedlichen Erscheinungsformen in Betracht; 2. erforsche die kalten und warmen Winde, dem jeweiligen Ort entsprechend; 3. verleihe dem Wasser die höchste Bedeutung."*

Die Meister der Medizin im Orient stellten dem Patienten folgende Fragen: *„Welche Luft atmest du, welches Wasser trinkst du, welche Nahrung nimmst du zu dir, auf welchen Boden setzt du deine Füße?"*

Wie man sieht, besteht hier ein Bewusstsein von der Verbundenheit zwischen Mensch und Natur. Die Natur ist die Quelle der Gesundheit und auch das unmittelbarste Heilmittel. Die Technifizierung und Verkünstlichung unseres gesamten Lebens, wie sie durch die westliche Moderne zustande gekommen ist, hat uns die Natur in Vergessenheit geraten und unseren Erfahrungshorizont sowie unser Selbstverständnis enorm verarmen lassen. Doch allmählich wird diese Verkürzung von einer Medizin überwunden, die sich den neuen Paradigmen stellt und auf diese Weise andere Verstehensmöglichkeiten und andere Möglichkeiten der Integration des gesunden und des kranken Menschen eröffnet.

2. Gesundheit: Gleichgewicht von Leib, Verstand, Geist und Natur

Folgende Definition der Weltgesundheitsorganisation (WHO) ist offiziell anerkannt: Gesundheit ist „ein Zustand des umfassenden Wohlbefindens: körperlich, geistig, gesellschaftlich, und nicht nur die Abwesenheit von Krankheit und Schwäche".

Diese Definition beinhaltet Wahres, denn sie deckt die unterschiedlichen Dimensionen des Lebens, auch die spirituelle, ab. Doch jede Definition der Gesundheit, die die Natur und den Tod nicht mit einschließt, ist unzureichend und im Grunde irreführend.

Die Natur ist nicht bloß die Umwelt wie im herkömmlichen ökologischen Diskurs. Die Natur ist Leben. Sie ist die dauerhafte Erscheinungsform jener Ursprungsenergie, die zu jedem Zeitpunkt alles am Leben hält, belebt und ordnet. Sie fließt ständig durch alle Seinsformen, insbesondere in den Menschen (Hathaway/Boff 2009).

Wir bilden einen Teil von ihr, sie ist das Substrat von allem, auch dessen, von dem sie überstiegen wird, wie etwa von der Kultur. Die Natur für sich genommen würde niemals einen Fernsehapparat konstruieren oder ein Bild von Portinari malen. Doch diese kulturellen Wirklichkeiten sind nur möglich, weil deren materielle Grundlage in irgendeiner Form aus der Natur stammt. Die Natur ist die Gesamtheit der Energien, sie ist die Organisation der Komplexität der Materie, aus der das Leben stets hervorgeht. Die physisch-chemisch-ökologischen Faktoren bilden in ihrer wechselseitiger Verbundenheit die Grundlage des Lebens. Die Natur ist das Universum der Mikroorganismen, die milliardenfach in jeder Handvoll Erde und auf jedem Quadratzentimeter unserer Zunge und unseres Darms leben. Sie ist die Nahrungskette, die ihre Grundlage in der Artenvielfalt hat, die unseren Lebenszyklus permanent aufrechterhält und erneuert.

Die so komplexe Natur nicht in das Verständnis von Gesundheit mit einzubeziehen heißt, nicht von der menschlichen, wirklichen, geschichtlich-konkreten Gesundheit, wie sie sich im Alltag ereignet und wie sie in die Natur eingefügt ist, zu sprechen. Andererseits können wir dasselbe von der Kultur sagen, denn wir sind kulturelle Wesen und auch die kulturellen Muster beeinflussen Gesundheit, Krankheit und Heilung.

Wenn die Ursprungsenergie unser gesamtes Leben, den leiblich verfassten Menschen, seine Psyche und seinen Geist durchströmt, dann befinden wir uns im Zustand der Gesundheit. Wenn sie aus irgendeinem Grund zu fließen aufhört, erkranken wir. Wenn sie ihren Lauf wieder aufnimmt und in uns zum Gleichgewicht kommt, werden wir wieder gesund.

3. Gesund leben und den Tod integrieren

Die Definition der WHO weist eine bedauernswerte Leerstelle auf. Sie nimmt keinerlei Bezug auf den Tod. Von der Gesundheit und vom Leben zu sprechen, ohne den Tod zu erwähnen, heißt, nicht von der menschlichen Gesundheit und vom menschlichen Leben zu sprechen, denn der Tod ist ein Teil des Lebens. Das Leben ist sterblich und deshalb verletzlich, dem Gesetz der Entropie unterworfen, demzufolge es unwiderruflich und in jedem Augenblick sein Lebenskapital aufzehrt, und zwar im Vollzug des Lebens selbst, durch die Arbeit, die Erschöpfung, das Unwohlsein, durch Krankheiten, bis es sich völlig erschöpft. Die Ursprungsenergie hört auf zu fließen.

Das Verständnis des Todes beschränkt sich nicht auf seinen *objektiven* biologischen Aspekt, sondern beinhaltet auch die existenzielle, *subjektive* Dimension. Der tägliche Sterbeprozess zeigt sich in Gestalt von Verminderung der Energien, Stress, Unpässlichkeiten, kleineren und schweren Erkrankungen. Zu ihnen gesellen sich die existenziell erlebten Vorboten des Todes wie die vielen Verluste, das Scheitern, die Enttäuschung, die Verdunkelung der Orientierung gebenden Leitsterne und das Verschwinden jeden Hoffnungshorizontes.

Es genügt nicht, nur zu leben, um nicht zu sterben. Es ist dem Leben eigen, dass es ausstrahlt und sich in Lebensfreude wandelt. Dies und weitere Faktoren erlauben eine umfassendere Wahrnehmung des Todes. Der Tod muss mit einbezogen werden, wenn wir von Gesundheit und Krankheit sprechen. Ein Krankenpfleger schrieb einmal sehr treffend: „Das Leben ist nichts anderes als der fantastischste, kreativste und produktivste Sterbeprozess."

Den Tod in konkreter Weise ins Leben einzubeziehen heißt, zu akzeptieren, dass er nicht wie ein Einbrecher von außen kommt, um uns das zu rauben, was wir am meisten lieben. Vom Beginn unseres Lebens an begleitet er uns. Weil wir das Leben lieben, auch wenn es sterblich ist, bemühen wir uns, es mit Umsicht und Vorsorge zu umgeben, ein „holding" zu seinem Wohl und für seine Zukunft zu schaffen. Den Tod inmitten der Entfaltung des Lebens zu akzeptieren bedeutet, sich angesichts von Krankheit, Schmerz und jeglicher Art von Begrenzung nicht überrascht zu zeigen. Sie gehören zur *conditio humana*, zu den konkreten Bedingungen des menschlichen Daseins.

Diese realistische Feststellung stellt die Definition der WHO infrage, die Gesundheit als einen Zustand „umfassenden Wohlbefindens" beschreibt. Diese Definition setzt die Abwesenheit von Begrenzungen voraus, die jedoch mit der Sterblichkeit des Lebens stets gegeben sind. Das Leben erfreut sich nicht der Bedingungen, „ganz, total" zu sein, denn dies würde die dem Menschen zutiefst eigene Unvollkommenheit und Verletzlichkeit aufheben. Wie unvollkommen und verletzlich das Leben ist, zeigt sich schon in einer kleinen Erkältung und noch viel mehr in der Entstehung eines Krebsgeschwürs.

Gesundheit ist kein „Zustand" im Sinne von etwas Gegebenem. Sie ist prekär und muss stets aufrechterhalten und hergestellt werden. Sie kann verloren gehen. Realistisch gesprochen würden wir sagen, dass Gesundheit mehr ist als ein „Zustand"; sie ist eine „Haltung". Eine Haltung ist eine grundlegende Bereitschaft, etwas Stabiles, etwas, das dem Leben eine bestimmte Richtung gibt, eine Art Grundoption, wie die Moraltheologen sagen würden, etwas, das die Handlungen und „Zustände" des Lebens qualifiziert, von denen einige von geringerer und andere von größerer Bedeutung sind.

Das Leben trägt, wie bereits erwähnt, die Spur der Zweideutigkeit an sich. Es setzt sich aus Licht und Schatten, aus Lebensimpulsen und aus Impulsen der Zurückweisung zusammen. Die Aufgabe des Menschen besteht darin, eine Mitte zu schaffen, eine Achse und eine Synthese herzustellen, die unsere verworrene *conditio humana* ins Gleichgewicht bringt und eine Grundhaltung erzeugt, die sich an Güte, Liebe, Verständnis und Vergebung orientiert, wohl wissend, dass auch deren jeweiliges Gegenteil uns als Schatten stets begleitet. Diese dunklen Seiten können wir nicht eliminieren. Wir sind jedoch imstande, nicht zuzulassen, dass sie unsere Grundhaltung und den Orientierung verleihenden Wegweiser auf unserem Gang durch diese Welt bestimmen.

Bei der Betrachtung der Gesundheit muss nicht nur die unvermeidliche Tatsache des Todes einbezogen werden, sondern auch der Sinn, den wir ihm als einem Bestandteil des Lebens verleihen. Von diesem Sinn hängt alles ab, er ist der Maßstab dessen, was wir unter Gesundheit verstehen.

Wie können wir den Tod annehmen? In heiterer Gelassenheit, in Furcht, in Verzweiflung, mit einem Gefühl der Tragik? Als Teil des Lebens, der uns den Übergang in eine andere geheimnisvolle, ungewisse und überraschende Dimension ermöglicht? Stellt dieser Übergang ein Eintauchen in die Ursprungsquelle allen Seins dar? Können wir sterben wie jemand, der einer geliebten Person entgegengeht? Angesichts dieser Fragen ist jeder Mensch in seiner Freiheit allein auf sich gestellt. Jeder Mensch muss auf seine Weise eine Antwort finden und ausgehend von ihr seine Grundhaltung bestimmen. All das beeinflusst Gesundheit oder Krankheit bzw. den Sinn, den wir beidem verleihen, insbesondere in Fällen eines unheilbaren Krankheitsverlaufs.

Sich als fähig zu erweisen, mit der Sterblichkeit des Lebens umzugehen, erfordert einen gewissen Grad an Reife und Integration der inneren Welt. Es geht um eine *ars vivendi*, eine Lebenskunst, die es dem Menschen ermöglicht, in jeder Phase seines Lebens die Höhen und Tiefen, Licht und Schatten so zu integrieren, dass er daran wächst und innere Freiheit – die höchste Gabe des Lebens –

erlangt. Diesen Prozess verwirklichen zu können heißt, sich physisch, mental und spirituell als gesund zu erweisen. Wenn wir diese Fähigkeit erwerben, dann sind „Krankheit und Schwäche", auf die sich die Definition der WHO bezieht, nicht unbedingt fatale Beeinträchtigungen. Gesund zu sein besteht nicht darin, frei von solchen Beeinträchtigungen zu sein, sondern in selbstbestimmter Weise mit ihnen leben zu können, an ihnen zu wachsen und in einem volleren Sinne menschlich zu werden.

Ein Mensch kann lange ans Krankenbett gefesselt sein und seine Schmerzen ertragen, doch wenn er sie fröhlich als Teil des zerbrechlichen und verletzlichen menschlichen Lebens auf sich nimmt, wenn er dazu noch eine spirituelle Dimension kultiviert und sich in die Hände Gottes begibt, dann ist er gesund und vor allem reif und weise. Solche Gesundheit und Reife erzeugen eine gewisse Ausstrahlung, wie sie dem Leben in Fülle eignet.

4. Achtsamkeit bei Trauer und Verlust

Verlust und die Erfahrung von Trauer gehören essenziell zur *conditio humana*. Alles Leben ist dem unerbittlichen Gesetz der Entropie unterworfen: Alles erschöpft sich nach und nach, verliert an Beständigkeit; der Leib wird schwach, die Jahre lasten schwer, Krankheiten und Unpässlichkeiten zehren unwiederbringlich das Lebenskapital und den Lebenswillen auf. Dies ist das Gesetz des Lebens in seinem natürlichen Lauf.

Daneben finden sich in diesem natürlichen Gang der Dinge auch unvermittelte Brüche: Verluste und traumatische Ereignisse, wie der Verrat durch einen Freund, ein schwerer Unfall, der geliebte Menschen ans Bett fesselt, der Verlust der Arbeit, die uns so erfüllt, der Verlust der Heimat, Vertreibung und der Verlust von Haus, Hab und Gut, Freunden und lieb gewonnenen Landschaften, der Verlust eines geliebten Menschen durch Scheidung und im Extremfall durch einen plötzlichen Tod durch einen Unfall oder Infarkt. Die Tragödie ist Teil des Lebens. Sie greift uns ans Herz und raubt uns Lebenssinn und Lebensfreude.

Es ist eine große persönliche Herausforderung, einen Verlust zu verarbeiten und Resilienz zu entwickeln, das heißt, aus Scheitern und existenziellen Krisen zu lernen und die existenzielle Krise zu überwinden. Besonders schmerzhaft ist die Herausforderung, die Trauer für uns bedeutet. Trauer ist Zeichen des höchsten Verlustes. Obwohl sie nicht nur den Tod betrifft, sondern in vielfacher Weise die vielen Verlusterfahrungen im Laufe eines Lebens, ist es doch der Tod, bei dem sich die Trauer in ihrer ganzen Schwere einstellt. Der Trauer wohnt eine Herausforderung inne: Sie will ausgelebt, erlitten, durchstanden und schließlich positiv überwunden werden. Dies wird sie in dem Maß, in dem der Mensch trauernd ein höheres Niveau menschlicher Erfahrungsdichte erreicht. Das macht Achtsamkeit in Bezug auf Trauer so wichtig.

Die Literatur über Trauer ist nahezu unüberschaubar. Besonders erwähnenswert sind die Bücher von Elisabeth Kübler-Ross. Sie beschreiben die verschiedenen Phasen, die ein Mensch normalerweise durchläuft, wenn er den schmerzhaften und befreienden Trauerprozess durchmacht.

Die erste Phase ist die des *Nicht-Wahrhaben-Wollens,* der Leugnung: Angesichts einer schrecklichen Tatsache ist es eine natürliche Reaktion, auszurufen: „Das kann gar nicht sein! Das ist eine Lüge!" Der Lebensinstinkt weist die Infragestellung des Lebens von sich. Dann folgen untröstliches Weinen und Schluchzen, das mit Worten nicht zu beschwichtigen ist.

Die zweite Phase ist die des *Zornes* und der Aggression. Sie zeigt sich in Sätzen wie: „Warum gerade ich? Es ist nicht gerecht, dass mir das zustößt." In diesem Moment nimmt der Mensch die Grenzen des Lebens wahr, die nicht unter seiner Kontrolle stehen, und sträubt sich dagegen, sie anzuerkennen. Doch sie sind unerbittlich und stellen eine unüberwindbare Wand dar, an der unsere Wünsche scheitern. Wir werden schmerzhaft gewahr, dass das Leben unabwendbare Tragödien bereithalten kann. Nicht selten geben wir uns die Schuld am Verlust, besonders wenn wir nicht genug getan haben, um ihn zu verhindern.

Die dritte Phase ist die der *Depression.* Es stellen sich existenzielle Leere und ein völliges Desinteresse an den Dingen und an der Welt ein. Der trauernde Mensch verschließt sich in sich selbst und versinkt in Selbstmitleid. Er wehrt sich dagegen, sich selbst wieder aufzurichten. Er erreicht den Grund des Brunnens und spürt, dass er auf irgendein Zeichen wartet, das uns die Lebensfreude zurückgibt. In dieser Phase erhält jedes freundliche Wort, jede Umarmung, jedes Wort des Trostes, auch wenn es sehr konventionell erscheint, eine unerwartete Tiefe.

Die vierte Phase ist die der *Selbststärkung*. In dieser Phase tritt der Mensch in eine Art *Verhandlung* angesichts des schmerzhaften Verlusts ein: Er kann nicht völlig unterliegen und untergehen. Er muss den Einsturz des Daches über seinem Lebensarrangement so lange verhindern, bis beispielsweise die Kinder großgezogen und ausgebildet sind. In dieser Phase wird eine anfanghafte Herstellung eines Sinnes sichtbar, der eine Art Brücke des Lichtes in dunkler Nacht bedeutet.

Die fünfte und letzte Phase ist ein gelassenes *Akzeptieren des Unvermeidlichen*. Der Mensch integriert schließlich diese Verwundung in den Lauf seines Lebens – eine Wunde, die vernarbt, aber ein Loch in der Seele hinterlässt, das niemals verschlossen werden kann. Niemand geht aus der Trauer so hervor, wie er sie begonnen hat. Im Allgemeinen reift der Mensch zwangsläufig und macht die Erfahrung, dass kein Verlust vollständig sein muss. Er bringt stets einen existenziellen Gewinn mit sich.

Die Trauer ist ein schmerzhafter Prozess. Deshalb bedarf sie der Achtsamkeit. Wir müssen den Verlust eines geliebten Menschen mit allen Tränen, die wir haben, und in aller Intensität beweinen. Wir müssen die Verdunkelung unserer Leitsterne akzeptieren und das Absurde durchmachen, das sich im Herzen des Lebens breitmacht. Wenn ein geliebter Mensch stirbt, dann sterben wir in gewisser Weise mit ihm und etwas von uns geht mit ihm dahin.

Ich möchte ein Beispiel aus meinem eigenen Leben anführen. Es verdeutlicht möglicherweise besser als jede andere Reflexion die Notwendigkeit der Achtsamkeit hinsichtlich der Trauer. Im Jahr 1981 verlor ich eine Schwester, die mir sehr ans Herz gewachsen war und für die ich wegen ihrer zärtlichen Zuneigung besonders viel empfand. Sie war das jüngste von elf Kindern. Mitten in einer Unterrichtsstunde stieß sie einen lauten Schrei aus und fiel tot um. Es war ein medizinisch seltener Fall: Die große Körperschlagader (Aorta) war gerissen.

Alle zehn Geschwister, die aus allen Teilen des Landes herbeieilten, verzweifelten fast über dieses schockierende Ereignis. Wir weinten bittere Tränen. Zwei Tage verbrachten wir damit, Fotos zu betrachten und uns unter Tränen an wunderschöne Ereignisse im Leben der geliebten Schwester zu erinnern. Die Geschwister blieben einige Tage zusammen und teilten ihre Trauer in der Familie. Ich musste am nächsten Tag nach Chile reisen, wo ich Exerzitien halten sollte. Jeder Vortrag war eine Übung der Selbstüberwindung. Von Chile reiste ich nach Italien, wo ich Vorträge zur Erneuerung des Ordenslebens hielt. Die Teilnehmer waren aus der ganzen Welt zusammengekommen. Auch hier durfte ich nicht fehlen.

Der Verlust der geliebten Schwester nahm mir die Konzentration. Es stellte sich keine Erleichterung ein, obwohl ich so viel über die Auferstehung geschrieben habe, die sich genau im Moment des Todes ereignet. Doch dann passierte etwas Unerwartetes: Ich erlitt einen überraschenden Zusammenbruch und musste zum Arzt gebracht werden. Ich erzählte ihm das Drama, das sich ereignet hatte. Er verstand sofort und sagte zu mir: „Sie haben Ihre Schwester noch nicht beerdigt und auch die notwendige Trauerarbeit nicht geleistet. Wenn Sie sich nicht um ihre Trauer und die Beerdigung Ihrer Schwester kümmern, wird sich Ihr Zustand nicht bessern. Etwas von Ihnen ist mit ihr gestorben und muss wiedererweckt werden. Die Gestalt Ihrer Schwester muss als liebe und traurige Erscheinung vor Ihren Augen vorüberziehen und in Ihrem Kopf als süße und liebe Erinnerung Einzug halten." Daraufhin sagte ich alle übrigen Verpflichtungen ab. In Stille und im Gebet achtete ich auf meine Trauer und integrierte den so schmerzvollen Verlust. Am Schluss dieses Prozesses saß ich mit meinem Bruder Clodovis, ebenfalls Theologe, in einem Restaurant. Wir erinnerten uns voller Sehnsucht an unsere Schwester, die wir so sehr geliebt hatten, und schrieben den folgenden Text auf eine Papierserviette, die wir später in ein kleines Erinnerungsbüchlein für Verwandte und Freunde klebten:

Dreiunddreißig Jahre waren es, das Alter, das auch Jesus erreichte.
Jahre, die von viel Arbeit und Leid erfüllt waren.
Aber auch von viel Erfolg.
Sie hat den Schmerz der anderen auf sich genommen,
ihn im eigenen Herzen getragen, als Lösegeld.
Sie war klar und rein wie ein Gebirgsquell,
liebenswürdig und zärtlich wie eine Blume des Feldes.
Beharrlich und in Stille webte sie einen wertvollen Stoff.

Sie hinterließ zwei gesunde und schöne Kinder und einen Mann,
der voller Stolz auf sie ist.
Glücklich bist du, Claudia, denn der Herr hat dich bei seiner
Wiederkunft aufrecht, bei der Arbeit, mit entzündeter Lampe
vorgefunden.
So bist du eingegangen in seinen Schoß,
in die unendliche Umarmung des Friedens.

Als wir ihre Papiere durchsahen, fanden wir den folgenden Satz
auf einem losen Stück Papier. Er ist für uns bis heute geheimnisvoll: „In allen menschlichen Ereignissen liegt immer ein Sinn
Gottes. Es kommt darauf an, ihn zu entdecken." Ja, wir glauben an diesen Sinn, der nur Liebe und Güte sein kann. Doch er
bleibt für uns noch verborgen und geheimnisvoll. Die Erinnerung
macht den Verlust leichter erträglich, doch sie verhindert die Tränen nicht, die jedes Mal in uns aufsteigen, wenn wir ein Foto von
ihr sehen, auf dem sie ihre Kinder zärtlich in ihren mütterlichen
Armen hält.

5. Die Bedeutung der Spiritualität für die Gesundheit

Ärzte, Ärztinnen, Krankenschwestern und Krankenpfleger und
alle übrigen im Gesundheitswesen Tätigen sind in der Regel vom
wissenschaftlichen Paradigma der Moderne geprägt.[14] Diesem
Paradigma gemäß werden Körper und Geist sowie Mensch und
Natur strikt getrennt. Die daraus entstandenen Spezialisierungen
haben für die Diagnose der Krankheiten und auch für die The-
rapiemethoden viele Vorteile gebracht. Bei aller Anerkennung
dieses Verdienstes darf man jedoch nicht vergessen, dass der
Blick auf das Ganze verloren gegangen ist. Das wissenschaftliche
Paradigma sieht den Menschen nicht mehr in ein umfassenderes
Ganzes eingebettet, betrachtet die Krankheit nicht mehr als einen Bruch innerhalb dieser Ganzheit und erkennt in der Heilung
nicht mehr eine Wiedereingliederung in diese Ganzheit.

Im vorhergehenden Kapitel war schon von einer menschlichen
Instanz die Rede, die auf diese Ganzheit reagiert. Sie achtet auf

---

14 Zur Kritik vgl. oben S. 57–62.

die Dimension der Ganzheit, nährt das Gefühl der Zugehörigkeit und bemüht sich um die strukturierende Achse unseres Lebens: die Dimension des Geistes. Vom lateinischen Wort für „Geist", *spiritus*, leitet sich der Begriff „Spiritualität" ab. Spiritualität ist die Pflege dessen, was den Geist ausmacht: seine Fähigkeit, vereinigende Sichtweisen zu entwerfen, alles mit allem in Verbindung zu bringen, alle Dinge zusammenzufügen und an die Ursprungsquelle allen Seins rückzubinden.

Wenn Geist Beziehung und Leben ist, dann ist sein Gegenstück nicht Materie und Körper, sondern Abwesenheit von Beziehung und Tod. So gesehen ist Spiritualität jede Haltung und alles Handeln, das das Gedeihen des Lebens, die bewusste Beziehung, die offene Gemeinschaft, die tiefe Subjektivität und die Transzendenz als eine Seinsweise der steten Offenheit für neue Erfahrungen und neue Einsichten fördert. Spiritualität heißt, das zu pflegen, was Pierre Teilhard de Chardin (1881–1955) den „göttlichen Bereich" (*milieu divin*) genannt hat.

Neurobiologen und Hirnforscher haben herausgefunden, dass die biologische Entsprechung zur Spiritualität ihren Sitz in den Schläfenlappen des Gehirns hat. Es ist empirisch erwiesen, dass dort immer dann Schwingungen der Neuronen mit hoher Frequenz auftreten, wenn umfassendere Zusammenhänge erfasst werden, wenn sich eine bedeutende Erfahrung der Ganzheit einstellt oder auch wenn in existenzieller Weise (nicht als Studienobjekt) letzte Wirklichkeiten angesprochen werden, die sinnerfüllt sind und Erfahrungen der Ehrfurcht, Verehrung und des Respekts auslösen (vgl. Zohar/Marshall 2001).

Der Menschen, der als geistiges Wesen die letzte Wirklichkeit erfasst, die alle Dinge durchdringt, wird sich dessen bewusst, dass er überraschenderweise mit ihr in Dialog treten und eine intime Gemeinschaft mit ihr anstreben kann. Eine solche Möglichkeit verleiht ihm Würde, sie „vergeistigt" ihn und hebt ihn zu höheren Stufen der Wahrnehmung des Bandes empor, das alle Dinge miteinander vereint und verknüpft.

Dieser „Gottespunkt" (geläufige Bezeichnungen lauten *God spot* oder *mystical mind*) findet seinen Ausdruck in unantastbaren Werten wie Mitgefühl, Solidarität, Sinn für Respekt und Würde. Es kommt darauf an, diesen „Gottespunkt" zu aktivieren, die Asche zu entfernen, die eine allzu rationalistische und materialistische Kultur darüber gelegt hat, und zuzulassen, dass die Spiritualität im Leben der Menschen erblüht.

Letztlich heißt Spiritualität nicht, Gott zu denken, sondern Gott mithilfe dieses inneren Organs zu spüren und seine Gegenwart und sein Wirken im Herzen zu erfahren. Er wird als Enthusiasmus wahrgenommen (die wörtliche Bedeutung des aus dem Griechischen stammenden Wortes „Enthusiasmus" lautet, einen Gott in sich haben), der uns ergreift, uns gesunden lässt und uns den Willen verleiht, zu leben und ständig einen Sinn des Lebens und Arbeitens hervorzubringen.

Welche Bedeutung messen wir dieser spirituellen Dimension im Zusammenhang der Achtsamkeit in Gesundheit und Krankheit bei? Der Spiritualität eignet eine eigene heilende Kraft. Es handelt sich hierbei nicht etwa um etwas Magisches und Esoterisches. Es ist wichtig, jene Energien zu verstärken, die der spirituellen Dimension eigen sind, die ihrerseits zusammen mit der Intelligenz, der Libido, dem Gefühl und anderen Merkmalen zum Menschen gehört.

Der Wert der bekannten Therapien und die Wirkung der verschiedenen Medikamente sind unbestritten. Doch darüber hinaus gibt es ein *supplément d'âme*, wie es die Franzosen nennen. Dieser Begriff ist schwer zu übersetzen; vielleicht könnte man ihn „Seelenfaktor" nennen. Dieser Seelenfaktor meint eine Ergänzung dessen, was bereits da ist, aber durch Faktoren, die von einer anderen Quelle der Heilung herstammen, verstärkt und bereichert wird. Das schulmedizinische Modell hat kein Monopol auf die Heilung und auf das Verständnis der komplexen *conditio humana* in Bezug auf Heilung und Erkrankung. Genau hier, inmitten der Schulmedizin, hat die Spiritualität ihren Platz.

In erster Linie stärkt die Spiritualität im Menschen das Vertrauen in die Selbstheilungskräfte des Lebens, in die Kompetenz des Arztes und in die umsichtige Sorge des Pflegepersonals. Aus der Tiefen- und transpersonalen Psychologie wissen wir um den therapeutischen Wert des Vertrauens in der normalen Lebensführung. Vertrauen heißt im Wesentlichen zu behaupten: *Das Leben hat Sinn, es lohnt sich zu leben, es verfügt über eine innere Energie, durch die es sich selbst erhält, es ist kostbar* (Waldow 2005, 130-159).

Zur Spiritualität gehört die Überzeugung, dass die Wirklichkeit größer ist als das, was wir mit unseren Sinnen und unseren Instrumenten erfassen. Mittels innerer Sinne, mittels der Intuition und der Geheimnisse der Vernunft des Herzens können wir Zugang zur Wirklichkeit bekommen. Es ist allgemeine wissenschaftliche Überzeugung, dass sich die Wirklichkeit nicht völlig in das Korsett unserer Begriffe fügt. Der sinnlich erfassbaren Ordnung liegt eine Ur-Ordnung zugrunde. Das hat der große Physiker, Nobelpreisträger und Meisterschüler Einsteins, David Bohm (1917–1992), stets festgehalten. Diese zugrunde liegende Ordnung scheint durch die sichtbare Ordnung durch. Sie versetzt den Menschen immer wieder in Erstaunen. Nicht selten sind die Ärzte selbst überrascht, wie schnell sich jemand erholt oder auch wie Krankheitsverläufe, die als irreversibel betrachtet wurden, ihren Kurs ändern und zur Heilung führen. Im Grunde heißt dies, davon auszugehen, dass das Unsichtbare unwägbar und zugleich Teil des Sichtbaren und Vorhersehbaren ist. Eine quantentheoretische Sichtweise der Wirklichkeit bestärkt diese Perspektive.

Zur Spiritualität gehört ferner die unauslöschliche Hoffnung, dass das Leben stärker ist als der Tod, dass unsere Sehnsucht nach Heilung und unser Traum, ins normale Leben zurückzukehren, positive Energien in uns freisetzen, die zur Wiederherstellung der Gesundheit beitragen.

Die größte Kraft jedoch ist der Glaube, dass der gütige Blick Gottes auf uns ruht und wir als seine Kinder in seiner Hand sind. Sich vertrauensvoll seinem Willen anheimzugeben, ein glühendes Verlangen nach Heilung und Leben zu haben, aber auch in gelassener Heiterkeit seinen Willen anzunehmen, uns zu sich zu rufen – darum geht es. In spiritueller Perspektive wird der Tod nicht als tragisches Ende, sondern als Übergang zur Quelle des Lebens verstanden (Boff 2009a).

Wir sterben nicht, sondern Gott kommt, um uns zu holen und uns dorthin zu bringen, wohin wir immer schon gehören: in sein Haus und in das Leben mit ihm. Hier wird der „Gottespunkt" aktiviert, der sich in spirituellen Überzeugungen zeigt, die wie Quellen lebendigen Wassers wirken. Sie tragen zur Gesundung im dargestellten Sinne bei, sogar angesichts des unvermeidlichen Endes.

6. Der Ort der Achtsamkeit in Medizin und Pflege

Achtsamkeit ist die natürliche Ethik der Menschen, die im Gesundheitswesen arbeiten. Da die Achtsamkeit zum Wesen des Menschen gehört, zeigt sie sich in jedem Augenblick als eifriges Bemühen um die Gesundheit und um das „holding", jene Gesamtheit des Handelns, das darauf zielt, dem Leben günstige Bedingungen zu garantieren. Ihr klarstes Profil hat diese Achtsamkeit in der Medizin und in der Pflege bekommen, und zwar nicht als ein fallweises Tun, sondern als eine Grundhaltung und als ein Prozess der Entwicklung von allem, was die Gesundheit und Heilung des Patienten betrifft (Waldow 2006).

Die Schritte, mit denen die Achtsamkeit ins Denken und in die Praxis des Gesundheitswesens Einzug gehalten haben, scheinen aufeinander zu folgen, doch in Wahrheit wirken sie zusammen und verbinden sich so miteinander, dass sie ein integrierteres und deshalb wirkungsvolleres Vorgehen gewährleisten. Drei Hauptmomente lassen sich klar erkennen:

In einem ersten Schritt hat man Achtsamkeit auf das *handelnde Subjekt* bezogen, das heißt auf die Krankenschwestern und Krankenpfleger. Es ging darum, das professionelle Personal besser auszubilden und darin zu schulen, wie Schritt für Schritt vorzugehen ist, wie bestimmte Materialien anzuwenden sind, welches Verhalten in bestimmten Fällen angezeigt ist und wie bestmögliche Hygiene erzielt werden kann. Im Mittelpunkt stand weniger der Patient, sondern eher das umsichtige Vorgehen des Pflegepersonals. Es ging um die Achtsamkeit in Bezug auf das handelnde Subjekt.

In einem zweiten Schritt betraf die Achtsamkeit eher die wissenschaftlichen Prinzipien, wie sie aus der modernen Technologie hergeleitet werden. Insbesondere die nordamerikanische Medizin war wissenschaftlich und technisch stets führend und erzielte bemerkenswerte Fortschritte, was die Entwicklung neuer diagnostischer Apparate und neuer Medikamente betrifft. Das Pflegepersonal musste anatomische, physiologische und mikrobiologische Kenntnisse erwerben sowie den Umgang mit neuen Instrumenten erlernen. Es herrschte ein gewisser Effizienzkult, der die Tätigkeit des Pflegepersonals stark der der Ärzte anglich. Das führte zu erheblichen Spannungen und Rivalitäten. Diese Achtsamkeit bezieht sich auf die *Mittel.*

In einem dritten Schritt widmete man ab den Sechziger- und Siebzigerjahren des letzten Jahrhunderts dem Patienten stärkere Aufmerksamkeit. In dieser Phase der „Pflegetheorien" entstanden die besten Reflexionen. Dies setzt sich bis heute fort, denn die Sorge um die Patienten wurde und wird auf ganzheitlichere und komplexere Weise betrachtet. Die Folge war die Einbeziehung zahlreicher anderer Wissensgebiete, insbesondere der Humanwissenschaften, angefangen mit der Kulturanthropologie (bemerkenswert in diesem Zusammenhang sind die Arbeiten der Nordamerikanerin Madaleine Leininger, die 54 unterschiedliche Kulturen erforscht und 175 verschiedene Grundmuster der Pflege herausgearbeitet hat), über die Philosophie (Martin Heidegger und Milton Mayerhoff), die Ethik (Nel Noddings), die Psychologie (Jean-Yves Leloup) bis zur Soziologie und Ökologie. Ich selbst habe in letzterem Sinne mit *Logik des Herzens* (1999) ein entsprechendes Buch vorgelegt. Achtsamkeit meint in diesem Zusammenhang das liebevolle Engagement für die Patienten, die aufmerksame Vorsorge für verschiedene Situationen, die solidarische Begleitung der Patienten in ihrem Heilungs- und Genesungsprozess und in ihrer Lebenshoffnung. Es ist die Achtsamkeit in Bezug auf die *Patienten.*

Zurzeit werden beachtliche Anstrengungen unternommen, diese verschiedenen Momente miteinander zu kombinieren. Gründe dafür sind ein zunehmendes integratives Bewusstsein und die positiven Wirkungen.

Die in der Ausbildung von Pflegepersonal tätige Brasilianerin Vera Regina Waldow träumt davon, dass die Pflege als eine Praxis der Achtsamkeit anerkannt wird: „Achtsamkeit ist eine Weise, zu leben, zu sein, sich auszudrücken; sie ist eine ethische und ästhetische Grundeinstellung der Welt gegenüber. Sie ist ein engagiertes In-der-Welt-Sein und ein Beitrag zum allgemeinen Wohlbefinden hinsichtlich der Erhaltung der Natur, der Förderung ihrer Möglichkeiten, der Menschenwürde und unserer Spiritualität. Sie ist ein Beitrag zum Aufbau der Geschichte, der Kenntnis des Lebens" (Waldow 1998, 89). Man beachte, wie weit gefasst der Begriff ist, insbesondere, dass er sich für die Erhaltung der Natur und für die Spiritualität öffnet. Das ist Neuland für Medizin und Pflege.

Waldow hat in ihrem Leben eine langjährige Pflegepraxis mit einer strengen theoretischen Reflexion verbunden: „Achtsamkeit beinhaltet unter anderem, Erleichterung zu verschaffen, zu trösten, zu helfen, zu unterstützen, zu fördern, wiederherzustellen, zu stabilisieren, zu geben, zu tun usw. Die Achtsamkeit ist in allen Pflegesituationen, in allen Situationen, in denen Menschen der Unterstützung bedürfen, und während des Sterbeprozesses unabdingbar. Ja selbst wenn keine Krankheit vorliegt, ist Achtsamkeit unverzichtbar, ebenso im Alltag der Menschen, und zwar sowohl als Lebensform wie auch als eine Weise, eine Beziehung einzugehen" (Waldow 1998, 89).

Achtsamkeit ist fundamental in der primären Gesundheitsvorsorge, denn die meisten Krankheiten können ohne Krankenhausaufenthalt behandelt werden. Achtsamkeit – in Form von Sorge, Aufmerksamkeit, liebevoller Zuwendung, als gefühlsmäßiges Engagement und Sorge um andere aufgrund einer Verbundenheit – ist mit dem Leben und Überleben sowie mit den Beziehungen zu den anderen, auch zur Natur, eng verbunden. Die Unversehrtheit und Vitalität der Natur hat grundlegende Bedeutung für die persönliche und kollektive Gesundheit.

7. Die Grundhaltungen der Achtsamkeit

Von den Grundhaltungen der Achtsamkeit, die gegenüber den Kranken erforderlich sind, sind die folgenden hervorzuheben:

Mitgefühl ist die Fähigkeit, sich in die Situation anderer hineinzuversetzen, mit ihnen zu fühlen und ihnen den Eindruck zu vermitteln, dass sie ihrem Schmerz nicht allein ausgeliefert sind.

Andere *zärtlich zu berühren* heißt, ihnen die Gewissheit zu vermitteln, dass sie zur Menschenfamilie gehören. Die zärtliche Berührung ist ein Zeichen der liebevollen Zuwendung. Oft ist die Krankheit ein Signal dafür, dass der Patient kommunizieren, sprechen und gehört werden will, es ihm jedoch sehr schwer fällt. Durch die Berührung fühlt er sich verstanden und kann einen verborgenen Sinn in der Krankheit suchen. Pflegende und Ärzte können ihm helfen, ihn zu entdecken. Treffend formuliert Darci Aparecida Martins, eine Krankenschwester aus dem brasilianischen Bundesstaat Paraná: „Wenn ich dich berühre, dann trage ich Sorge für dich; wenn ich für dich Sorge trage, dann berühre ich dich ... Wenn du alt und müde bist, sorge ich für dich; ich berühre dich, wenn ich dich umarme; ich berühre dich, wenn du weinst; ich sorge mich um dich, wenn du nicht mehr gehst" (Martins, 45-46).

Die Patienten brauchen Hilfe und die Pflegekräfte wollen sich darum kümmern. Das Zusammenkommen dieser beiden Bewegungen schafft Gegenseitigkeit und überwindet das Gefühl einer asymmetrischen Beziehung. Es geht darum, den Patienten *kluge Unterstützung* zuteilwerden zu lassen, die ihnen relative Eigenständigkeit ermöglicht. Zu allem, was die Patienten selbst tun können, sollen sie ermuntert werden. Hilfe von außen sollen sie nur dann bekommen, wenn sie zu etwas selbst nicht mehr in der Lage sind.

Am meisten sehnen sich Patienten danach, ihr verloren gegangenes Gleichgewicht wiederzufinden und wieder gesund zu werden. Deshalb ist es entscheidend, ihnen das *Vertrauen auf das Leben* und dessen innere physische, psychische und spirituelle Energien wiederzugeben, denn sie wirken wie eine Medizin. Es gilt, Gesten voller Gefühl sprechen zu lassen. Oft wecken Zeichnungen der kleinen Tochter für den kranken Vater so viel Energie und Emotion in ihm wie ein Vitamincocktail.

In der Regel fragen sich Patienten: Warum ist das gerade mir passiert und ausgerechnet jetzt, als im Leben alles zur Zufriedenheit war? Warum bin ich, der ich noch so jung bin, so schwer krank geworden? Warum bin ich wegen dieser Krankheit aus der Familie und aus meinem sozialen Umfeld herausgerissen und kann nicht mehr arbeiten? Solche Fragen verweisen auf ein demütiges Nachdenken über die *conditio humana*, die in jedem Augenblick Gefahren und unerwarteten Verletzlichkeiten ausgesetzt ist. *Den Patienten die Annahme der conditio humana zu ermöglichen,* ist Achtsamkeit.

Wer gesund ist, kann jederzeit erkranken. Jede Krankheit verweist auf die Gesundheit, den höchsten Wert in dieser Hinsicht. Doch wir können nicht über unseren Schatten springen und müssen das Leben so annehmen, wie es eben ist: gesund und krank, erfolgreich und geschwächt, strotzend vor Leben oder dazu gezwungen, Krankheiten und letztlich den Tod hinzunehmen. In solchen Momenten ziehen Patienten meist eine gründliche Lebensbilanz, sie geben sich nicht nur mit den – stets notwendigen – wissenschaftlichen Erklärungen der Ärzte zufrieden, sondern sehnen sich nach einem Sinn, der aus einem tiefen Zwiegespräch mit dem eigenen Ich (*Self*) entspringt oder sich aus dem weisen Wort eines Priesters, eines Pfarrers oder einer spirituellen Persönlichkeit erschließt. Sie entdecken alltägliche Werte, von denen sie früher kaum Notiz genommen haben, sie definieren ihren Lebensentwurf neu und gelangen zur Reife. Das ruhige und gelassene Wort der Schwester oder des Pflegers kann den Patienten Frieden und Ruhe schenken.

Ein Moment jedoch ist unvermeidlich für alle. Selbst die ältesten Menschen müssen sterben. Es ist das Gesetz des Lebens, dass es dem Tod unterworfen ist. Es ist ein endgültiger Übergang. Auf ihn soll sich der Mensch durch ein ganzes Leben vorbereiten. Das bedeutet, nach großherzigen, verantwortlichen und wohltuenden moralischen Maßstäben zu leben. Doch die große Mehrheit der Menschen erleidet den Tod wie einen Überfall oder eine Entführung, der gegenüber sie ohnmächtig sind, selbst wenn sie sich bewusst sind, dass sie sich schließlich loslassen müssen.

Die *Begleitung beim großen Übergang,* die unaufdringliche, respektvolle Gegenwart der Schwestern oder Pfleger, die dem Patienten die Hand halten, ihm tröstende und Mut machende Worte ins Ohr flüstern, ihn einladen, dem Licht und der Quelle des Lebens entgegenzugehen, können dafür sorgen, dass der Sterbende ruhig und dankbar dieses gelebte Dasein verlässt.

Bei religiösen Patienten können die Worte aus dem 1. Johannesbrief tröstlich sein: „Wenn dein Herz dich auch anklagt: Gott ist größer als dein Herz" (nach 1. Johannes 3,20). Sie können sich dann ruhig in Gottes Hände begeben, dessen Herz nichts als Liebe und unendliches Erbarmen ist.

Hier zeigt sich die Achtsamkeit viel stärker als Kunst denn als Technik. Sie setzt bei den im Gesundheitswesen Tätigen eine dichte Lebenserfahrung, einen spirituellen Sinn und einen Blick voraus, der über Leben und Tod hinausreicht. Dieses Stadium zu erreichen ist ein Auftrag, den die Schwester und der Pfleger, aber auch die Ärzte annehmen müssen, um sich im vollen Sinne in den Dienst des Lebens zu stellen.

Die weisen Worte Norman Cousins' (1915–1990), eines Journalisten und Schriftstellers und eines der größten Streiter für die atomare Abrüstung, können ihnen zur Inspiration werden. Am selben Tag, als die Amerikaner sich erdreisteten, über Hiroshima die erste Atombombe abzuwerfen (6. August 1945), wagte er es, ein Editorial mit dem Titel zu schreiben: „Der moderne Mensch ist obsolet". Er brachte darin ein tiefes Schuldgefühl über diesen unvernünftigen Akt zum Ausdruck und zog die Schlussfolgerung: „Die Tragödie des Lebens ist nicht der Tod, sondern das, was wir in uns sterben lassen, solange wir leben."

8. Wer sorgt sich um die, die Sorge tragen?

Die Überlegungen zu Achtsamkeit in Medizin und Krankenpflege wären unvollständig ohne die Erwähnung der englischen Krankenschwester Florence Nightingale (1820–1910). Sie war eine tief religiöse Humanistin. Zunächst hatte sie Naturwissenschaften, Mathematik, Philosophie und Sprachen studiert, entschloss sich dann aber, in ihrem Heimatland die Grundstrukturen der Pflege zu ändern. Dazu suchte sie Orte auf, wo man eine andere Art von Krankenpflege praktizierte, in deren Zentrum die Patienten standen. So kam sie zum Beispiel nach Deutschland, Rom und Paris. Der Krimkrieg in der Türkei bestärkte sie in ihrem Entschluss, ihre Sichtweise von Pflege in die Praxis umzusetzen. Im Jahr 1854 machte sie sich mit 28 Gefährtinnen ins Kriegsgebiet auf. Im Militärhospiz wandte sie strikt die Praxis der Pflege im Sinne der Achtsamkeit an. Innerhalb von sechs Monaten reduzierte sich die Sterberate von 42 Prozent auf 2 Prozent. Dieser Erfolg begründete ihre Berühmtheit.

Nach ihrer Rückkehr schuf sie in ihrer Heimat und später in den USA ein Netz von Krankenhäusern, in denen ihre Pflegemethoden angewandt wurden. In Publikationen und Vorträgen vertrat sie die These, dass Achtsamkeit die Kompassnadel der Pflege und ihre natürliche Ethik sein müsse. Bis heute ist Florence Nightingale trotz der Veränderungen in der Medizin und Krankenpflege und trotz der Flexibilisierung des Fachgebiets eine Quelle der Inspiration.

Mitarbeitern im Gesundheitswesen obliegt wesentlich die Heilung. Ihre Sorge um die anderen ist Auftrag und ethische Grundentscheidung. Es stellt sich jedoch die Frage: Wer sorgt sich um die, die Sorge tragen? Jeder Mensch bedarf von Kindheit an der Sorge. Die Ersten, die für uns sorgen, sind unsere Eltern und

Großeltern; sie haben sich, seit es die Menschheit gibt, um den Nachwuchs gekümmert. Ansonsten wäre niemand von uns hier, um über Achtsamkeit zu sprechen. Der Mensch ist seiner Natur nach ein Wesen der Achtsamkeit. Er fühlt in sich die Bereitschaft, für andere zu sorgen, und die Notwendigkeit, dass man sich auch um ihn selbst sorgt. Sorgen und Umsorgtwerden sind dauerhafte Strukturen des Daseins, sie sind untrennbar miteinander verbunden. Die Haltung der Achtsamkeit, die die Mitarbeiter im Gesundheitswesen gefühlsmäßig einbezieht, und die Fülle an konkreten Sorgen um die Patienten sind stark fordernd, insbesondere dann, wenn diese Sorge kein fallweises Handeln, sondern – wie es auch sein sollte – eine dauerhafte und bewusste Haltung ist.

Der Mensch verfügt nicht über göttliche Allmacht, sondern ist verletzlich, sterblich, der Müdigkeit, dem Stress und seinen Erlebnissen des Scheiterns und der Enttäuschung unterworfen. Oft fühlt er sich allein. Er bedarf der Sorge, damit sein Wille, für andere zu sorgen, nicht schwächer wird. Was also tun?

Natürlich muss jeder Mensch solche Situationen mit einem Sinn für Resilienz (elastische Widerstandsfähigkeit; wieder aufstehen können) bestehen. Doch diese Anstrengung beseitigt nicht den Wunsch, umsorgt zu sein. Hier kommt die Gemeinschaft der Sorgenden, der anderen Mitarbeiter, der Ärzte und des Pflegepersonals ins Spiel. Diese Gemeinschaft muss bereits vorher gebildet worden sein, und zwar aus dem gemeinsamen Willen heraus, sich die Haltung der Achtsamkeit anzueignen und wenn nötig füreinander zu sorgen.

Krankenpfleger und Schwestern spüren häufig das Bedürfnis, wieder zum Kleinkind und von der Mutter versorgt zu werden. Der Mensch muss sich angenommen und von Neuem belebt fühlen, so wie sich ein Kind fühlt, wenn die Mutter sich um es kümmert. Außerdem spüren Krankenpfleger und Schwestern das Bedürfnis nach Unterstützung und Schutz – nach Zuwendung, die der Vater dem Kind gewährt. Irgendjemand aus der Gruppe nimmt diese Rollen der sorgenden Mutter und des sorgenden Vaters ein. So wird das „holding" im Sinne Winnicotts geschaffen, das heißt jene Gesamtheit von Maßnahmen der Sorge und ermutigenden Faktoren, die von Vater und Mutter angeboten werden. Diese Rollen von Vater, Mutter und Kleinkind werden von Achtsamkeit getragen. Die Achtsamkeit wird durch diesen Kreislauf-prozess wiederbelebt, von der Gemeinschaft angenommen und schafft nun den stimulierenden Impuls, sich weiterhin mit Acht-samkeit den Patienten zu widmen.

Wenn diese Gemeinschaft existiert und wenn horizontale Be-ziehungen des Vertrauens und der Zusammenarbeit bestehen, dann werden die Beschränkungen überwunden, die aus der Not-wendigkeit, umsorgt zu werden, erwachsen. Glücklich das Kran-kenhaus und glücklich dessen Patienten, die mit einer solchen Sorge tragenden Gemeinschaft rechnen können. Die Mitarbeiter werden nicht nur Rezepte ausstellen und Standards erfüllen, son-dern sie werden „Fürsorgende" für das Leben der Kranken sein, die gesund werden wollen. Dabei wird Energie übertragen, die den Heilungsprozess der Patienten enorm beeinflusst.

XI.

Achtsamkeit und Erziehung im planetarischen Zeitalter

Achtsamkeit ist ein Paradigma, das eine neue Weise vorschlägt, die Erde zu bewohnen und die Beziehungen des Systems Leben, des Systems Gesellschaft und des Systems Erde zu organisieren. Deshalb ist es nur selbstverständlich, dass auch für Erziehung und pädagogische Methoden eigene Vorstellungen zu entwickeln sind. Wir stehen an der Schwelle des Ökozoikums, das heißt jenes Erdzeitalters, das von einer umfassenden, alle Ebenen betreffenden Krise gekennzeichnet ist. In diesem gerade heraufziehenden Erdzeitalter bildet die Ökologie (deshalb Ökozoikum) eine der verbindenden Achsen der neuen Weltordnung. Der Erfolg dieser neuen Ära hängt zwangsläufig davon ab, ob das Paradigma der Achtsamkeit verwirklicht wird oder nicht. Von ihm hängt unsere Zukunft als Gattung ab, falls wir überhaupt noch eine Zukunft haben, und von ihm hängt es ab, ob die Zivilisation auf unserem Planeten fortgeführt werden kann. So, wie die Dinge jetzt stehen, wird dies nicht der Fall sein. Wir steuern unaufhaltsam auf eine unvorstellbare Katastrophe zu, die die Grundlagen unseres Überlebens zerstören kann.

Die Geschichte der großen Sternstunden der Pädagogik kann hier nicht einmal summarisch dargestellt werden. Deshalb beschränkt sich die folgende Darstellung auf den Aspekt der Achtsamkeit.

In der abendländischen Kultur lassen sich vier Phasen in der Entwicklung der Erziehung unterscheiden.

1. Die Erziehung im Zeitalter der Vernunft: die Kritik

Die erste Phase fällt in die Zeit der europäischen Aufklärung. Die Aufklärung führte ab dem 18. Jahrhundert einen grundlegenden Bruch auch im Hinblick auf die Erziehung herbei, und zwar nicht nur, weil Jean-Jacques Rousseau (1712–1778) als der Kopernikus der Pädagogik gilt. Damals vollzog sich eine phänomenale Kehrtwende in der Geistesgeschichte der Welt. Die Vernunft in ihrer Autonomie brach sich mit voller Macht Bahn. Von nun an muss alles durch das Sieb der Vernunft hindurch. Was vor dem Tribunal der Vernunft nicht besteht, verliert die Legitimität.

Ihr erstes Merkmal besteht darin, dass sie *kritische* Vernunft ist. Das heißt, die Vernunft analysiert die Behauptungen, auf die sich alle Instanzen berufen: die Religion, das Reich, der Staat, der Adel, die Bourgeoisie, das Schulsystem, das Proletariat. Sie entlarvt die Motive, hinter denen sich Interessen verbergen und die die Vernunft benutzen, um die Wirklichkeit zu verdunkeln und zu mystifizieren. Dabei handelt es sich um falsche Vernunft, auch Ideologie genannt. Ideologien verschleiern und rechtfertigen Privilegien, Hierarchien, Ungleichheit und wahrhaftiges soziales Unrecht. Sie wirken mit Macht bis in unsere Tage fort, sie werden vom neoliberalen politischen System und von der kapitalistischen Produktionsweise gestützt. Diese tun alles, um die Probleme unsichtbar zu machen oder deren Last auf die Schwächsten abzuwälzen.

Natürlich hatten Thron und Altar, also die Könige und die Kirche, am meisten unter dem Einfluss der Vernunft zu leiden. Zwischen beiden bestand eine jahrhundertelange Allianz. Sie stützten sich auf göttliches Recht und Tradition, um das zu rechtfertigen, was im Lichte der Vernunftargumente nicht mehr zu rechtfertigen war.

Die Bedeutung der Aufklärung liegt unter anderem wesentlich in folgenden beiden Beiträgen: der allgemeinen Durchsetzung von Erziehung und Schule und damit der Verbreitung eines kritischen Geistes. Überall, in den kleinen Bauerndörfern, in den Städten, in den Metropolen und in den verschiedenen Stadtteilen wurden Schulklassen eröffnet. Der Unterricht wurde begeistert aufgenommen. Eine Welle der Freiheit des Wortes schwappte über ganz Europa. Das Wort durchbrach die Gitter des Verbotenen und des gewaltsam erzwungenen Schweigens. Man atmete Autonomie und eignete sich Wissen in den unterschiedlichsten Bereichen an. Enzyklopädisten erfassten das Wissen in systematischer Weise. Sie schufen ein Werk von den Ausmaßen der pharaonischen Pyramiden: die Enzyklopädie, deren Wert bis heute Bestand hat.

Die Kritik befreite die Menschheit von der Last alter und verstaubter Traditionen und stürzte Denkmäler der Ideologie, die einst errichtet worden waren, um die Infragestellung der Klassenprivilegien der Religion oder des Adels zu verhindern. Es kam zum offenen Konflikt zwischen Glaube und Wissenschaft, der in Wahrheit den dahinterliegenden eigentlichen Konflikt politischer Natur verdeckte: die Konfrontation zwischen der Macht gesellschaftlicher Kontrolle vonseiten der Kirche und Religion allgemein und der befreienden Macht kritischen Wissens. Die Französische Revolution ist undenkbar ohne das neue Autonomiebewusstsein, das der kritische Geist der Aufklärer hervorgebracht hat und das die gesamte Gesellschaft durchdrang. Kritik ist eine Errungenschaft, hinter die wir niemals wieder zurückfallen dürfen. Nicht ohne Grund wird nach einem Staatsstreich von autoritären Regimen zuerst die Kritik mundtot gemacht, denn Kritik ließe die Willkür im Staub versinken und zerrisse die Argumente der Autorität in der Luft. Die Kritik wurde in alle Schulen hineingetragen. In den Schulen eignete man sich das Wissen der Vergangenheit an. Man ließ dieses aber zuerst das Sieb der Kritik durchlaufen und bewahrte lediglich das Rationale und vernünftig Erscheinende. Die Bürgerschaft im modernen Sinne hat die Kritik zur Voraussetzung, denn sie ist es, die den Bürgern Autonomie verleiht und Alternativen, ja sogar Gegensätze schafft. Für die Macht stellt die Kritik eine Gegenmacht dar. Die Kritik erlegt der Gefräßigkeit der Macht und deren möglicher tyrannischer Ausübung Grenzen auf. Ihr eignet eine unerschöpfliche befreiende Qualität.

2. Die Erziehung im Zeitalter der Technik: die Kreativität

Erziehung hängt von historischen Bewegungen ab. Sie fügt sich als rechtfertigende und reproduzierende Größe und als entlarvender Faktor und Alternative in die Dynamik der Geschichte ein. Beide Funktionen gehen Hand in Hand. Deshalb ist die Erziehung stets vermintes Gelände.

Immer wieder tauchen folgende unbequeme Fragen auf: Welche Art von Erziehung hat man im Auge, für welches System, für welche Art von Gesellschaft und für welche Art von Bürgerschaft? Je nachdem, wie die Antworten auf diese Fragen ausfallen, wird ein Modell von Erziehung entworfen und werden die geeigneten pädagogischen Methoden erarbeitet.

Bewusst oder unbewusst bilden eine bestimmte Weltanschauung, eine bestimmte Interpretation der *conditio humana*, ein konkret umzusetzendes Ideal und eine aufzubauende Welt den Hintergrund der pädagogischen Konzepte etwa von Jean Piaget (1896–1980), Maria Montessori (1870–1952), John Dewey (1859–

1952), Célestin Freinet (1896–1966), Lev Vygotsky (1896–1934), Alexander Sutherland Neill (1883–1973) und Paulo Freire (1921–1997). Eine auf Achtsamkeit beruhende Erziehung gibt sich bewusst Rechenschaft über diese Voraussetzungen.

Als Frucht der Aufklärung und des freien Vernunftgebrauchs entstand die Technik. Sie ist die instrumentelle Vernunft, die im Prozess der Veränderung der Welt Anwendung findet. Man spricht nun vom Zeitalter von Technik und Wissenschaft. Mit ihr bildeten sich die Industrie- und heute die Informationsgesellschaft mit ihren zahlreichen Erfindungen heraus. Erfindungen entspringen der Kreativität, die die Vernunft voraussetzt, aber viel weiter reicht als diese.

Je befreiender die Vernunft sein will, desto selbstkritischer muss sie sein und desto mehr muss sie sich der Tatsache bewusst sein, dass sie allein nicht genügt. Sie muss sich einer anderen Dimension öffnen: kreativ sein und Innovationen schaffen, die das menschliche Leben erleichtern, das viele Jahrhunderte lang der Plackerei, Krankheiten, Hungersnöten und von der Natur auferlegten Beschränkungen ausgeliefert war. Neben der Einbeziehung des Wissens aus der Vergangenheit kommt es darauf an, Neues hinzuzufügen, das aus dem Dialog des Menschen mit der Natur und der Geschichte erwächst. Die neue Aufgabe der Erziehung besteht nun darin, Kreativität und Erfindungsgabe zu wecken.

Das Organ von Kreativität und Erfindungsgabe ist – das wusste bereits Einstein – nicht die reine Vernunft, sondern die Fantasie. Die Fantasie entwirft neue Dinge, erfindet Welten, probiert neue Möglichkeiten aus. Sie ist die Hexe im Haus und schafft die Unordnung, aus der eine neue Ordnung hervorgeht.

Die Erziehung will in den Schülern die Kreativität und die Fähigkeit wachrufen, neue Verknüpfungen zu entdecken, neue Sprachspiele zu erfinden, neue Symbole zu schaffen und Modelle von Apparaten und Gegenständen für den menschlichen Gebrauch oder zum Zweck der Nutzung der Naturgüter zu entwerfen.

Diese neue Haltung betrifft die Lehrenden tief greifend. Sie sind nicht mehr die Einzigen, die über Wissen verfügen. Sie ordnen sich dem Wissen der Schüler unter, die dadurch zur Erfindungsgabe angespornt werden. Das ist keine leichte Aufgabe, denn die Lehrenden müssen ihr professorales Gehabe ablegen, die demütige Haltung dessen einnehmen, der zusammen mit den anderen Schülern lernt, und mit Widerspruch und der Darstellung von Alternativen leben.

Viele Lehrende haben den Eindruck, dass sie an Autorität verlieren, und fühlen sich von der Kreativität der Schüler aus ihrer Position verdrängt. Der Ausweg besteht in einem Rollentausch: Anstatt sich vor die Schüler zu stellen wie einer, der über ein spezielles Wissen verfügt, kommt es darauf an, sich in die Mitte der Schüler zu begeben; anstatt sie von oben herab anzuschauen, gilt es, vom hohen Ross herabzusteigen, um ihnen auf Augenhöhe zu begegnen und gemeinsam mit ihnen das Neue zu suchen. Wem dieser Positionswechsel gelingt, wird zum Meister, der angenommen, respektiert und als gleichberechtigter Teilnehmer angesehen wird. Mit Recht heißt es, dass ein guter Lehrer gelernt hat, zusammen mit anderen zu lernen.

Diese Kreativität zu wecken ist entscheidend im Erziehungsprozess. Wie bereits gesagt, ist der Mensch ein unendlicher Entwurf, voller Möglichkeiten, die an die Oberfläche kommen und Geschichte gestalten wollen. Nur mittels Kreativität erringt der Schüler seine Autonomie, macht sich einen Namen, gewinnt sein Profil und lässt sich nicht auf einen faulen Wiederkäuer von Formeln reduzieren. Wenn er erwachsen ist und im Berufsleben steht, wird er nicht zur Geisel eingeschliffener Gewohnheiten und ist angesichts neuer Situationen nicht hilflos und perplex, sondern erweist sich als schöpferisch und effizient.

3. Die Erziehung im Zeitalter der Unterdrückung: die Befreiung

Die beiden Phasen der Aufklärung und der Technowissenschaften sind von einer grundlegenden Ideologie bestimmt. Sie waren wichtige Waffen der neuen, aufsteigenden Klassen: des Handelsbürgertums und der neuen industriellen Kapitalisten, die an der Akkumulation von Reichtum und Macht sowie an der Aneignung des Staates mit ihren technischen Mitteln interessiert waren. Achtsamkeit in Bezug auf die Ökosysteme und die Natur gab es jedoch praktisch nicht. Die Erde und die Kolonien erlebten einen blindwütigen Überfall auf ihre Ressourcen. In ganz Europa kam es in erschreckendem Ausmaß zur Abholzung. Zahlreiche aktuelle Probleme wie die globale Erwärmung – eine Folge niemals zuvor gekannter Zuspitzung der industriellen Verschmutzung und Zerstörung der Natur – hatten ihren Ursprung in dieser Zeit. Während in Europa die Bürgerrechte propagiert wurden, traten die europäischen Mächte in Afrika und in Teilen Asiens dieselben Rechte jedoch mit den Füßen und unterwarfen ganze Völker mit Eisen und Feuer, machten die betreffenden Länder zu Kolonien, missbrauchten sie als Reservoirs natürlicher Ressourcen, eigneten sich die Mittel für den industriellen Fortschritt an und schufen so die notwendige Akkumulation zur Etablierung des Kapitalismus.

Um keinen Widerstand hervorzurufen, förderten die Kolonialmächte das Analphabetentum und die bestehende Unwissenheit in Bezug auf die Rechte in diesen Ländern. Damit wurde eine ungehinderte Ausbeutung garantiert. Wissen ist stets ein Ferment des Widerstandes, der Rebellion und der Befreiung. Genauso wie man die politische Macht und den Wohlstand nicht teilte, wurde auch die Bildung nicht verbreitet. Die Völker auch hinsichtlich des Nichtwissens im kolonisierten Zustand zu belassen ist ein entscheidender Teil der Herrschaftsstrategie. Die in Europa herrschende Erziehung bildete die Kader für dieses Herrschaftsprojekt aus.

Schule wollte allgemein sein. Doch in Wahrheit wurde sie partikularisiert, denn sie diente schließlich wesentlich den herrschenden Gruppen der damaligen Gesellschaft. Die großen, in Armut gehaltenen Mehrheiten des Proletariats und der Ausgegrenzten verfügten nur über ein rudimentäres Wissen und wurden dazu erzogen, sich an die Ordnung und an die Unterwerfung durch die neuen Herren anzupassen. Die dumm gehaltene Masse wurde von den gebildeten Klassen verachtet. Ihr eigenes Wissen, das aus ihren Erfahrungen resultierte, wurde nie als wertvoll anerkannt und man gestand ihnen auch kein volles, sondern nur ein geringeres und subalternes Bürgerrecht zu.

In diesem Kontext der Entmenschlichung entstanden eine *Pädagogik der Unterdrückten* (1973) und die *Erziehung als Praxis der Freiheit* (1974). Diese beiden Bücher des Brasilianers Paulo Freire (1921–1997) sind grundlegend für eine andere Art von Erziehung und Pädagogik. Sein Ausgangspunkt ist die Würdigung der sogenannten „Kulturen des Schweigens", die in Wahrheit gewaltsam von ihren Unterdrückern „zum Schweigen gebrachte" Kulturen waren und sind. Die Menschen dieser Kulturen sind nicht dumm, wie die Eliten uns glauben machen wollten und wollen. Dumm ist, wer meint, der Analphabet sei dumm. Das Volk weiß viel. Es wurde nur, was das Lesen und Schreiben angeht, zu Analphabeten gemacht, nicht jedoch im Hinblick auf die mündliche Rede und das Wissen, wie Paulo Freire mehrfach wiederholt. Beispielsweise waren es nicht die Forscher der Universität von Cambridge, die das Wissen um die Tausende in Indien existierenden Reissorten bewahrten und bewahren, sondern das Volk selbst, die Stammesangehörigen. Sie verfügen bis heute über die wahren Kenntnisse.

Paulo Freire steuerte die große neue Erkenntnis bei, dass Erziehung ein Prozess politischer Befreiung ist. Wenn die Schüler lesen und rechnen lernen, lernen sie die Welt zu verstehen, in der sie leben und leiden. Sie sind nicht länger zum Schweigen gebracht. Der erste Akt der Befreiung besteht in der Eroberung des Wortes. Ausgehend von ihrem Lebenskontext beginnen die Schüler zu sprechen, werden sich der Widersprüche bewusst und fangen an, von einer Welt zu träumen, in der es keine Unterdrückung gibt. Sie beginnen sich zu organisieren, um diese Welt Schritt für Schritt mit anderen aufzubauen. *Niemand befreit irgendjemanden; wir befreien uns gemeinsam. Niemand erzieht irgendjemanden und niemand erzieht sich allein; die Menschen erziehen sich gemeinsam, mittels der Welt.* Das sind Schlüsselworte Paulo Freires.

Der Schlüssel heißt *Bewusstmachung (Konszientisation).* Diesen Ausdruck haben der Philosoph Alvario Vieira Pinto und der Soziologe Alberto Guerreiro Ramos (1915–1982) bereits im Jahr 1964 geprägt. Paulo Freire hat ihn begeistert aufgegriffen. Bewusstmachung bedeutet nicht, die meisten ungerechten Lebensbedingungen nur zur Kenntnis zu nehmen. Dies hieße ja, immer noch passiv zu bleiben. Bewusstmachung ist das Handeln, das ein Bewusstsein von den Widersprüchen schafft mit dem Ziel, sie zurückzuweisen. Bewusstmachung ist ein Handeln, das eine Möglichkeit sucht, diese Widersprüche zu überwinden, um sie nicht immer wieder zu reproduzieren. Ein Armgemachter, der die Ursachen seiner Armut nicht kennt, wird sich niemals befreien. Die Bewusstmachung hingegen bewirkt Veränderung: Ein Mensch kennt den realen Kontext, nimmt dabei seinen Ausgangspunkt, identifiziert die Widersprüche, kennt deren Ursachen und fasst die wirklichen Möglichkeiten ins Auge, um die Ursachen von der Wurzel her zu überwinden. Deshalb ist Freires *Pädagogik der Unterdrückten* keine Pädagogik *für* die Unterdrückten. Es ist eine Pädagogik, die die Unterdrückten selbst entwickeln, um die Unterdrücker aus ihrem Inneren zu entfernen. Die Verinnerlichung der Unterdrückung zu überwinden ist Bedingung dafür, frei zu sein und eine Gesellschaft von Freien aufzubauen. Die *Erziehung als Praxis der Freiheit* ist die vollzogene Praxis des Übergangs von der Unterdrückung zur Befreiung. Subjekt dieser Befreiung sind die Unterdrückten selbst, die zum Bewusstsein gelangen, sich organisieren und eine befreiende Praxis entwickeln. Sie zählen auf Verbündete, selbst aus anderen Klassen, diese sind jedoch nur zusätzliche hilfreiche Kräfte. Die Unterdrückten handeln aus der befreienden Perspektive der Armen.

Paulo Freire hat gezeigt, dass die herrschende Erziehung deshalb herrschend ist, weil sie im Dienst der Herrschaft steht. Ihr Ziel ist es, Menschen zu formen, die im Sinne der ungleichen und ungerechten Gesellschaft funktionieren, insbesondere in einstigen Kolonien. Die herrschende Erziehung fördert nicht das Verhalten von Bürgern, die selbst denken und sich befreien. Sie können zwar kritisch und schöpferisch sein, jedoch nur solange sie den bestehenden Typ von Gesellschaft und deren Strukturen und Werte nicht infrage stellen. Auch die herrschenden Klassen stellen die bestehende Struktur nicht infrage. Sie kämpfen nicht für universale Werte, sondern um ihre eigenen Privilegien.

Freire schlägt vor, mit einem Instrumentarium die Welt zu verändern und die Unterdrückten zu befreien, das den Herrschenden nicht zur Verfügung steht, wie etwa Wahrheit, Transparenz oder Mut, die Welt in ihren Widersprüchen zu sehen und nicht in ihrer durch die Medien mystifizierten Gestalt. Die Welt in ihrer Widersprüchlichkeit zeigt sich so, wie sie ist, nämlich voller Konflikte, geteilt, unmenschlich und ungerecht. Doch in dieser Welt leben auch Menschen, die über ein entsprechendes Bewusstsein verfügen, die sich organisieren im Bestreben, diese Welt auf Wegen zu verändern, die nichts mit der Herrschaft über andere zu tun haben, sondern von der Solidarität der Unterdrückten selbst ausgehen und von der Liebe, dem Sinn von allem. All das setzen die Unterdrückten selbst ins Werk. Sobald sie Bewusstsein erlangen und sich organisieren, werden sie zu einer verändernden historischen Kraft.

Paulo Freire hat wiederholt betont: *Es ist nicht die Erziehung, die die Welt befreit; die Erziehung befreit vielmehr die Menschen, die dann die Welt befreien werden.* Eine Erziehung nach der in den meisten Schulen vorherrschenden „Bankiersmethode" lehnt Paulo Freire ab: Bei ihr steht der Lehrer, der alles weiß (Bankier), vor den Schülern, die nichts wissen (und bloße Kunden sind). Um diese Pädagogik zu durchbrechen, geht Paulo Freire vom Alltagsleben der Unterdrückten und von den Worten aus, die sie am meisten benutzen. Es handelt sich um sogenannte generative Themen bzw. generative Worte wie Favela (brasilianisches Wort für Slum), Essen, Arbeit, Pflug, Erde, Zement, Lohn, Sandale, Batuque (ein Tanz der Schwarzen), Polizei, Regierung usw. Ein Lehrer, der mit Lese- und Schreibwilligen ins Gespräch kommen will, wählt zum Beispiel ein Wort aus dem realen Lebenskontext dieser Menschen, etwa Favela. Dieses generative Wort bildet den Ausgangspunkt von Gedanken über Familie, Regen, Kanalisation, Dach, Schmutz, das Fehlen von grundlegenden Dienstleistungen, elektrisches Licht, Zuckerrohrschnaps, niedrige Löhne, Sicherheit usw. Nachdem alle zahlreiche Gedanken zur Favela ausgetauscht haben, muss der Lehrer nur noch das Wort Favela an die Tafel schreiben und alle können es fehlerlos lesen.

Daraus leitet Paulo Freire eine seiner zentralen Thesen ab: *„Analphabeten" sind nur in Bezug auf das geschriebene Wort Analphabeten, nicht jedoch in Bezug auf das gesprochene. Die Lektüre der Welt geht der Lektüre des Wortes voraus.* Das Buch des Lebens ist das große Buch, in dem alle lesen und lernen können. Erst danach kommt das geschriebene Buch, das das Buch des Lebens in sich aufzunehmen und wiederzugeben versucht.

Die Erziehung ist eine Weise, in die Welt einzugreifen, um sie zu verändern. Lehrer und Schüler lernen zusammen, indem sie Wissen und Erfahrung austauschen, die zusammengenommen zum Aufbau des *unerhört Möglichen* (ein von Freire geprägter Ausdruck) beiträgt – zu jenem möglichen Traum, der der Verwirklichung eines generativen Themas vorausgeht, das sein Reifestadium erreicht hat und das deshalb niemand zum Schweigen bringen kann. Schließlich bricht eine neue Welt hervor, in der es weniger schwer ist, zu lieben und Mensch zu sein. Die hoffnungsvolle Pädagogik Freires ist von Demut und von Solidarität mit den leidenden Menschen durchdrungen. Sein letztes großes Buch, *Pedagogia da Esperanza* (2000), betont den Aspekt der Liebe: „Es gibt keine Erziehung ohne Liebe. Es gibt keine aufgezwungene Erziehung, so wie es auch keine aufgezwungene Liebe gibt. Wer nicht liebt, versteht und respektiert den Nächsten nicht" (Freire 2000, 9).

Ausgehend von den Verdammten dieser Erde hat Paulo Freire eine befreiende Pädagogik entworfen, die den Menschen für die anderen Menschen befreit. Andere Pädagogen stehen ihm nahe, so etwa Célestin Freinet (1896–1966), John Dewey (1959–1952), Lev Vygotsky (1896–1934) und Maria Novo, die Inhaberin des UNESCO-Lehrstuhls für Erziehung für Umwelt und nachhaltige Entwicklung in Madrid. Auch sie halten das Thema Befreiung für zentral. Ihr sozialer Kontext ist allerdings der der Länder des Zentrums und nicht der Peripherie. Im Gegensatz dazu bildeten für Freire die Länder der Peripherie den Kontext, die Welt der großen Mehrheiten, die von den Gütern und der Entwicklung ausgeschlossen sind. Hier leben, überleben und leiden die ungezählten Unsichtbaren. Für Paulo Freire haben sie mehr als alles andere gezählt, er hat an sie geglaubt, von ihrem Wissen gelernt, ihre Erfahrungen in allgemeiner Form zum Ausdruck gebracht und ihnen die Würde zugesprochen, die Subjekte der großen Träume einer anderen möglichen und notwendigen Welt zu sein. In den letzten Jahrzehnten haben sie gezeigt, welch einflussreiche historische Kraft sie sind und dass sie in der Lage sind, eine Welt zu gestalten, die bislang noch nicht erprobt worden ist, die aber entstehen muss und letztlich auch entstehen wird.

4. Wo ist die Achtsamkeit geblieben?

All diese Ansätze – der Vernunft und Kritik, der Technik und Kreativität und der Liebe zu den Armen (Befreiung) – sind unverzichtbar. Diese Errungenschaften haben das historische Projekt der Menschen bereichert und bereichern es immer noch.

Wie bei allen menschlichen Unternehmungen kann das Gesunde krank werden und Pathologien aufweisen. In vielerlei Hinsicht wurde die Vernunft zum Rationalismus, also zum Glauben, dass alles einzig und allein durch die Vernunft gelöst werden kann. Dieser Glaube ist realitätsfern, denn der Mensch ist auch Gefühl, Herz, Ethik, Ästhetik, Spiritualität und Transzendenz. Die Vernunft für sich allein genommen kann absolut irrational werden. So ist es irrational, eine Todesmaschinerie aufzubauen, die in der Lage ist, alles menschliche Leben zu vernichten und die Biosphäre schwer zu schädigen. Mit anderen Worten: Hinsichtlich der Vernunft und ihrer Grenzen haben wir keine Achtsamkeit walten lassen.

Die Technik hat die Welt verändert und unser Leben verlängert und erleichtert. Doch zugleich hat sie aus unserem Alltag etwas Künstliches gemacht, ihn mit einer Vielzahl von Apparaten ausgestattet, von denen viele völlig entbehrlich sind. Mithilfe der Technik haben wir alle Ressourcen und Güter der Erde ausgebeutet, wir haben unzählige chemische Verbindungen hergestellt, die es in der Natur nicht gibt. Durch synthetische chemische Verbindungen können wir den Kollaps des menschlichen Immunsystems herbeiführen und die reiche Artenvielfalt der Ökosysteme drastisch dezimieren. Es mangelte an genügend Achtsamkeit im Hinblick auf die Technik, damit sie mehr dem Leben als dem Markt dient.

Die Liebe zu den Armen, die ihnen ihre Würde zurückgegeben und ihr Wissen sowie ihre Kultur anerkannt hat, hat dazu geführt, dass Gruppen und ganze Nationen im Namen der Armen, aber im Widerspruch zu den friedliebenden und humanitären Gedanken Paulo Freires gekämpft, verehrungswürdige Zeugnisse der Vergangenheit zerstört (etwa die sogenannte Kulturrevolution in China) sowie Schriftkultur und Zivilisation ausgerottet haben. Das führte sogar so weit, dass man Menschen, die lesen und schreiben konnten, zum Tod verurteilte, etwa während des Pol-Pot-Regimes in Kambodscha.

Wo war die Achtsamkeit? Ihre Beseitigung hat nur der Barbarei gedient. Selbst bei Paulo Freire, der so stark auf die Integration der Dimensionen der Wirklichkeit und neuer Wissensformen bedacht war, ist der Begriff Achtsamkeit wenig präsent, obwohl natürlich sein gesamtes Engagement für die Armgemachten und seine Liebe zu ihnen Ausdruck der Achtsamkeit waren. Doch die

Achtsamkeit als eigene Kategorie und Paradigma hat er nicht thematisiert.

Den gültigen Prinzipien der Kritik, der Kreativität und der Befreiung ist jene von Jacques Delors von der UNESCO hinzuzufügen. Er hat die tragenden Säulen für eine dem 21. Jahrhundert angemessene Erziehung folgendermaßen beschrieben: *wissen lernen, tun lernen, sein lernen und zusammenleben lernen.* Ich möchte noch dringend ergänzen: *Achtsamkeit lernen.* Nur wenn man das Lernen der Achtsamkeit mit einbezieht, entfalten die anderen Aspekte ihre Wirksamkeit und können eine Zukunft für alle gewährleisten.

5. Die Erziehung im Zeitalter der Erde: die Achtsamkeit

In den meisten pädagogischen Entwürfen fehlt die Achtsamkeit. Sie erhält von nun an entscheidende Bedeutung. Wir befinden uns bereits inmitten der neuen Phase der Evolution der Erde und der Menschheit, dem Zeitalter der Erde, der planetarischen Phase und der Phase der Gattung Mensch (in der wir uns als eine Spezies unter anderen entdecken). Alle verbinden sich mit allen und wir sind uns dessen bewusst, dass wir nur ein einziges Zuhause haben, wo wir leben können, und dass wir keine zweite Erde haben. Allein diese Tatsache verpflichtet uns zur Achtsamkeit und zur umsichtigen Vorsorge für unsere gemeinsame Zukunft.

Die Erde ist nicht einfach ein Planet des Sonnensystems. Sie ist Gaia und Große Mutter, ein lebendiger Großorganismus, der sich selbst reguliert. Die gesamte Biosphäre, die Gemeinschaft des Lebens und wir Menschen sind Ausdruck ihrer Vitalität. Wir sind aus dem Schoß der Erde hervorgegangen. Wir sind ihre Kinder. Wir Menschen sind der mit Bewusstsein, Weisheit, Liebe und Achtsamkeit ausgestattete Teil der Erde.

Bedauerlicherweise haben wir diese offensichtlichen Tatbestände in Vergessenheit geraten lassen. Ja schlimmer noch: Wir sind fähig, die Aggressoren und Vergewaltiger des Gleichgewichts der Erde und die Mörder so vieler Geschwister in der Kette des Lebens zu sein. Dies ist ein Grund mehr, gegenüber der Erde und dem Leben insgesamt Achtsamkeit walten zu lassen.

Innerhalb der Phase, in der wir zurzeit leben, entspringt die

Achtsamkeit einer zweifachen Erfahrung: der des Staunens und der der Gefahr.

Achtsamkeit: das Staunen angesichts der Schönheit und Komplexität der Erde

Die Bio- und Geowissenschaften, die Astronomie und die Astrophysik haben Blicke auf die unaussprechliche Schönheit und Komplexität unseres gemeinsamen Hauses und ebenso die Dimension der Zeit erschlossen: Als Erde existieren wir bereits 4,4 Milliarden Jahre. Die Erde ist ein glückliches Aufblühen in einem Evolutionsprozess, der vor 13,7 Milliarden Jahren begonnen hat, als das uns bekannte Universum entstand. Vor 3,8 Milliarden Jahren brach in irgendeinem ursprünglichen Sumpf oder Meer das Leben hervor. Vor 125 Millionen Jahren erschienen die Säugetiere auf der Bildfläche, zu denen auch wir gehören. Mit ihnen entstanden das Gefühl, die Zärtlichkeit und die Liebe. Vor etwa 70 Millionen Jahren entstanden unsere Vorfahren, die auf den Wipfeln großer Bäume wohnten, um der Gefräßigkeit der Dinosaurier zu entgehen. Vor 17 Millionen Jahren trennten wir uns von den Primaten und wurden zu Anthropoiden, die bereits Züge des künftigen Menschen aufwiesen. Vor 7 Millionen Jahren waren wir bereits Menschen, das heißt Träger von Bewusstsein und Intelligenz. Seit 100.000 Jahren sind wir im vollen Sinne Mensch. Wir haben ein äußerst komplexes Gehirn, das zur biologischen Grundlage eines Geistes werden konnte, dessen Horizont sich nicht nur bis zu den Grenzen dieser Welt erstreckt, sondern der zu den Sternen reicht und sich dem Unendlichen öffnet. Damit ist der Homo sapiens geboren. Aufgrund der Schäden, die er der Erde zugefügt hat, nenne ich ihn auch den Homo demens.

Von der Hominisation (dem Prozess der Menschwerdung) gelangte der Mensch mithilfe der Kultur, der Religion und anderer ethischer wie spiritueller Wege zur Humanisierung (Prozess der Selbsterziehung). Dieser Prozess ist noch im Gange und bleibt stets offen. Er verleiht dem Menschen die Möglichkeit, immer menschlicher, zärtlicher, geschwisterlicher, achtsamer und spiritueller zu werden.

Die Naturwissenschaften haben auch die Dimension des Raumes erschlossen: Sie entdeckten die Dimensionen des Universums mit seinen Milliarden Galaxien, Sternen und anderen Himmelskörpern. In der Nacht, wenn sich der Himmel in seiner ganzen Tiefe zeigt, verstummen wir angesichts der Großartigkeit der Milchstraße und der unzähligen Sterne und stellen uns staunend die Frage: Wer verbirgt sich hinter diesem Wunder? Wer lenkt die Sterne auf ihrer Bahn? Wohin werden wir gebracht? Wir fühlen uns klein, aber gleichzeitig auch groß, weil wir diese Fragen stellen können.

Der Anblick des vom Weltraum aus aufgenommenen blau-weißen Erdballs, der wie eine Braut für die Hochzeit herausgeputzt ist, erfüllt uns mit Respekt, Ehrfurcht und einem Gefühl der Heiligkeit. Wir erheben unseren Geist zum Schöpfer und danken ihm für dieses kostbare Geschenk, das uns gegeben ist, um darauf zu wohnen und es mit Achtsamkeit zu behandeln.

Als ich vor einiger Zeit über den schier endlosen Amazonasregenwald mit seinem von gelben, roten und purpurnen Baumkronen unterbrochenen und von zahllosen Flüssen durchzogenen Grün der Bäume flog, stellte ich mir die Frage: Können all diese Schönheit und all dieser Reichtum verschwinden, weil es dem Menschen an Achtsamkeit mangelt? Ich spüre eine unbändige Sehnsucht in mir, die Bedingungen zu erhalten, zu behüten und zu schaffen, damit der Amazonasregenwald in Unversehrtheit erhalten bleibt und sich zusammen mit den anderen Lebewesen entwickeln kann.

Und auch das Allerkleinste erfüllt uns mit Ehrfurcht: die unzähligen Mikroorganismen der verschiedensten Arten, die sich in einer Handvoll Erde und in unserem eigenen Körper verbergen, und die subatomare Welt mit ihren Elementarteilchen und Energien, die dem Universum und jedem Einzelnen von uns Bestand verleihen und uns am Leben erhalten.

Wenn wir die Menschheitsgeschichte betrachten, können wir trotz aller verwirrenden Widersprüche nicht umhin, Gestalten von außergewöhnlicher menschlicher, moralischer und spiritueller Größe zu bewundern, wie etwa Buddha, Mose, den chinesischen Philosophen Tschuang-tse, Jesaja, Jesus, Gandhi, den guten Papst Johannes XXIII., Mutter Teresa und die brasilianische Ordensschwester Irmã Dulce, um nur einige Namen aus einem Heer von Personen der Liebe, der Güte, des Mitgefühls und der grenzenlosen Solidarität herauszugreifen. Wir wollen auch all die Großen der bildenden Kunst aus allen Teilen der Welt und jeglichen Alters nicht vergessen, ebenso nicht die Schriftsteller und die Genies an menschlicher Schöpferkraft und menschlichem Erfindungsgeist. Auch bei der Betrachtung dieser Menschen steigt ein Gefühl der Achtsamkeit in uns auf. Wir vernehmen einen ethischen Anruf und verspüren den Willen, auf dieses unschätzbare Erbe zu achten. Wir erkennen, wie verletzlich all diese Realitäten sind und dass sie nach Achtsamkeit rufen. Als Teil des Lebens müssen sie umsorgt sein, damit sie selbst Sorge tragen können. Dies entspricht der Grundstruktur des Menschen und von allem Leben.

Achtsamkeit: Folge der Gefahren für Erde und Leben

Achtsamkeit wird im Menschen auch aufgrund der Gefahren geweckt, die das System Erde und das System Leben bedrohen – vielleicht sogar noch mehr als aufgrund von Schönheit und Komplexität. Was der Mensch verbraucht, hat die Tragfähigkeit und Regenerationsfähigkeit der Erde bereits um 30 Prozent überschritten. Der lebendige Planet Erde büßt an Nachhaltigkeit ein. Die Artenvielfalt reduziert sich tagtäglich. Mehr als 5000 Arten verschwinden jährlich endgültig von der Erdoberfläche. Die Trinkwasserknappheit (lediglich 0,7 Prozent stehen dem menschlichen Gebrauch zur Verfügung) stellt eine Bedrohung für das Leben von Abermillionen Menschen und anderer Lebewesen dar, die zum Überleben auf Trinkwasser angewiesen sind. Die Ausbreitung der Wüsten, die jährlich um eine Fläche so groß wie Frankreich wachsen, reduziert die landwirtschaftliche Erzeugung von Nahrungsmitteln und zwingt Millionen Menschen zur Migration. Sie lassen dabei nicht nur ihr Ackerland zurück, sondern geliebte Landschaften, die Erinnerung an die Vorfahren und die Symbole ihrer Kultur und ihrer Liebe.

Der Produktionsprozess, der angetrieben wird vom Bestreben, sich zu bereichern und grenzenlos alles zu konsumieren, was uns die Mutter Erde bietet, erzeugt für das gesamte System des Lebens eine Stresssituation. Treibhausgase – allein im Jahr 2010 wurden 30 Milliarden Tonnen Kohlendioxid emittiert – nehmen auf erschreckende Weise zu. Sie sind die Hauptursache für die Erderwärmung, die das physisch-chemisch-ökologische Gleichgewicht der Mutter Erde beeinträchtigt.

Wir dürfen auf keinen Fall zulassen, dass die durchschnittliche Erdtemperatur um die Mitte des Jahrhunderts um 4 Grad Celsius steigt. Ein Großteil des Lebens könnte sich daran nicht mehr anpassen und es bestünde die große Gefahr, dass es zugrunde geht. Ende des 21. Jahrhunderts könnte sich die Temperatur sogar um 5 oder 6 Grad erhöhen, wenn infolge des Schmelzens der Polkappen und des Auftauens der Permafrostböden in Sibirien und Nordeuropa riesige Mengen an Methan freigesetzt werden. Dieses Gas ist 23-mal so treibhauswirksam wie Kohlendioxid und kann die sogenannte „plötzliche Erwärmung" auslösen, vor der die Wissenschaftler seit dem Jahr 2000 warnen.

Wenn diese ökologische und gesellschaftliche Tragödie Wirklichkeit wird, dann wird keine bekannte Lebensform bestehen bleiben, auch der Mensch nicht. Vielleicht überleben lediglich kleine Gruppen in ökologischen Nischen. Doch selbst sie leiden unter Hunger und Krankheit und beneiden jeden, der vorher gestorben ist.

Achtsamkeit: ein kategorischer ethischer Imperativ

Diese Situation der Gefahr und der Bedrohung verlangt mit äußerster Dringlichkeit nach Achtsamkeit. Allein Achtsamkeit kann uns retten. Und es geht um Achtsamkeit jetzt sofort und nicht erst dann, wenn es bereits zu spät ist, keine Zeit mehr bleibt und eine Umkehr nicht mehr möglich ist.

Achtsamkeit ist der neue kategorische Imperativ. Ich definiere ihn wie folgt: *Wenn du diesen schönen und kleinen Planeten, dein Zuhause als Mensch, retten willst, wenn du die Vielfalt der Lebensformen retten willst, wenn du die menschliche Zivilisation retten willst, wenn du dich selbst retten willst, dann beginne jetzt sofort damit, achtsam zu sein gegenüber allem und allen, denn ohne Achtsamkeit gibt es für niemanden Rettung.*

Achtsamkeit ist die Alternative zu Aggression, sie ist das Gegenteil von Eroberung, sie ist die liebevolle Beziehung zu allem, was lebt und existiert. Achtsamkeit heißt, dafür Sorge zu tragen, dass sich die Ökosysteme nicht unumkehrbar verschlechtern. Achtsamkeit ist die Haltung der Vorsorge im Hinblick auf Handlungen, deren Folgen wir nicht kontrollieren können und die einen Teil des Lebens und ganze Ökosysteme schwerer Gefahr aussetzen können. Achtsamkeit ist Ausdruck des Mitgefühls, das vorhandene Wunden des Leibes der Erde heilt, und der Liebe, die dafür sorgt, dass keine neuen Wunden entstehen.

6. Herausforderungen für eine Erziehung zur Achtsamkeit

Die Erziehung, die dieser Phase unserer Geschichte angemessen ist, muss die Beiträge aus der Vergangenheit aufnehmen, sich jedoch von den früheren Ansätzen fundamental unterscheiden, um auf die neuen Herausforderungen reagieren zu können.

Zunächst muss die empfindsame Vernunft, die Vernunft des Herzens, wiedergewonnen werden. Sie ermöglicht es uns, die Erde als etwas Lebendiges zu empfinden, als die uns nährende Mutter, die in uns das Gefühl der Zugehörigkeit zum Universum weckt. Diese Vernunft des Herzens muss die nach wie vor unentbehrliche intellektuelle und analytische Vernunft ergänzen.

Jegliche Art von Anthropozentrismus und Soziozentrismus muss überwunden werden, also jene Haltung, die so tut, als hätten nur wir Menschen und unsere Gesellschaft einen Wert. Jede Seinsform, auch die einfachste und nahezu unsichtbare, hat einen Wert in sich. Deshalb hat sie das Recht, mit uns zusammen inmitten der Gemeinschaft des Lebens zu gedeihen, und verdient Respekt.

Die in allen Seinsformen auf der Erde präsenten Grundprinzipien der Ökologie müssen einbezogen werden: Alles ist Beziehung und alles hat mit allem zu tun, zu jedem Zeitpunkt und an allen Orten. Die Energie, die alles nährt und erhält, kommt von der Sonne. Die Materie, die Energie und die Informationen zirkulieren im Gewebe des Lebens. Alle Seinsformen stehen in wechselseitiger Abhängigkeit voneinander und alle kooperieren, um auf diesem Planeten weiterzuexistieren. Das Leben, das vor 3,8 Milliarden Jahren entstanden ist, hat sich nach und nach auf der Erde etabliert, nicht durch Gewalt, sondern durch Kooperation und Partnerschaft. Auf diese Weise hat es sich nach allen Richtungen ausgebreitet und zusammen mit anderen Faktoren die Biosphäre geschaffen, also das dem Leben und Überleben förderliche Milieu. Die Natur produziert keinen Abfall. Was für den einen Abfall ist, das ist für den anderen Nahrung.

Wir müssen unsere Geschwister aus der Gemeinschaft des Lebens kennen und als solche anerkennen: die Sonne, unsere Flora und Fauna, die Berge, Täler und Flüsse, unsere Heimat. Ferner geht es darum, die menschliche Geschichte dieser Orte zu kennen, zu wissen, wer deren erste Bewohner waren, welche Spuren sie hinterlassen haben, welche Denkmäler sie uns vererbt haben, welche schriftlichen Zeugnisse sie hervorgebracht haben, wer unter ihnen als Dichter, Schriftsteller, Bildhauer, Wissenschaftler, Musiker und Weiser bedeutend war. Das setzt voraus, dass wir die Wände der Klassenzimmer durchbrechen und dafür sorgen, dass die Schüler in direkten Kontakt mit der Natur, mit der Organisation der Stadt, mit der Verteilung der Räume kommen – und dies nicht nur in einer Haltung der Neugier, sondern der Anerkennung und gemeinschaftlichen Verbundenheit mit den Geschwistern, die um uns herum da sind.

Wir müssen eine kosmische Spiritualität entwickeln. Sie macht uns empfänglich für die Botschaften der Schönheit, der Großartigkeit, der Großzügigkeit, die von allen Seiten auf uns einströmt. Die Dinge sind nicht stumm. Sie sprechen. Wir können die Stimme der Wälder, die Botschaft der Vögel, das Pfeifen des Windes, das Rauschen des Blätterwaldes, das Flüstern der Gewässer vernehmen. Wir können das flehende Bitten des Armen und die gefühlvolle Zuwendung des Freundes wahrnehmen. Es geht darum, all unsere leiblichen Sinne zu aktivieren und mit allen Dingen in Gemeinschaft zu treten, aber auch die spirituellen Sinne zu wecken, die uns wie Quellen klaren Wassers als Menschen ernähren, uns Frieden verschaffen, uns mit wunderbaren Inspirationen und wohltuenden Träumen beschenken.

Es kommt darauf an, eine Ethik der Achtsamkeit zu kultivieren, die alle Bereiche und wissenschaftlichen Disziplinen durchdringt und all unsere Haltungen prägt. Zur Kultivierung von Achtsamkeit gehört, nicht nur die empirischen Daten zu betrachten, sondern unsere Aufmerksamkeit auf die Werte zu lenken, die mit im Spiel sind, ein waches Gespür für das zu haben, was wirklich interessiert, und vorausschauend und vorsorglich zu bedenken, welche Auswirkungen unsere Gedanken und unser Tun auf andere haben können. Zum Leben von Achtsamkeit gehört, sich für das Wohlbefinden der anderen, für die Umwelt, für die Ökosysteme, denen wir angehören, für die Erde als Ganze und nicht nur für unsere unmittelbare Umgebung zu interessieren und hinter der Analyse der Konjunktur, der Ereignisse und der allgemeinen Situation des Landes und der Welt Menschen, Schicksale und Werte zu erkennen. Deshalb hält uns die Achtsamkeit dazu an, zu unterscheiden, was dringend geboten ist und was Aufschub duldet, wenn es darum geht, Prioritäten zu setzen. Sie hält uns dazu an, zu akzeptieren, dass etwas nicht von einer Stunde auf die andere passiert, dass es vielmehr wichtig ist, Lernprozesse, Wachstumsprozesse und Reifeprozesse zu respektieren.

Mit anderen Worten: Achtsamkeit macht uns zu wahrhaft ethischen Wesen, die Verantwortung für das gute Leben der Menschen und der Umwelt übernehmen, die sich also solidarisch gegenüber den künftigen Generationen erweisen, die ebenfalls ein Recht darauf haben, eine Welt zu erben, auf der es sich zu leben, zu arbeiten, sich zu freuen lohnt – in dieser kurzen Zeitspanne und an dem begrenzten Ort, die uns Gott und das Universum zugemessen haben.

Schließlich ruft Achtsamkeit stets das Bewusstsein von unserer Rolle im Gesamtgefüge der Seinsformen und von unserem Auftrag ihnen gegenüber wach. Wir sind die einzigen ethischen Subjekte und Träger von Verantwortung. Weder das Pferd noch der Hund wird sich um die Zukunft des Lebens auf der Erde kümmern; ihnen wurde der Schutz des Gartens Eden auch nicht anvertraut. Wir Menschen sind aus dem Evolutionsprozess im Bewusstsein und mit dem Auftrag hervorgegangen, die Hüter und Bewahrer dieses heiligen Erbes zu sein, das das Universum und Gott uns anvertraut haben. Wir sind als Schöpfer geschaffen. Wir sind Mitgestalter des Evolutionsprozesses der Erde. Zusammen mit den lenkenden Kräften, die den Kurs der Dinge bestimmen, leisten auch wir unseren Beitrag dazu.

Die Erde wird niemals wieder unberührt sein. Der Stempel der Präsenz des Menschen wird ihr für immer aufgeprägt sein. In gewisser Weise haben wir die Erde hominisiert, vermenschlicht. Doch unsere Präsenz war nicht immer segensreich. Insbesondere in den letzten Jahrzehnten war sie von schrecklicher Aggression gegenüber den Ökosystemen und der Erde gekennzeichnet. Wir führen einen totalen Krieg gegen Gaia, wohl wissend, dass wir daraus niemals als Sieger hervorgehen können. Die Erde kann ohne uns leben, wir aber niemals ohne sie. Wir haben der Erde dazu verholfen, ihre verborgenen Fähigkeiten und Möglichkeiten zu offenbaren. Heute müssen wir uns mehr denn je um sie als unsere Mutter kümmern – in Sorge, mit Respekt vor ihren Grenzen, in Mitgefühl mit ihren Schmerzen und in Liebe auf ihre Gesundheit bedacht.

Mit besonderem Engagement hat sich der altgediente UNO-Beamte Robert Müller (1923–2010) der Pädagogik der Achtsamkeit gewidmet. Er ließ sich von einer umfassenden Sicht der Erd- und Menschheitsgeschichte inspirieren, gründete in Costa Rica die Universität des Friedens und schuf ein Netz von Schulen, die seinen Namen tragen. Er hat einen vollständigen Lehrplan entworfen, der darauf abzielt, die Jugendlichen in der Perspektive der neuen Zivilisation und in Einklang mit der Natur, mit der Mutter Erde und mit dem Kosmos zu erziehen, und zwar in der Atmosphäre einer tiefen Spiritualität. Sein Hauptwerk trägt den Titel: „Die Geburt einer globalen Zivilisation" (Müller 1993).

7. Das Leben eines jeden Menschen feiern

Die Erziehung zur Achtsamkeit weckt ein Bewusstsein für die spektakulärste, geheimnisvollste und schönste Frucht der Evolution, die es unseres Wissens auf der Welt jemals gegeben hat: das Wunder des Daseins eines jeden menschlichen Individuums, der einzelnen Person. Die Systeme, die Institutionen, die Wissenschaften, die Technik und die Schulen verfügen allesamt nicht über das, was jedem Menschen eigen ist: Bewusstsein, Liebesfähigkeit, Achtsamkeit, Kreativität, Solidarität, Mitgefühl und das Gefühl der Zugehörigkeit zu einem umfassenderen Ganzen, das uns im Sein hält und belebt.

Gewiss sind wir nicht das Zentrum des Universums. Doch wir gehören zu denen, durch die das Universum denkt, sich seiner selbst bewusst wird und seine eigene herrliche Schönheit erkennt. Wir sind Teil des Universums, das dazu gelangt ist, zu fühlen, zu denken, zu lieben, Sorge zu tragen und Ehrfurcht zu empfinden. Dies macht unsere Würde aus, die im neuen planetarischen Zeitalter von besonderer Bedeutung ist.

Wir müssen Stolz darüber empfinden, dass wir diesen Auftrag für das gesamte Universum erfüllen können. Wir werden diesen

Auftrag aber nur dann erfüllen, wenn wir auf uns selbst, auf die anderen, auf die Erde und auf jedes Lebewesen achten, das sie bewohnt.

Wahrscheinlich nur wenige haben diese erhabenen Gefühle besser zum Ausdruck gebracht als der berühmte Musiker und Dichter Pablo Casals (1876–1973). In einer Rede vor der Generalversammlung der UNO im Jahr 1971 sprach er über die Kinder als die Zukunft der neuen Menschheit. Seine Botschaft hat auch für alle Erwachsenen Gültigkeit:

„Das Kind muss wissen, dass es selbst ein Wunder ist; es muss wissen, dass es seit Anbeginn der Welt niemals ein Kind gegeben hat, das ihm gleicht, und dass auch in aller Zukunft kein anderes Kind auftauchen wird, das genauso ist. Jedes Kind ist etwas Einzigartiges, vom Anfang bis zum Ende aller Zeiten. Und so kommt dem Kind eine Verantwortung zu, zu bekennen: ,Es ist wahr, ich bin ein Wunder. Ich bin in derselben Weise ein Wunder, wie der Baum ein Wunder ist. Und wenn ich ein Wunder bin: Könnte ich da das Böse tun? Nein. Denn ich bin ein Wunder. Was zählt, ist, dass ich ein Wunder bin, von Gott und der Natur geschaffen. Könnte ich da jemanden töten? Nein. Auf keinen Fall. Oder ein anderer Mensch, der genau wie ich ein Wunder ist: Könnte er denn mich töten?' Ich glaube daran: Das, was ich den Kindern sage, kann dazu beitragen, eine neue Art heraufzubeschwören, über die Welt und das Leben zu denken. Die heutige Welt ist schlecht; ja, es ist eine schlechte Welt. Und die Welt ist deshalb schlecht, weil wir nicht so zu den Kindern sprechen, wie ich es jetzt gerade getan habe. Sie sind darauf angewiesen, dass man so zu ihnen spricht. Dann wird die Welt keinen Grund mehr haben, schlecht zu sein" (Müller 1993, 72-73).

Mehr bleibt nicht zu sagen, denn in diesen Worten verwirklicht sich der Traum der Erziehung zur Achtsamkeit.

XII.

Eine notwendige
Utopie

Nicht wenige werden nach der Lektüre dieses Buches sagen: Das sind alles schöne und sogar tief gehende Worte, aber sie beschreiben eine Utopie. Sicher enthalten die Worte viel Utopisches. Doch es handelt sich um eine notwendige Utopie. Diesmal verwandelt sich die Utopie entweder in „Topie" und wird wirklich konkret oder unsere gemeinsame Zukunft, die des Lebens und der Zivilisation, ist ernsthaft in Gefahr. Wir dürfen nichts unversucht lassen, um noch rechtzeitig den richtigen Weg einzuschlagen, auf dem wir zur Rettung gelangen können. Dieser Weg führt über die Achtsamkeit und die Nachhaltigkeit.

Von dem irischen Schriftsteller Oscar Wilde (1854–1900) stammen folgende inspirierende Worte zur Utopie: „Eine Weltkarte, die die Utopie nicht enthält, ist es nicht wert, dass man sie benutzt, denn sie berücksichtigt das einzige Territorium nicht, an dem die Menschheit vor Anker geht, um dann von Neuem aufzubrechen auf der Suche nach einem noch besseren Land."

Hoffnungsvolle Szenarien gehören zur Welt der Utopie. Den Abschluss soll ein solches Szenarium bilden. Es stammt von dem bereits zitierten Robert Müller. Man nennt ihn auch einen „Weltbürger" und „Vater der globalen Erziehung". Er war ein Mann der Träume. Einen davon hat er in die Tat umgesetzt, als er 1980 die Universität des Friedens der UNO in Costa Rica ins Leben rief. Er stand ihr als erster Rektor vor.

Er stellte sich eine neue Genesis vor, die Entstehung einer wahrhaft planetarischen Zivilisation, in der sich der Mensch als eine Spezies unter anderen begreift, deren Auftrag es ist, die Nachhaltigkeit der Erde sicherzustellen und für ihr Wohl und das aller auf ihr lebenden Wesen Sorge zu tragen. Im Folgenden beschreibe ich seine „neue Genesis".

Und Gott sah, dass alle Nationen der Erde, die Schwarzen und die Weißen, die Armen und die Reichen, die Menschen im Norden, Süden, Osten und Westen, die Menschen aller Glaubensrichtungen ihre Gesandten zu einem großen Glasgebäude an den Ufern des Flusses der aufgehenden Sonne auf der Insel Manhattan schickten, damit sie dort zusammen studieren, nachdenken und Sorge tragen für die Welt und alle ihre Völker.

Und Gott sprach: „Das ist gut so." Siehe, das war der erste Tag des neuen Zeitalters der Erde.

Und Gott sah, dass die Friedenssoldaten die Armeen der gegen-

einander Krieg führenden Länder voneinander trennten, dass die Differenzen auf dem Verhandlungsweg und mithilfe der Vernunft anstatt mit Waffengewalt gelöst wurden, dass die Führer der Nationen sich zum Gedankenaustausch trafen und ihre Herzen, ihren Verstand, ihre Seelen und all ihre Kräfte zusammennahmen zum Wohl der gesamten Menschheit.

Und Gott sprach: „Das ist gut so." Siehe, das war der zweite Tag des Planeten des Friedens.

Und Gott sah, dass die Menschen die gesamte Schöpfung liebten: die Sterne und die Sonne, den Tag und die Nacht, die Luft und die Ozeane, das Land und die Gewässer, die Fische und Vögel, die Blumen und die Pflanzen und alle ihre Geschwister der Gattung Mensch.

Und Gott sprach: „Das ist gut so." Siehe, das war der dritte Tag des Planeten des Glücks.

Und Gott sah, dass die Menschen den Hunger, die Krankheit, den Mangel an Bildung und das Leid auf der ganzen Erde so weit wie möglich beseitigten, dass sie jedem Menschen ein anständiges, selbstbewusstes und glückliches Leben zubilligten und auf diese Weise die Habsucht, die Gewalt und den Reichtum einiger Weniger minderten.

Und Gott sprach: „Das ist gut so." Siehe, das war der vierte Tag des Planeten der Gerechtigkeit.

Und Gott sah, dass die Menschen in Harmonie mit ihrem Planeten und in Frieden untereinander lebten, dass sie die Ressourcen des Planeten weise nutzten, dass sie Verschwendung vermieden, die Exzesse durch ein vernünftiges Maß ersetzten, an die Stelle des Hasses die Liebe treten ließen, die Gier durch Genügsamkeit, die Überheblichkeit durch Demut, die Spaltung durch Zusammenarbeit und die Verdächtigung durch Verständnis ersetzten.

Und Gott sprach: „Das ist gut so." Siehe, das war der fünfte Tag des goldenen Planeten.

Und Gott sah, dass die Nationen ihre Waffen, ihre Bomben, ihre Raketen, ihre Kriegsschiffe und Kampfflugzeuge zerstörten, deren Stützpunkte unbrauchbar machten, ihre Armeen heimschickten und lediglich eine Friedenspolizei zur Aufrechterhaltung der Sicherheit und zum Schutz unterhielten.

Und Gott sprach: „Das ist gut so." Siehe, das war der sechste Tag des Planeten der Vernunft.

Und Gott sah, dass die Menschen Gott und die menschliche Person als Alpha und Omega wieder ins Recht setzten, dass sie Institutionen, Glaubensbekenntnisse, politische Strömungen, Regierungen und andere menschliche Einrichtungen auf ihre Rolle als schlichte Diener Gottes und aller Völker beschränkten. Und Gott sah, dass sie das Folgende als ihr oberstes Gesetz annahmen: „Du sollst den Gott des Universums aus deinem ganzen Herzen, mit deiner ganzen Seele, mit deinem ganzen Verstand und all deinen Kräften lieben. Du sollst deinen schönen und geheimnisvollen Planeten lieben und ihn mit unendlicher Achtsamkeit behandeln. Du sollst deine menschlichen Geschwister so lieben wie dich selbst. Es gibt kein größeres Gebot als dieses."

Und Gott sprach: „Das ist gut so." Siehe, das war der siebte Tag des Planeten Gottes.

Wenn in Dantes *Göttlicher Komödie* die Inschrift über dem Tor zur Hölle lautet: „Ihr, die ihr hier eintretet: Lasst alle Hoffnung fahren", dann wird über dem Tor zur neuen Genesis, zum Zeitalter der Erde und der planetarischen Welt in allen Sprachen der Welt geschrieben stehen: „Ihr, die ihr hier eintretet, gebt die Hoffnung niemals auf."

Dies ist die einzige Botschaft dieses Buches, das Sie, liebe Leser, in Ihren Händen halten. Gib die Hoffnung, den Traum, die Utopie niemals auf. Das ist der Weg zur Zukunft.

Literatur

Aristoteles: Nikomachische Ethik, Stuttgart 1969

Aristoteles: Politik, Ditzingen 2010

Augustinus, Aurelius: Bekenntnisse, in der Übersetzung von Otto F. Lachmann, mit einer Einführung von Bruno Kern, Wiesbaden 2008

Baier, Annette C.: The Need for More than Justice, in: Held, Virginia (Hg.): Justice and Care, Boulder 1995

Berry, Thomas: O sonho da Terra, Petrópolis 1991

Blüm, Norbert: Gerechtigkeit. Eine Kritik des Homo oeconomicus, Freiburg 2006

Boff, Leonardo: Die Erde ist uns anvertraut. Eine ökologische Spiritualität, Kevelaer 2010

Boff, Leonardo: Die Logik des Herzens. Wege zu neuer Achtsamkeit, Düsseldorf 1999

Boff, Leonardo: Meditation des Lichts. Göttliche Energie mitten im Alltag, München 2010(a)

Boff, Leonardo: Tugenden für eine bessere Welt, Kevelaer 2009

Boff, Leonardo: Was kommt nachher? Das Leben nach dem Tode, Kevelaer 2009(a)

Boff, Leonardo: Zukunft für Mutter Erde. Warum wir als Krone der Schöpfung abdanken müssen, mit einem Vorwort von Heiner Geißler, München 2012

Campos Paes, Eugênio: Quem cuida do cuidador, Petrópolis 2005

Costa, Luiz Cláudio: A educação do amor, Viçosa 2003

Die Erd-Charta, hg. von Ökumenische Initiative Eine Welt und BUND, Diemelstadt-Wethen 2001

Foucault, Michel: Hermeneutik des Subjekts, Frankfurt a.M. 2009

Freire, Paulo: Bildung und Hoffnung, Münster 2007

Freire, Paulo: Erziehung als Praxis der Freiheit, Stuttgart 1974

Freire, Paulo: Pädagogik der Autonomie, Münster 2008

Freire, Paulo: Pädagogik der Unterdrückten. Bildung als Praxis der Freiheit, Reinbek 1973

Freite, Paulo: Pedagogia da Esperança, Rio de Janeiro 2000

Gehlen, Arnold: Der Mensch. Seine Natur und Stellung in der Welt, Frankfurt a.M. [8]1966
Gifford, Eli/Cook, R. Michael (Hg.): Häuptling Seattles Rede. Wie kann man den Himmel verkaufen?, Göttingen 1996
Gilligan, Carol: Die andere Stimme, München 1988
Goleman, Daniel: EQ – Emotionale Intelligenz, München 2011
Haber, Wolfgang: Die unbequemen Wahrheiten der Ökologie. Eine Nachhaltigkeitsperspektive für das 21. Jahrhundert, München 2010
Hathaway, Mark/Boff, Leonardo: The Tao of Liberation. Exploring the Ecology of Transformation, New York 2009
Hawking, Stephen: Eine kurze Geschichte der Zeit, Reinbek 2001
Heidegger, Martin: Sein und Zeit, Tübingen 1979
Hobsbawm, Eric: Das Zeitalter der Extreme. Weltgeschichte des 20. Jahrhunderts, München 1998
Johnson, Paul: Tempos modernos, Rio de Janeiro 1990
Kuhn, Thomas Samuel: Die Struktur wissenschaftlicher Revolutionen, Frankfurt a.M. 1967
Larivée, Annie/Leduc, Alexandra: Saint Paul, Augustin et Aristote comme sources gréco-chrétiennes du sourci chez Heidegger, in: Philosophie 64 (2001), 30-50
Leininger, M. Madeleine: Culture, Care, Diversity, and University, New York 1991
Leloup, Jean-Yves: Cuidar do Ser, Petrópolis 1996
Leloup, Jean-Yves: Uma arte de cuidar, Petrópolis 2007
Lovelock, James: Gaia. Die Erde ist ein Lebewesen, Bern 1992
Lovelock, James: Das Gaia-Prinzip. Die Biographie unseres Planeten, Zürich 1991
Lovelock, James: Gaias Rache. Warum die Erde sich wehrt, Berlin 2008
Mayerhoff, Milton: On Caring, New York 1971
Mamani, Fernando Huanacuni: Vivir Bien/Buen Vivir: filosofía, políticas, estrategias y experiencias regionales, Sopocachi 2010.
Martins, Darci Aparecida: A enfermagem e a arte de cuidar, o.O. o.J.
Monod, Théodore: Et si l'aventure humaine devait échuer?, Paris 2000
Müller, Robert: O nascimento de uma civilização global, São Paulo 1993

Noddings, Nel: Caring: A Feminine Approach to Ethics and Moral Education, Berkeley 1984

Noddings, Nel: Two Concepts of Caring, in: Philosophy of Education, Urbana 1990, 1-14

Pascal, Blaise: Gedanken, Leipzig 1987

Pegoraro, Olinto A.: Ética e justiça, Petrópolis 1995

Prigogine, Ilya: La nouvelle alliance. La métamorphose de la science, Paris 1986

Prigogine, Ilya: Vom Sein zum Werden. Zeit und Komplexität in den Naturwissenschaften, München 1992

Prigogine, Ilya: Order out of Chaos, London 1984

Prigogine, Ilya/Stengers, Isabelle: Dialog mit der Natur. Neue Wege naturwissenschaftlichen Denkens, München 1986

Rawls, John: Eine Theorie der Gerechtigkeit, Frankfurt a.M. 1979

Roach, Mary Simone: The Human Act of Caring: Blueprint for the Health Professional, Ottawa 1993

Serres, Michel: O contrato natural, Rio de Janeiro 1991

Swimme, Brian/Berry, Thomas: Die Autobiographie des Universums, München 1992

Toynbee, Arnold J.: Erlebnisse und Erfahrungen, München 1970

UNEP u.a. (Hg.): Caring for the Earth. A Strategy for Sustainable Living, o.O. 1991

Waldow, Vera Regina: Cuidado humano: o resgate necessário, Porto Alegre 1998

Waldow, Vera Regina: Educação para o cuidado, in: Revista Gaúcha de Enfermagem 4 (1993), 5-40

Waldow, Vera Regina: O cuidado na saúde. As relações entre o eu, o outro e o cosmos, Petrópolis 2004

Waldow, Vera Regina: Cuidar, expressão humanizadora da enfermagem, Petrópolis 2006

Weinberg, Steven: Die ersten drei Minuten, München 1997

White, Frank: The Overview Effect, Boston 1987

Wilson, Edward O.: The Creation. An Appeal to Save Live on Earth, New York 2006

Wilson, Edward O.: Die Zukunft des Lebens, Berlin 2002

Winnicott, Donald Woods: Der Anfang ist unsere Heimat, Stuttgart 2009

Zohar, Danah/Marshall, Ian: SQ. Spirituelle Intelligenz, Bern 2001

ES GEHT AUCH ANDERS!

Leonardo Boff
Zukunft für Mutter Erde
Warum wir als Krone der Schöpfung abdanken müssen

Mit einem Vorwort von Heiner Geißler
320 S., Paperback
ISBN 978-3-532-62427-2

Dieses Buch ist ein leidenschaftliches Plädoyer gegen den Konsumwahn und unsere Selbstzentriertheit und für ein neues, nachhaltiges Verhältnis zwischen Mensch und Erde.

„Die Lektüre dieses Buches ist ein absolutes Muss nicht nur für alle, die für sich eine Antwort auf die elementaren Fragen nach Gott und dem Sinn des Kosmos suchen, sondern auch für jeden, der an seriösen Diskussionen über die Gestaltung von Gegenwart und Zukunft teilnehmen will." Heiner Geißler

www.claudius.de   claudius